智库丛书
Think Tank Series

跨越

七大"陷阱"

——关于中国发展的观点和我们的思考

王灵桂　张中元　著

中国社会科学出版社

图书在版编目（CIP）数据

跨越七大"陷阱"：关于中国发展的观点和我们的思考／王灵桂，张中元著.
—北京：中国社会科学出版社，2017.10（2018.8 重印）
（智库丛书）
ISBN 978 - 7 - 5203 - 1326 - 1

Ⅰ.①跨…　Ⅱ.①王…②张…　Ⅲ.①中国经济—经济可持续发展—研究
Ⅳ.①F124

中国版本图书馆 CIP 数据核字（2017）第 263030 号

出 版 人	赵剑英	
责任编辑	喻　苗	
责任校对	朱妍洁	
责任印制	王　超	

出　　版	中国社会科学出版社	
社　　址	北京鼓楼西大街甲 158 号	
邮　　编	100720	
网　　址	http://www.csspw.cn	
发 行 部	010 - 84083685	
门 市 部	010 - 84029450	
经　　销	新华书店及其他书店	

印　　刷	北京明恒达印务有限公司
装　　订	廊坊市广阳区广增装订厂
版　　次	2017 年 10 月第 1 版
印　　次	2018 年 8 月第 3 次印刷

开　　本	710×1000　1/16
印　　张	18.25
插　　页	2
字　　数	229 千字
定　　价	78.00 元

序　言

蔡　昉

随着中国特色社会主义发展进入新时代，经过 40 年的改革开放和高速经济增长，中国的经济社会也进入到一个崭新的发展阶段。在新的阶段上，自然面临着一系列新的挑战，需要做出很多新的抉择。特别是，在我国仍处于并将长期处于社会主义初级阶段的基本国情没有变、我国是世界最大发展中国家的国际地位没有变的基本判断下，我国社会主要矛盾已经转化为人民日益增长的美好生活需要和不平衡不充分的发展之间的矛盾。解决主要矛盾体现的主要制约因素，及其在不同领域的具体表现，应对来自经济、社会、政治、文化、生态、国际、国防等方面的各种挑战，学术界应该具有足够的忧患意识，进行更加深入的思考。

对于我国所处发展阶段的描述以及面对的挑战，学术界可以用多种方法论和方法进行探索，其中，有两种方式常常被采纳，从而提出一些值得讨论的命题。

一种方式是按照实证性的传统对发展阶段做出判断和描述，从横向和纵向两个维度去寻求其历史参照和相应的借鉴。例如，经济学家客观地描述过一些经济社会发展的转折点，学者们一般也以更为实证的研究予以呼应。正如美国摇滚歌手鲍勃·迪伦在歌词中问道："需要走过多少条路，一个人终能长大成熟？"经济社会发展总是要翻山越岭、爬沟过坎，柳暗花明又一村。根据相关的历史经验，揭示出经济社会发展有哪些关口是不能回避的，哪些转折点必须跨越，对政策制订无疑具有一定的参考价值。

例如，针对一个二元经济发展如何进入新阶段，并由此转向具有新古典特征的增长阶段，我根据其他经济体的经历以及中国经济发展出现的崭新情况，特别是人口转变到达的新阶段，在多年前做出中国经济已经跨越了刘易斯转折点的判断，这意味着中国经济增长类型已经发生根本性的变化。这个判断一度引起了广泛的讨论，现在已经得到绝大多数学者和政策研究者的认同。或许正是那场众说纷纭、莫衷一是的争论，对于人们认识后来确认的经济发展新常态，做了一些理论和经验的准备。

另一种方式是遵循相对规范性的传统，对社会和决策者提出具有警示性的预言。研究者和讨论者一般是以规范研究的方式参与。王灵桂和张中元所著《跨越七大"陷阱"——关于中国发展的观点和我们的思考》，针对的就是这种研究。本书介绍了社会上或学术界流传的诸多以"陷阱"为名的概念，包括"中等收入陷阱"、"梅佐乔诺陷阱"、"去工业化陷阱"、"比较优势陷阱"、"塔西佗陷阱"、"修昔底德陷阱"和"金德尔伯格陷阱"，并做出了作者自己的思考。这些冠之以"陷阱"的说法，虽然也包括了若干经济学家讨论的实证性命题，但多数属于规范性学术传统的内容。

或许有的学者对这类关于"陷阱"的概括不以为然，认为是一些研究者在造概念，甚至有哗众取宠之嫌。然而，概念作为思维体系中一个最基本的构筑单位，是理论家把所观察到的事物进行抽象，意图最终概括成理论的一个工具。因而，造概念也就是进行研究的一个必不可少的中间过程。经济学家在形成相对成熟或成体系的理论之前，常常把现实中的观察结果提炼为一些特征化事实（stylized facts），就是依据的这个道理。至于哗众取宠之说，如果提出的问题的确有意义，抛砖引玉而启发更多同行参与讨论，应该是有益无害的。

　　当然，我绝不是说中国必然或者有很大的概率，会陷入上述一个、两个、若干个或所有"陷阱"。而且，作者书中所列举并放在一起思考的这些"陷阱"概念，跨越了经济、社会、政治、国际关系等不同领域，每种概括在认知的成熟度上也差异颇大。但是，它们在一个问题上具有共同点，从而使本研究具有价值。那就是这种种"陷阱"对中国当前发展阶段面临问题所具有的或大或小的针对性，从而具有启示性。也就是说，如果从未雨绸缪或者预则立、不预则废的立场出发，本书值得一读，特别是值得由此引发读者的思考。

目　　录

第一章 跨越"中等收入陷阱"：实现中国可持续经济增长

一 "中等收入陷阱"：命题与争论

1. "中等收入陷阱"的概念

世界银行在 2007 年主题报告《东亚复兴：关于经济增长的观点》一文中首次提出关于"中等收入陷阱"（Middle-income Trap）的警示。[①] 报告中指出，"中等收入国家受到低收入国家低工资竞争者在制造业和高收入国家创新在快速技术变革行业的双重挤压"，"比起较富或较穷的国家来，中等收入国家的增长会相对较慢"。后来"中等收入陷阱"这个概念被用来类比拉丁美洲以及若干亚洲经济体的困境：一些前期增长迅速的低收入国家在进入中等收入水平后，经济增长会陷入长期的停滞或回落，在经历了较长的时间后仍不能进一步发展为高收入国家。如巴西、阿根廷、墨西哥、智利、菲律宾以及中东多国便是陷入"中等收入陷阱"的典型例子。[②] 大野健一根据亚洲和拉美经济体发展历史经验，认为经济体可以通过外资引进、规模扩张、技

---

① Gill, I. S., H. J. Kharas, D. Bhattasali, *An East Asian Renaissance: Ideas for Economic Growth*, World Bank Publications, 2007.

② 林志帆：《"中等收入陷阱"存在吗？——基于增长收敛模型的识别方法》，《世界经济研究》2014 年第 11 期。

术吸收和技术创新的方式完成五个阶段的产业赶超，但是很多经济体由于无法提升其人力资本，无法完成技术吸收进入第三阶段，这种"天花板"现象就是"中等收入陷阱"。[①]

亚洲发展银行则将"中等收入陷阱"定义为"无法与低收入、低工资经济体在出口制造端竞争，并与发达国家在高技术创新端竞争，这些国家无法及时从廉价的劳动力和资本的资源驱动型增长转变为生产力驱动型增长"[②]。国际经济合作组织将"中等收入陷阱"描述为：达到（中等）收入水平，（一些）国家从历史上在发展中出现一系列新挑战，导致低增长而陷入所谓的"中等收入陷阱"。[③] 国际货币基金组织把"中等收入陷阱"定义为"高速增长经济体停滞在中等收入水平，并无法跨入高收入国家行列的现象"，其本质是"增长放缓的一种特殊情况，即突然性巨大且持续的波动背离于条件收敛下预期的增长路径"[④]。虽然有关"中等收入陷阱"的概念并不统一，但其基本含义是描述一个经济体从中等收入向高等收入迈进的过程中，容易出现经济增长的停滞和徘徊的现象。因此，"中等收入陷阱"问题在本质上是一个经济增长及其动力问题，从中长期增长来看，经济增长速度回落，增长缺乏新的动力。[⑤]

2. 收入组别的划分

收入组别的划分是讨论"中等收入陷阱"的前提和基础。收

① Ohno Kenichi, "Avoiding the Middle-Income Trap: Renovating Industrial Policy Formulation in Viet Nam", *ASEAN Economic Bulletin*, Vol. 26, No. 1, 2009, pp. 25 – 43.

② Asian Development Bank, "Asian 2050: Realizing the Asian Century", *Manila*, 2011.

③ Jankowska Anna, Nagengast J. Arna, Ramon Jose, "The Middle-Income Trap: Comparing Asian and Latin American Experiences", *OECD Development Centre Working Paper*, 2012.

④ Shekhar Aiyar, Romain Duval, Damien Puy, "Asia and Pacific Department, Growth Slowdowns and the Middle-Income Trap", *IMF Working Paper 1371*, 2013.

⑤ 权衡、罗海蓉：《"中等收入陷阱"命题与争论：一个文献研究的视角》，《学术月刊》2013 年第 11 期。

入组别的划分标准可分为两种：一是绝对收入标准；二是相对收入标准。目前使用最广泛的绝对收入标准是世界银行 1989 年提出的人均收入（按照 Altas 计算）分组法（见表 1 - 1），该方法以 1987 年为基准年，将低于 480 美元的国家划为低收入国家，处于 481—1940 美元的为中低收入国家，处于 1941—6000 美元的为中高收入国家，高于 6000 美元的为高收入国家。以后收入门槛根据通货膨胀率和汇率逐年调整，到 2015 年，将低于 1025 美元的国家划为低收入国家，处于 1026—4035 美元的为中低收入国家，处于 4036—12475 美元的为中高收入国家，高于 12475 美元的为高收入国家。

表 1 - 1 世界银行人均收入（按照 Altas 计算）分组法（1987—2015）

（单位：美元）

年份	低收入（L）	中低收入（LM）	中高收入（UM）	高收入（H）
1987	< = 480	481—1940	1941—6000	> 6000
1988	< = 545	546—2200	2201—6000	> 6000
1989	< = 580	581—2335	2336—6000	> 6000
1990	< = 610	611—2465	2466—7620	> 7620
1991	< = 635	636—2555	2556—7910	> 7910
1992	< = 675	676—2695	2696—8355	> 8355
1993	< = 695	696—2785	2786—8625	> 8625
1994	< = 725	726—2895	2896—8955	> 8955
1995	< = 765	766—3035	3036—9385	> 9385
1996	< = 785	786—3115	3116—9645	> 9645
1997	< = 785	786—3125	3126—9655	> 9655
1998	< = 760	761—3030	3031—9360	> 9360
1999	< = 755	756—2995	2996—9265	> 9265
2000	< = 755	756—2995	2996—9265	> 9265
2001	< = 745	746—2975	2976—9205	> 9205
2002	< = 735	736—2935	2936—9075	> 9075

续表

年份	低收入（L）	中低收入（LM）	中高收入（UM）	高收入（H）
2003	< = 765	766—3035	3036—9385	> 9385
2004	< = 825	826—3255	3256—10065	> 10065
2005	< = 875	876—3465	3466—10725	> 10725
2006	< = 905	906—3595	3596—11115	> 11115
2007	< = 935	936—3705	3706—11455	> 11455
2008	< = 975	976—3855	3856—11905	> 11905
2009	< = 995	996—3945	3946—12195	> 12195
2010	< = 1005	1006—3975	3976—12275	> 12275
2011	< = 1025	1026—4035	4036—12475	> 12475
2012	< = 1035	1036—4085	4086—12615	> 12615
2013	< = 1045	1046—4125	4126—12745	> 12745
2014	< = 1045	1046—4125	4126—12735	> 12735
2015	< = 1025	1026—4035	4036—12475	> 12475

数据来源：世界银行："How are the Income Group Thresholds Determined?"，https：//datahelp-desk. worldbank. org/knowledgebase/articles/378833-how-are-the-income-group-thresholds-determined。

图 1 - 1 给出了 1987—2015 年世界银行对世界国家和地区（不包括缺漏值）的分组结果，该结果表示不同组别的占比。虽然低收入水平的国家和地区在 1980—2000 年所占比例有所上升，但 2015 年为 14%。与此相对应，中高和高收入组组别所占比例显著增加，分别从 2001 年的 18%、25% 大幅上升到 2015 年的 26%、36%。其间中低收入组组别所占比例变化不大，基本保持在 24%—26%。

由于美国 1920 年后长期处于世界经济前沿且保持相对稳定的经济增长速度，一直被当作衡量其他经济体经济增长的参照国。据此，一些学者提出了相对标准的中等收入分组标准。例如，Kre-mer 等人利用一国或地区的人均收入与美国人均收入之比作为划分标准，将经济体与美国收入百分比的 1/16、1/8、1/4、1/2 作为

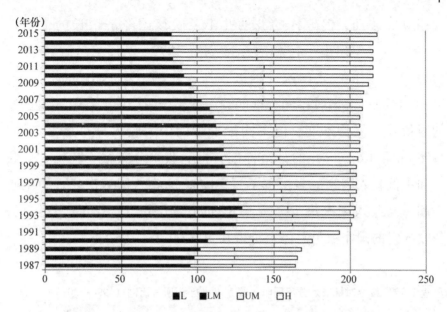

图 1 - 1　世界银行对世界国家和地区（不包括缺漏值）的

分组占比（1987—2015）

数据来源：世界银行：How are the Income Group Thresholds Determined? https：// datahelpdesk. worldbank. org/knowledgebase/articles/378833-how-are-the-income-group-thresholds-determined，其中，L、LM、UM 和 H 分别代表低、中低、中高和高收入组。

　　低、中低、中中、中高和高收入组的分界值。[①] Im 和 Rosenblatt 将收入组别分界值定为 15%、30%、45% 和 60%。[②] Woo 则类似地提出了赶超指数（Catch-up Index）的概念，指数介于 20%—55% 的国家认定为中等收入国家，低于 20% 与高于 55% 的国家分别认定为低收入国家与高收入国家。[③] 这些方法的有效性依赖于美国经济的平稳增长，如果美国经济出现波动，各国的赶超指数亦会出

　　① Kremer, Michael, Alexei Onatski, James Stock，"Searching for Prosperity"，*NBER Working Paper Series* 8250，2001.

　　② Im Fernando Gabriel, David Rosenblatt，"Middle-Income Traps：A Conceptual and Empirical Survey"，*World Bank Policy Research Working Paper* 6594，2013.

　　③ Woo, W. T.，"China Meets the Middle-Income Trap：The Large Potholes in the Road to Catching-up"，*Journal of Chinese Economy and Business Studies*，Vol. 10，No. 4，2012，pp. 313 - 336.

现相应的波动，但这样的波动并不反映该国经济增长的任何信息。① 表1－2列出了按相对标准划分1990—2015年187个国家（地区）中不同收入国家（地区）所占比例，基于Kremer等人与Im和Rosenblatt两种不同标准的分组结果表明，虽然各收入组国家的数量基本保持不变，但不同标准下的国家收入分布显著不同。按照Im和Rosenblatt的分组标准，世界收入分布很不均衡，低收入和中低收入国家最多，占了近70%；高收入国家次之；中中收入和中高收入国家最少。按照Kremer等人分组，分布比较均衡，各收入组的国家数目总体上维持在30—60个，差距不大。

表1－2　按相对标准划分不同收入国家（地区）所占比例（1990—2015）

（单位：个）

年份	Im 和 Rosenblatt 收入分组标准				
	L	LM	MM	UM	H
1990	53	20	6	4	16
2000	49	21	9	5	17
2010	41	21	14	5	19
2015	42	21	9	9	17
年份	Kremer 收入分组标准				
	L	LM	MM	UM	H
1990	33	16	18	13	20
2000	29	16	21	15	20
2010	24	13	20	21	22
2015	29	10	20	20	21

数据来源：郭熙保、朱兰：《"中等收入陷阱"存在吗？——基于统一增长理论与转移概率矩阵的考察》，《经济学动态》2016年第10期，第142页。

说明：其中，L、LM、MM、UM和H分别代表低、中低、中中、中高和高收入组，共187个国家（地区）。

---

① 郭熙保、朱兰：《"中等收入陷阱"存在吗？——基于统一增长理论与转移概率矩阵的考察》，《经济学动态》2016年第10期。

3."中等收入陷阱"真伪之争：观点综述

"中等收入陷阱"的提法在学界研究中一直存在争议，如此一个被广泛接受的概念究竟是什么？这一概念本身是否具有科学性？关于"中等收入陷阱"的命题，持反对意见的学者并不否定曾出现的"拉美现象"的事实，但不接受将这个现象归结为中等收入阶段的特定问题，认为这是经济发展和转型中遇到的共同问题。一些学者认为，"中等收入陷阱"的已有研究缺乏理论支撑，中等收入国家相对于其他收入组别的国家是否更易陷入"增长陷阱"也没有得到证明。从理论和实证两个维度论证"中等收入陷阱"的存在性问题非常必要，以免在学术界有可能把一个错误的概念当成一个科学概念加以接受。[①] 也有学者提出不存在"中等收入陷阱"，如亚开行首席经济学家魏尚进认为虽然中等收入陷阱现在被广泛接受和使用，但是这种说法是值得商榷的，按照以往的增长经验，只要时间足够长，今天低收入国家的收入最终会增长上去，变成高收入国家的概率可以有100%，因此从绝对收入角度看中等收入陷阱不存在；而以相对收入定义中等收入陷阱也不科学，这类似于说孩子永远也长不大，因为相对于父母，孩子的年龄永远也赶不上父母的年龄。[②] 江时学依据罗斯托的经济起飞理论，认为发展中国家由中等收入阶段向高收入阶段跨越的时间是漫长的，不能将人均收入高低与发展阶段的艰巨性简单挂钩。[③] 如果低收入国家、中等收入国家与高收入国家出现增长停滞的概率相当，甚至中等收入国家出现增长停滞的概率更低，那么"中等收入陷阱"

---

① 郭熙保、朱兰：《"中等收入陷阱"存在吗？——基于统一增长理论与转移概率矩阵的考察》，《经济学动态》2016 年第 10 期。

② 魏尚进：《不存在中等收入陷阱》，北京大学国家发展研究院，2015 年 11 月 24 日，ht-tp：//www. nsd. edu. cn/publications/briefing/2015/1124/24544. html。

③ 江时学：《真的有"中等收入陷阱"吗?》，《世界知识》2011 年第 7 期。

本身就是一个伪命题，其研究也将失去意义。[①]

蔡昉则认为一个概念或者命题，只要可以用一定的理论框架加以分析，有统计意义上显著的经验证据，并且具有特定的针对性，就值得提出来，以便推动更加深入的研究和讨论。蔡昉通过文献回顾和论证表明，"中等收入陷阱"与主流的经济增长理论框架是相容的，因此它是一个可以借助来分析特定阶段经济发展现象的有用概念；而且大量国家的经验也证实，的确存在着在统计上的显著性，验证了在中等收入的特定阶段上，高速增长的经济体表现出减速甚至增长停滞的趋势。因此对中等收入陷阱概念持肯定的态度，并主张把研究真正推向深入。[②]"陷阱"在经济发展理论中被认为是一种超稳定的"经济均衡状态"，因此中等收入陷阱意味着处于该阶段的经济体面临不同于前一阶段的困难，即使借助暂时的或偶然的力量使其收入水平在短期得到提高，长期终会被制约因素抵消，重新回到原来的收入水平上，不能实现向高收入经济群体的收敛。[③] Eichengreen 等人指出一国陷入"增长陷阱"必须同时满足三个条件，一是上期人均 GDP 增长率高于 3.5%，二是本期人均 GDP 增长率较上期下降超过 2%，三是人均 GDP 高于 10000 美元。[④]

对于"中等收入陷阱"概念的界定和测度，已有文献主要从三个角度进行有关研究。[⑤] 一是经济增长速度滞退，如 Eichengreen 等人考察 1956 年起经济增速显著下滑的经济体，发现人均 GDP 达

---

① 徐康宁、陈丰龙：《经济增长的收入"门槛"效应及其阶段特征——兼评"中等收入陷阱"之说》，《东南大学学报》（哲学社会科学版）2013 年第 1 期。

② 蔡昉：《"中等收入陷阱"的理论、经验与针对性》，《经济学动态》2011 年第 12 期。

③ 蔡昉：《理解中国经济发展的过去、现在和将来：基于一个贯通的增长理论框架》，《经济研究》2013 年第 11 期。

④ Eichengreen, B., D. Park, K. Shin, "When Fast Growing Economies Slow Down: International Evidence and Implications for the People's Republic of China", *Asian Development Bank: Economics Working Paper Series*, No. 262, 2011.

⑤ 韩文龙、李梦凡、谢璐：《"中等收入陷阱"：基于国际经验数据的描述与测度》，《中国人口·资源与环境》2015 年第 11 期。

到 16740 美元时，增速平均从 5.6% 下降至 2.1%；增速下滑集中发生在 1.0 万—1.1 万美元和 1.5 万—1.6 万美元两个区间上，意味着中等收入阶段经济体存在较大概率遭遇困难。[①] Aiyar 等人也发现中等收入国家增速下滑的概率显著高于低收入国家和高收入国家。[②]

二是从不同的收敛角度重新定义了中等收入陷阱的含义。如 Woo 认为如果一国长期处于中等收入区间，未能实现朝向美国的收敛，则视为陷入"中等收入陷阱"。[③] 而一国（地区）在中等收入阶段的停留时间是判定其是否陷入中等收入陷阱的直接标准，Felipe 等人通过计算各个国家越过不同收入水平门槛的时间对"中等收入陷阱"进行界定，中等收入经济体收敛到高收入组的时间由 $T = \dfrac{\ln(R)}{\ln(1+g_M) - \ln(1+g_H)}$ 表示，其中 T 为收敛时间，R 为收入差距，g_M 和 g_H 分别为中等收入和高收入经济体的平均增速。若与 g_H 相比 g_M 过低，则 T 变长，掉入陷阱风险增大。他们发现中等收入经济体停滞在中低收入阶段的时间是 28 年，停滞在中高收入阶段的时间是 14 年。如果一国在达到人均收入 2000 美元的门槛之后，如果在 28 年内不能达到 7250 美元的人均水平，则视为陷入"中低收入陷阱"；相似地，如果一国在 14 年内不能从 7250 美元的人均水平发展到 11750 美元的高收入水平，则视为陷入"中高收入陷阱"，经济体跨越中等收入两阶段所需要的人均收

---

① Eichengreen, B., D. Park, K. Shin, "Growth Slowdowns Redux: New Evidence on the Middle-income Trap", *NBER Working Paper*, 2013.

② Aiyar, S., R. Duval, D. Puy, "Growth Slowdowns and the Middle-income Trap", *IMF Working Paper*, Number13/71, 2013.

③ Woo, W. T., "China Meets the Middle-Income Trap: The Large Potholes in the Road to Catching-up", *Journal of Chinese Economy and Business Studies*, Vol. 10, No. 4, 2012, pp. 313–336.

入增速分别为 4.7% 和 3.5%。[①]

Gabriel 和 Rosenblatt 发现中等收入国家存在向高收入国家收敛的可能性，但是非常漫长，根据这些国家与美国或 OECD 国家收入水平目前的差距，高收入经济体年均增速为 1.8%，中等收入经济体保持过去 30 年来平均的增长速度，不可能实现短期赶超，只有中国是唯一的例外。[②] Robertson 和 Ye 测量了中等收入经济体与高收入经济体人均收入之比的动态趋势，如果某个中等收入经济体的比值长期趋于平稳，则认为它落入陷阱。在他们研究的 46 个中等收入经济体中，约有 19 个收敛于中等收入水平，4 个则收敛于低收入水平。[③] 但郭熙保和朱兰根据绝对和相对收入标准分析历史上中等收入国家（地区）在该阶段的停留时间和经济增长率，发达国家都曾经在中等收入阶段停留了较长时间，时间跨度从 60 年到 160 年不等，平均停留时间达到 78 年，拉美国家在中等收入阶段停留 50—60 年并不是一个特殊现象，也算不上"长期"，更算不上真正意义上的"停滞"或陷阱。因此把中等收入国家 10 年、20 年甚至 50 年停留在中等收入阶段的事实当作陷入"中等收入陷阱"的表征是非常武断的结论。[④]

三是从增长分化的角度分析各经济体跃升、滞留或倒退在各收入阶段的概率。一些研究发现对于富裕国和贫穷国，收入水平仍留在本组的概率超过了 90%，而中等收入经济体仍留在本组的概

① Felipe, J., A. M. Abdon, U. Kumar, "Tracking the Middle-Income Trap: What Is It, Who Is in It, and Why?", *Levy Economics Institute Working Paper*, No. 715, 2012.

② Gabriel, F., D. Rosenblatt, "Middle-income Traps: A Conceptual and Empirical Survey", *World Bank Policy Research Working Paper*, Number 6594, 2013.

③ Robertson, P., L. Ye, "On the Existence of a Middle Income Trap", *University of Western Australia Economics Discussion Paper*, Number 13, 2013.

④ 郭熙保、朱兰：《"中等收入陷阱"存在吗？——基于统一增长理论与转移概率矩阵的考察》，《经济学动态》2016 年第 10 期。

率很低，以大致相同的概率跌入低收入组或跃升至高收入组。[1][2]
林志帆参照世界银行对不同收入组别的界定标准，将人均 GDP
（以 2005 年不变价购买力平价美元衡量）低于 875 美元的样本归
为低收入国家，将人均 GDP 高于 10725 美元的样本归为高收入国
家，将人均 GDP 介于两者之间的样本归为中等收入国家；其中以
人均 GDP 是否达到 3500 美元将中等收入国家区分为中低收入与中
高收入两组。在考虑人力资本与物质资本的条件收敛模型中对跨
国经济增长绩效进行解释，如果一国的经济增长速度连续五年及
以上低于模型预测值，则将其识别为陷入"增长陷阱"。[3] 实证分
析发现低收入国家样本有高达 57% 的概率陷入"增长陷阱"，中低
收入国家有约 48% 的概率陷入"增长陷阱"，中高收入与高收入国
家陷入"增长陷阱"的概率则低得多，分别为 13% 与 2% 左右。
这样的数据表明"中等收入陷阱"的命题显著成立，且中低收入
国家更易于陷入"增长陷阱"，如果先前快速增长的中低收入国家
不能适时转换经济增长动力机制，则容易陷入"中等收入陷阱"。
此外相对于"中等收入陷阱"，"贫困陷阱"似乎是一个更为严重
的问题，这类国家严重依赖于原始农业与初级制造业，尚未完成
向现代经济的结构转型，经济增长存在明显的恶性循环。而郭熙
保和朱兰计算了 139 个国家的收入转移概率矩阵发现，作为一个从
低收入向高收入过渡的必经阶段，短期内经济体在中等收入阶段
停留是一个大概率事件，但随着时间的延长，向上转移的概率逐
渐增加。而且，不同时长下中等收入组国家的转移概率始终大于

---

[1] Quan, D., "Galton's Fallacy and Convergence in Models of Distribution Dynamics", *Scandinavia Journal of Economics*, Vol. 95, No. 12, 1993, pp. 427 – 443.

[2] Easterly, W., M. Kremer, L. Pritchett, "Good Policy or Good Luck: Country Growth Performance and Temporary Shocks", *Journal of Monetary Economics*, Vol. 32, No. 3, 1993, pp. 459 – 483.

[3] 林志帆：《"中等收入陷阱"存在吗？——基于增长收敛模型的识别方法》，《世界经济研究》2014 年第 11 期。

低收入组和高收入组国家的转移概率，且随着时间的延长，中等收入国家的转移概率与低收入国家和高收入国家收入转移概率的差距逐渐加大，从概率上支持中等收入阶段更容易发生收入转移。[①]

从文献最新研究趋势来看，"中等收入陷阱"从实践层面上确实是存在的，并且得到了较为严谨的实证和论证。从研究方法来看，这似乎不是一个严格的理论命题，正在从描述型研究向规范型、实证型研究转变。[②]

二 跨越"中等收入陷阱"的国际经验

1. 拉美及亚洲部分国家的失败案例及教训

考察陷入"中等收入陷阱"的典型国家和地区，人们普遍认为拉丁美洲和东南亚的一些国家最为典型，如拉美地区在 20 世纪 50—80 年代经济高速增长 30 年，但之后却长期陷入泥潭，徘徊不前，成为"有增长而无发展"的典型，而且自身还出现严重的经济和社会问题。基于世界银行的收入分组标准，在 30 多个落入"中等收入陷阱"的国家中，拉美地区占了 13 个，因此有人将这一现象称为"拉美化"问题。图 1－2 给出了 1970—2015 年拉美及亚洲部分国家以 2005 年价格计算的人均 GDP，主要包括拉丁美洲的巴西、阿根廷、墨西哥、智利以及东南亚的马来西亚。从总体趋势上看，这些经济体的人均 GDP 仍旧呈上升趋势；但从这些经济体与美国人均 GDP 的比值来看（见图 1－3），在过去 40 多年

---

① 郭熙保、朱兰：《"中等收入陷阱"存在吗？——基于统一增长理论与转移概率矩阵的考察》，《经济学动态》2016 年第 10 期。

② 权衡、罗海蓉：《"中等收入陷阱"命题与争论：一个文献研究的视角》，《学术月刊》2013 年第 11 期。

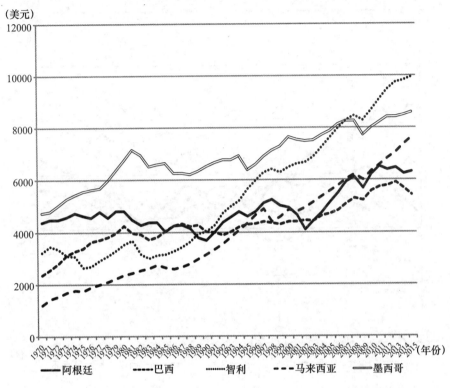

图 1 - 2　拉美及亚洲部分国家的人均收入（2005 年价格计算，
1970—2015）

数据来源：UNCTAD 数据库。

的时间里，其人均 GDP 水平停滞在美国人均 GDP 的 10%—25% 的
水平上，特别是近年来该比值还呈现下降趋势。

表 1 - 3 给出了拉美及亚洲部分国家 1987—2015 年的组别变
化，这五个经济体基本在 20 世纪 90 年代前后从低中收入组别进入
高中收入组别，但只有智利在 2012 年起迈入高收入组别，阿根廷
曾在 2014 年一度迈入高收入组别，但 2015 年又跌出高收入组别；
其余三个经济体一直在高中收入组别，其间巴西有几年还回落入
低中收入组别。

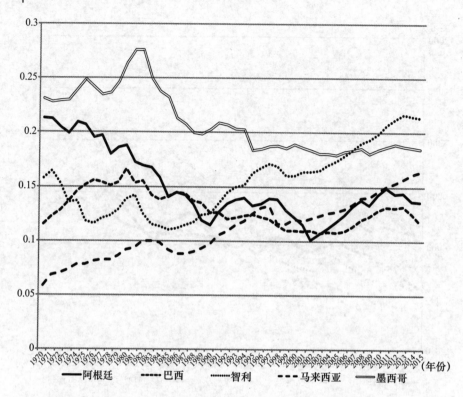

图 1 - 3　拉美及亚洲部分国家的人均 GDP 水平与美国人均 GDP

水平的比值（2005 年价格计算，1970—2015）

数据来源：根据 UNCTAD 数据库数据计算。

表 1 - 3　　　　　拉美及亚洲部分国家组别历程（1987—2015）

国家 年份	阿根廷	巴西	智利	马来西亚	墨西哥
1987	UM	UM	LM	LM	LM
1988	UM	LM	LM	LM	LM
1989	LM	UM	LM	LM	LM
1990	LM	UM	LM	LM	UM
1991	UM	UM	LM	LM	UM
1992	UM	UM	LM	UM	UM
1993	UM	UM	UM	UM	UM

续表

年份\国家	阿根廷	巴西	智利	马来西亚	墨西哥
1994	UM	UM	UM	UM	UM
1995	UM	UM	UM	UM	UM
1996	UM	UM	UM	UM	UM
1997	UM	UM	UM	UM	UM
1998	UM	UM	UM	UM	UM
1999	UM	UM	UM	UM	UM
2000	UM	UM	UM	UM	UM
2001	UM	UM	UM	UM	UM
2002	UM	LM	UM	UM	UM
2003	UM	LM	UM	UM	UM
2004	UM	LM	UM	UM	UM
2005	UM	LM	UM	UM	UM
2006	UM	UM	UM	UM	UM
2007	UM	UM	UM	UM	UM
2008	UM	UM	UM	UM	UM
2009	UM	UM	UM	UM	UM
2010	UM	UM	UM	UM	UM
2011	UM	UM	UM	UM	UM
2012	UM	UM	H	UM	UM
2013	UM	UM	H	UM	UM
2014	H	UM	H	UM	UM
2015	UM	UM	H	UM	UM

数据来源：世界银行："How are the Income Group Thresholds Determined?"，https：//datahelp-desk. worldbank. org/knowledgebase/articles/378833-how-are-the-income-group-thresholds-determined。

从陷入"中等收入陷阱"的经济体来看，其经济社会发展呈现一些共同特征，归纳起来主要是：第一，宏观经济的稳定性差，经济增长不稳定。陷入"中等收入陷阱"的经济体，经济增长波动幅度较大，即便在短期内取得高增长，也难以持续，紧随较快增长的经常是停滞甚至严重的衰退。这一特征在拉美国家尤其突出。1950—1980年，巴西、阿根廷和墨西哥的GDP年均增速分别为6.8%、3.4%和6.5%，而在1981—2000年这20年间，则分别降至2.2%、1.7%和2.7%。在第二次世界大战以后几十年间，拉美国家的经济增长很大程度上受到政治不稳定的影响，是政治周期决定了经济周期，在拉美国家中形成了"精英治国模式"和"民粹主义模式"的循环：靠军事政变等手段上台的政府用高压手段启动增长，导致不平等扩大，社会紧张局势加剧。由军政府向民选政府过渡后，为了获取政治支持，当政者向民众做出不切实际的福利承诺，但因国内财力有限，普遍采取了对外举债和对内超发货币的政策，随之而来的高通货膨胀使民众的不满不断累积，军事政变又将发生。①

第二，脆弱的金融体系和沉重的债务负担。拉美国家的历次金融危机和经济危机的爆发，往往与外债负担沉重、本币币值高估、通货膨胀严重等因素紧密相关。拉美经济体的债务负担主要来自进出口逆差形成的巨额外债，以及国内超前的福利水平使政府背负的公共负担。这些国家漏洞百出的金融体系既没有足够的能力为本国经济发展有效地筹集资金，也没有建立严格谨慎的金融监管体系。金融体系的漏洞形成巨大的套利空间，引发国际投机资本的恶意攻击和打压，直至爆发大规模的金融震荡，导致不时出现金融体系的崩溃，产生金融危机和经济危机。而东南亚国家在东南亚金融危机发生前，泰国、马来西亚、菲律宾等经济体长期

---

① 孔泾源：《"中等收入陷阱"的国际背景、成因举证与中国对策》，《改革》2011年第10期。

过分依赖外资流入推动经济发展，向国外借款过多；金融市场开放的自由化程度与固定汇率制度安排失当，人为维持的汇率高估使本币币值与实体经济和外汇供求严重脱节；监管法律法规不完善，中央银行对金融市场风险缺乏足够的宏观调控能力和有效的监督机制；大量资金投向了房地产业和证券业，泡沫经济现象严重。

第三，错误的发展战略。大多数拉美国家在20世纪60年代末至70年代初步入中等收入国家行列，但在时隔40年后的今天仍在原地徘徊。导致拉美国家经济、社会发展失衡的原因是，拉美国家在进入中等收入国家行列后没有及时转换发展方式，反而继续依靠高投资率和高物质消耗来推进经济增长，这种过度依赖低成本优势的战略无法维系经济的可持续发展。拉美为发展自身经济，先后实施了初级产品出口导向战略和进口替代工业化战略，并且在一定时期内取得了不错的效果，尤其是在20世纪六七十年代的腾飞时期。但在进口替代阶段，国内工业的发展以被高度保护且容量有限的国内市场为基础，一方面难以达到和充分利用规模效益，反而受到生产成本的制约；另一方面本国产品并不具备国际竞争力，一旦进口保护放开，本国的工业体系仍然容易受到冲击。例如，巴西制造业依据比较优势原则向资源加工业和出口加工装配业倾斜，而封闭经济下因规模约束和竞争不足而相对脆弱的一些民族工业部门因受到开放市场中的激烈全球竞争而被迫退出，使得巴西的工业布局发生变化，出现了一定程度的"去制造业化"，在进口替代时期形成的相对完整的工业体系遭到破坏。截至2015年，巴西的三次产业占比分别为9.1%、35.6%（制造业为23.6%）和56.3%。而且拉美经济体先后达到中等收入水平之后，其发展战略并没有因时而变，没有积极走向国际市场，参与国际分工，提升国际竞争力；而是通过关税等手段，操纵商品价格和工资等要素价格，导致国内市场资源配置错位。① 例如，20 世纪 70 年代末的能源危机迫使世界产业结构开始进行优化升级的时候，巴西经济开始衰弱，80 年代巴西的投资大幅减少，难以引进所需的新技术，巴西制造能力、技术水平和创新能力相对落后，出口复杂度不断下降，这影响了其产品的国际竞争力，使出口扩张的数量边际受到约束，在一定程度上制约了出口数量向经济增长的传导。东南亚国家（马来西亚、印度尼西亚、泰国、菲律宾）在发展中也先后采取了类似于拉美进口替代和出口导向战略，而且也取得过不错的成效。在出口导向阶段，这些东南亚国家大多承接的是附加值极低的劳动密集型和资源密集型产业，而没有像日本和亚洲"四小龙"那样及时调整发展战略，建立具有全球竞争力的产业，实现产业结构升级和转型。

第四，收入差距过大。从收入分配的角度来看，拉美是世界上贫富分化最为严重的地区，一些国家收入最高的 20% 人群占有的收入比重超过收入最低的 20% 人群的 20 倍，基尼系数长期位于警戒线之上，巴西和哥伦比亚的基尼系数甚至超过 0.55，这些数据远远高于 OECD 国家 0.35 的平均水平。例如，巴西在经济高速增长期，经济发展所增加的财富主要集中于大企业家、大庄园主和企业白领阶层手中，权势阶层对土地、自然资源和资本集中整合，加剧了收入分配的不平等，普通居民的收入水平和购买力在经济高速增长的同时下降，社会两极化现象加剧；在 20 世纪 90 年代，在巴西大体完成发展模式转型后，其分配差距持续扩大，直至 2003 年后情况才略有好转，但目前其基尼系数仍超出 0.5。② 这种

---

① 郭金兴、胡映：《典型地区跨越中等收入陷阱的比较研究》，《亚太经济》2016 年第 5 期。

② 岳云霞、史沛然：《跨越"中等收入陷阱"：巴西与韩国比较研究》，《国家行政学院学报》2017 年第 2 期。

社会阶层之间分化和割裂酿就的社会冲突吸附绝大多数的政府公共支出到非生产性领域。为了赢得民众支持，拉美国家的政府在社会保障、社会救济、医疗卫生、教育、扶贫、就业、工资和税收等领域都制定了有关的社会政策，有些国家甚至通过颁布法律法规来确保社会政策的稳定性，由此形成超越经济发展阶段的"福利赶超"现象。在政府支出方面，巴西在1960—2011年政府支出平均占比分别为14.7%，超过同期高收入国家日本14.5%的水平，而同期美国的政府支出平均占比则为16.7%。2011年，巴西政府支出占比突破20%。与巴西相比，另外三个拉美国家阿根廷、墨西哥和智利的政府支出水平则相对低一些，但在1960—2011年也分别达到了10.6%、9.4%和11.9%。[1] 由于政府财力不够，这种收入不平等与社会冲突诱发的"福利赶超"更加恶化了政府的财政能力，加上利益集团掣肘、管理能力不足等诸多原因，很多社会政策实施效果不佳，公共服务短缺现象普遍存在，一般民众特别是弱势群体受益更少，从而导致经济发展过程中政府功能失灵，而这导致了经济增长过程陷入停滞。[2] 陷入"中等收入陷阱"的其他地区的经济体也同样面临收入差距过大的问题。以马来西亚为例，该国在20世纪80年代中期基尼系数就在0.45左右，到20世纪90年代后始终保持在接近0.5的水平上。在这种收入分配格局下，"不平等陷阱"的日益凸显，不仅意味着这些经济体缺乏调节收入分配的正常机制，也表明在政治、经济、社会等各方面长期存在不平等，并且形成了自我循环机制。收入差距过大，不仅导致社会边际消费倾向较低，收入增长对内需的刺激效果有

---

① 代法涛：《跨越"中等收入陷阱"：理论、经验和对策——基于44个国家的跨国实证分析》，《财经研究》2014年第2期。

② 时磊、刘志彪：《"福利赶超"、政府失灵与经济增长停滞——"中等收入陷阱"拉美教训的再解释》，《江苏社会科学》2013年第1期。

限，造成国内居民消费不足，而且引发社会矛盾激化，不利于经济社会可持续发展。

第五，创新能力不足，缺乏经济增长动力。经济增长是由要素投入增加和技术进步所驱动的。在发展的初期，往往更多地借助于资本和劳动投入的增加来驱动经济增长；经济发展到一定阶段之后，随着比较优势的变化和后发优势的减弱，技术进步和高素质的人才成为经济增长的主要驱动力。进入中等收入阶段的经济体，原有的低成本优势逐步丧失，在低端市场难以与低收入国家竞争，但在中高端市场则由于研发能力和人力资本条件的制约，又难以与高收入国家抗衡，在这种上下挤压的环境中，很容易失去增长的动力。例如，在技术进步方面，阿根廷在1992年的高技术产品出口占制造业产品出口的比例为8%，到2011年只增加了0.03个百分点；巴西在1989年高技术产品出口占制造业产品出口的比例为6.3%，虽然在2001年达到19.5%，但之后又逐年下降，一直降到2011年的9.7%。在1989—2011年的22年里，巴西高技术产品出口占制造业产品出口只增加了3.4个百分点。墨西哥在1989年高技术产品出口占制造业产品出口之比为10.1%，2011年为16.5%，只增加了6.4个百分点。智利在1990年高技术产品出口占制造业产品出口比例为4.7%，2011年为4.6%，反而减少了将近0.1个百分点。印度尼西亚、马来西亚等东南亚国家在亚洲金融危机后再也没能恢复到危机前的高增长，这与经济增长缺乏技术创新动力有直接关系。在1998年，马来西亚高技术产品出口占制造业产品出口比例为40.6%，2011年为43.4%，只增加了2.8个百分点。因此技术进步是上中等收入国家跨越"中等收入陷阱"的关键因素，一国应该根据自身的要素禀赋所决定的比较优势来发展自身具有优势的高技术战略性制造业，以累积更多的技术创新能力。

第六，利益集团之间斗争激烈。拉美国家片面追求经济增长与财富扩张，反对在社会结构、价值观念和权力分配等领域进行变革。这导致拉美国家的工业化、现代化进程始终伴随着社会财富占有的不断集中，进而导致政治权力的集中和中产阶级的流失。[①] 大多数拉美国家在 20 世纪 80 年代末 90 年代初开始减少政府干预，开展利用国际市场机会的新自由主义改革，但拉美国家经济发展初始，土地所有者集团推行利于自身的出口导向的经济政策，在推动经济发展的同时促进社会经济的发展，当有偏差的经济政策逐步不利于自身发展时，集团更多地关注于分配性努力从而导致制度转向。如在 20 世纪 80 年代经济停滞、严重通货膨胀后，巴西开始进行国有企业的私有化改革，到 1997 年完成了钢铁、石化、化肥、铁路、电力部门的私有化，但国企私有化出现了私人垄断资本家和大量的下岗工人，完全背离了国企改革的减少国家债务、增加政府收入和提高本土企业竞争力的目的。1973 年智利军政府上台以后，率先进行了新自由主义改革。新自由主义改革虽在短期内帮助智利经济走出困境，但是长期来看给智利带来了诸多经济和社会上的问题。

此外，政治腐败成为制约经济发展和社会进步的最大障碍。政府官员通过干预经济生活，如通过税务稽查，政府采购招标、审批权等来谋取利益，导致腐败滋生。世界银行 2009 年对巴西企业的调查报告显示，腐败成为企业经营的一大障碍，如中小型企业的财务系统不完备，为此 24.2% 的企业愿意向税务稽查员行贿。中小型企业为了获得发展贿赂的比例要高于微型企业和大型企业，企业花费大量的资源行贿而不是建设与发展，不利于产业的优化

---

① 仪明金、郭得力、王铁山：《跨越"中等收入陷阱"的国际经验及启示》，《经济纵横》2011 年第 3 期。

升级。① 从第二次世界大战后到 1999 年是马来西亚威权政体的形成阶段，马来西亚通过威权政体实现经济高速增长，完成国民经济起飞。但当经济发展到中等偏上收入水平之后，马来西亚仍继续沿用政府主导的经济增长模式，腐败问题、权力寻租、市场行为扭曲现象大量浮现，严重阻碍了马来西亚的经济发展。马来西亚的政治文化深受族群主义和种族文化影响，严重破坏了马来西亚的社会民主和社会安定。1971 年颁布的新经济政策带有明显的种族倾向，依照新经济政策规定，银行贷款、商业经营许可和政府工程都要向马来人倾斜，并且提出了土著、非土著和外国人的经济比率调整目标。这项政策严重打击了马来西亚非马来资本的生产积极性，造成马来西亚大量私人资本出逃，严重影响马来西亚经济发展。由于政府直接参与微观经济运作，导致马来西亚出现金钱政治。加上国内对权力缺乏坚强有效的监督机制，马来西亚权力泛化滥用现象严重，权力作为要素流入市场造成不公平竞争，恶化马来西亚整体经济环境，严重妨碍了马来西亚私人资本增长。② 经济社会体制与经济发展方式没能随着中等收入阶段的到来实现根本性的调整和转变，俘获政府成为了各集团的首要目标，政府成为某一分利集团的代言人，这是导致"中等收入陷阱"产生的重要原因。

2. 东亚国家跨越"中等收入陷阱"的成功经验

在 20 世纪中后期，东亚先进经济体在进入中等收入阶段后，经济增长方式都发生了重大变革，特别是注重发展高科技制造业，

---

① 卢万青、史怡好：《跨越"中等收入陷阱"的国别比较》，《商业研究》2013 年第 431 期。

② 郭惠琳：《马来西亚陷入"中等收入陷阱"的原因和政策应对》，《亚太经济》2012 年第 5 期。

通过技术创新和制度创新提高效率，这为其快速突破"中等收入陷阱"创造了条件。东亚地区被公认为真正跨越"中等收入陷阱"的国家和地区只有日本、韩国、新加坡、中国的香港和台湾。从日本、韩国的成功经验来看，这两个经济体都是通过产业结构转型，转变经济增长方式，实现发展战略的转变和经济高速增长。通过借鉴和吸收发达国家的成熟技术，促进经济投入要素的结构升级，提高技术进步在经济增长中的贡献率，把创新和技术进步作为经济发展方式转变的决定性因素，实现由低成本优势向创新优势的战略转型，形成新的经济增长动力。经济立国战略是日本在第二次世界大战以后制定的，从 20 世纪 50 年代开始，日本就把发展经济作为根本任务。20 世纪 50 年代中期以后，日本连续制定了诸如"贸易立国"这样的中长期规划，这些规划促进了产业结构由劳动密集型转向资本密集型；20 世纪 70 年代，面对石油危机带来资源匮乏的实际情况以及产业发展和环境污染的现实矛盾，日本政府加快实施了以产业"绿色化"为核心的产业结构调整，开始将产业结构转向知识技术密集型，大力开发节能技术，开发新能源，工业化发展的重点从基础材料型产业向汽车、机械、电子加工等组装型产业转移，这一时期电子计算机、信息产业等成为发展重点，"后工业化结构"逐渐形成。在进行产业结构调整的同时，大力开发节能技术、新能源和石油替代技术，日本分别于 1974 年和 1978 年提出了"日光计划"和"月光计划"，前者是太阳能、煤能、地热和氢能等新能源开发计划，后者强化对节能技术的研究与开发，提高能源转换效率，回收和利用尚未被利用的能源。

韩国自 20 世纪 60 年代开始经济高速增长，首先，这主要得益于其在这期间实行的"出口导向型"发展战略，韩国在发展"出口导向型"经济时就注意建立自己具有国际竞争力的产业。20 世纪70年代末，由于能源危机频发，经济发展环境发生了重大变化，韩国又适时求变，通过"科技立国"发展战略的实施，逐渐改造其"出口导向型"经济，不断优化升级产业结构。韩国1973年颁布《技术研究开发促进法》，经1977年和1981年两次修改，从税收等方面给创新企业多种优惠政策。政府还不断推出促进企业创新的激励政策，通过实施技术转让所得税及市场开发减免制度、促进国内技术产业化优惠政策以及对技术集约型企业的发展给予税收优惠等多种手段，促进科技成果的市场化和产业化。此后，韩国资本密集型产业逐渐取代劳动密集型产业，行业最终由轻工业逐渐转向技术密集型重工业，经济增长保持了持续的高速状态。1985年年底，韩国通过了《产业发展法》，突出强调市场在产业发展和经济运行中的作用，政府的产业政策从倾斜型转向功能型，从一定程度上释放了市场力量，为产业优化升级创造了良好的市场环境。韩国用不到20年的时间就成功跨越了"中等收入陷阱"，跻身高收入国家行列。因此从东亚先进经济体跨越"中等收入陷阱"的过程来看，经济增长每向前跨越一个阶段基本上伴随着产业结构的重大升级。从日本与亚洲"四小龙"的经验看，产业结构转型升级经历了轻工业（劳动密集型）→重化工业（资本密集型）→技术与知识密集型产业三个发展阶段。几乎每隔十年一次，产业结构的优化升级促进了经济增长和国民收入水平的不断提高。

在优化出口商品结构方面，主要体现在提高产品附加值和技术含量。一国的贸易竞争力与贸易结构是产业升级和产业结构的反映，产业结构的升级必然伴随着外贸结构的升级。1970年日本和新加坡技术密集型产品的出口比重就已经达到46%、21%。在20世纪60年代后，韩国结合国际竞争的需要，及时出台必要的产业政策，促使动态产业竞争优势持续扩大。通过不断提高产品复杂度，着力生产和出口科技导向型产品，出口成为韩国经济增长较为稳定的动力来源。韩国经济虽然比日本经济发展较晚，但1990年在技术密集型产品的出口比重也已达到40%以上。可见这些成功跨越"中等收入陷阱"的国家都顺利完成了产业结构的转型升级，实现了由劳动密集型的轻工业向资本密集型的重化工业再向知识技术密集型产业的转化，其贸易结构也不断优化，培养出了高附加值的、具有国际竞争力的支柱产业。①

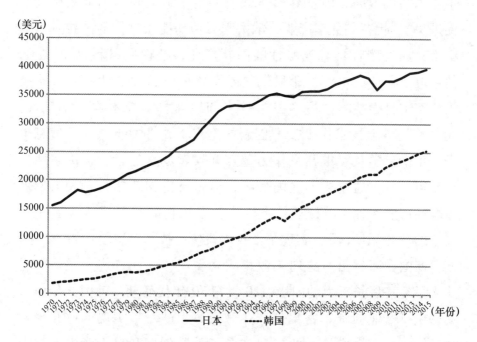

图1-4　日本、韩国的人均收入（2005年价格计算，

1970—2015）

数据来源：UNCTAD数据库。

　　其次，推动科技创新。东亚先进经济体成功跨越"中等收入陷阱"的一个重要条件是注重科技优先发展。日本、韩国和新加

————————
　　① 姜文辉：《产业升级、技术创新与跨越"中等收入陷阱"——东亚和东南亚经济体的经验与教训》，《亚太经济》2016年第6期。

坡能顺利跨越"中等收入陷阱"与它们致力于国内的科技创新能力是分不开的。20世纪80年代以后，东亚国家和地区基本上改变了原来引进和消化国外先进技术的战略，开始注重自主研究开发。20世纪70年代，日本政府专门制定法律，促进"创新中心型"科技园区的建立，加快向电子工业时代迈进。在20世纪80年代日本通产省提出"技术立国"的战略，科学技术厅也提出了"科学技术立国"的战略，1983年日本政府制定了《高技术工业集中开发促进法》，旨在创立集产业、学术和居住功能于一体的高技术产业都市；加大培育具有战略性的高新产业，把物质材料科学技术、信息电子科学技术、生命科学技术、软科学、尖端性基础科学技术、宇宙科学技术、海洋科学技术和地球科学技术等"基础性、先导性"科学技术作为技术创新的重点，并将物质材料、信息电子、生命科学及宇宙开发作为重点开发领域，配套实施优惠和扶持政策。日本通过技术立国战略，提高自主创新能力，大力发展战略性产业，标志着日本技术进步从"模仿时代"进入了真正意义上的"创新阶段"，实现了由技术模仿向技术自主创新的转变。

韩国在通过出口导向工业化战略实现"汉江奇迹"之后，也陷入了经济增长乏力的困境。20世纪70年代后期，韩国开始由劳动密集型产业向资本密集型产业升级。为进一步实现产业和结构的升级，韩国政府从产业扶持转向了鼓励创新和自由竞争，重点培育产业技术创新能力，并制定了《技术研究开发促进法（1973年)》，加快产业技术成果的产业化和市场化。20世纪80年代中期，韩国政府提出了"技术立国"方略，并于1985年制定和颁布了《科技促进法》，引导国民经济各部门以技术开发为先导，增加科技研发资金投入，建立科技型企业。研发投入是技术进步的重要推动力量，一定程度上也体现了一国的技术创新能力。1980年韩国R&D经费投入强度为0.56%，1983年提高到1.13%，1993

年则增加到2.12%，达到发达国家水平。韩国转变发展战略的经验表明，在进入中等收入国家后必须放弃低成本优势战略，转向鼓励创新活动，依靠产品创新和差异化来获得竞争优势。

再次，重视人力资本的积累与优化。东亚先进经济体技术进步之所以如此之快，主要是因为具有良好的教育和培训体制。日本第二次世界大战以后非常重视教育的发展，首先就是加强义务教育，促进劳动者文化素质的普遍提高；当经济进入快速发展阶段后，又将改革的重点转向中等和高等教育上来，采取一系列措施促进其发展，特别是注重中等技术人才的培养，通过发展职业技术教育等措施来培养技术创新人才。韩国在经济发展早期，政府更多地强调中等教育为制造业批量化生产提供适宜的工人的作用。这种教育的扩张不仅适应了工业升级所需的一般技术和专业人力资源，而且促进了向上流动的机会。随着初等教育的普及，韩国对于高等教育的需求也在不断增长，从20世纪80年代开始进行一系列教育改革，韩国政府也开始改变政策强调高等教育。韩国在20世纪80—90年代，年教育支出的平均比例为19%，与经济性支出的比例几乎相等。韩国政府通过教育政策持续改变来达到经济计划的目标，迎合变化的市场需求，为韩国经济在跨越"中等收入陷阱"时期，提供了大量充足的技术劳动力。[1]

最后，调整收入分配结构，实现国民收入均衡增长。良好的收入分配状况之所以是跨越"中等收入陷阱"的一个重要条件，主要是因为它有利于形成消费主导型的经济增长模式。从国际经验来看，很多国家在达到中等收入水平后，经济增长开始转向消费主导型，居民消费大大增加，对经济增长的贡献率远超过投资，

---

① 乔俊峰：《跨越"中等收入陷阱"的公共政策因应：韩国做法及启示》，《改革》2011年第8期。

形成新的经济增长动力。而贫富分化是陷入"中等收入陷阱"国家的一个重要特征，东亚国家和地区之所以能够成功跨越"中等收入陷阱"，得益于其良好的收入分配状况。20世纪60年代初，日本经济进入"萧条"阶段，经济萧条暴露出日本经济存在经济二元结构显著、过度依赖投资带动增长、人口红利即将耗尽、个人消费不足等诸多问题。日本为改善收入分配状况采取了一系列措施，制订了"国民收入倍增计划"，日本政府主要通过提高农产品价格以及提高农业劳动生产率来增加农民收入。20世纪60—70年代，日本农产品价格上涨大幅领先于其他商品。为了提高工人工资，"国民收入倍增计划"明确规定了"按地区与产业不同，将全部劳动者分为若干集团，每个集团确定统一的最低工资"，最低工资的确立对于缩小工资差距和提高整个工资水平都起到了一定的作用。"国民收入倍增计划"的实施大大增强了市民的购买能力，民间投资也不断增加。政府通过使农产品价格不断提高来增加农民收入，以及通过推进农村生产机械化进程和农村水利化建设等措施来提高农业劳动生产率，这些都极大地缩小了城乡收入差距，有利于日本第二次世界大战后经济二元结构难题的解决。从基尼系数的变化看，日本的基尼系数在1966—1990年基本保持在0.35左右的水平。

韩国作为后发国家，在经济腾飞之初，与其他国家一样，二元经济结构显著。到了20世纪70年代末，严重的收入差距和城乡差距成为影响社会分配状况的主要因素。从20世纪70年代开始，韩国政府大力推行"增长第一，分配第二"的发展政策，在20世纪80年代由于收入分配状况过度恶化引发民众不满情绪，韩国开始改变"先增长后分配"的政策，在经济发展的同时，通过不断完善个人所得税、健全社会保障制度、规范分配秩序、促进教育均衡、支持农业发展等，促进收入分配公平化，这使其基尼系数呈现总体下降趋势。韩国的基尼系数从 1970 年的 0.35 下降为 1995 年的 0.32，始终低于 0.4 的警戒线，处于比较平均和比较合理的区间内。1987 年韩国进入民主化转型之后，韩国的社会保障体系建设迅速发展，形成了社会保险、社会补救和社会福利服务三个层次的完整社会保障体系。1971 年韩国政府启动了"新社区运动"，大量的政府投资通过"新社区运动"分配到农村地区，集中力量支持农村的经济建设。政府除了在经济建设上加大对农村的投入外，还对农民的教育、医疗、养老保险等社会事业加大投资力度。韩国政府制定了一系列优惠政策，吸引年轻人到农村创业。[①]

三 中国的发展与"中等收入陷阱"

1. 中国是否会陷入"中等收入陷阱"的讨论

自改革开放以来，中国经济高速增长，从一个人均国民总收入低于 200 美元的贫穷农业国成长为世界上最大的最具活力的制造业中心。2010 年中国人均国民总收入达到 4300 美元，按照世界银行定义的标准，中国成功晋升为中等收入国家；后又经过五年中高速增长成为中等偏上收入国家。中国在近一代人的时间内，几乎取得了西方国家几百年的工业成就，但同时也在极短时间内积累了西方国家经历过的腐败、环境污染、产能过剩等诸多问题，而且同时也面临着老龄化和人口红利消失等压力，经济增速开始放缓，一个很自然的问题就是，中国会不会也像绝大多数的中等收入国家那样落入"中等收入陷阱"？如何采取措施以尽量避免这种情况发生？这些问题不仅在业界和经济学术界被广泛提及，而

---

① 曾铮：《亚洲国家和地区经济发展方式转变研究》，《经济学家》2011 年第 6 期。

且在政策界也备受关注，因而进入"新常态"后中国能否跨越"中等收入陷阱"成为一个重要的经济学问题。① 当今的中国，要面对贸易与金融的全球化，面对经济结构转型从早期的工业化逐渐过渡到以服务业为主导的"去工业化"，面对地区间的不平衡发展与城市化，面对产业结构从劳动密集型的低附加值产业逐渐升级到资本与技术密集型的高附加值产业的产业升级，面对从"双轨制"改革到彻底实现市场化单轨之间的距离，面对百姓从解决温饱问题到关注环境、健康、民主权利的需求结构的升级，所有这一切变化也都在共同说明一点，那就是中国经济增长与社会发展的外部环境与内部条件都和以前低收入阶段时截然不同了，不能刻意回避甚至否定"中等收入陷阱"问题。②

针对中国能否以及如何跨越"中等收入陷阱"这一问题，一些分析认为中国已不可能落入拉美式的"中等收入陷阱"，已基本具备跨越"中等收入陷阱"的条件。郑秉文认为中国目前处在上中等收入阶段，未来只要政治上不出现颠覆性错误，经济上不出现毁灭性打击，制度上不出现断层式波动，走出这一阶段将用约13年时间（2010—2023年），预计从2024年前后开始，中国将进入高收入阶段。但问题的关键是进入高收入阶段以后，中国同欧美发达国家依然存在较大差距；因此必须在现阶段就加大结构调整力度，重塑增长动力源，使我国在跨越"中等收入陷阱"后依然保持强劲发展动力。③ 田雪原认为目前我国距离人均 GDP 11000美元的中高收入上限尚有较大差距，因而"中等收入陷阱"风险

---

① 王丽莉、文一：《中国能跨越中等收入陷阱吗？——基于工业化路径的跨国比较》，《经济评论》2017年第3期。

② 王勇：《为"中等收入陷阱问题"正名》，FT中文网，2015年12月3日，http：//www.ftchinese.com/story/001065079#adchannelID = 2000。

③ 郑秉文：《中国预计从2024年开始进入高收入阶段》，人民日报海外网，2016年6月12日，http：//news.sina.com.cn/c/nd/2016 - 06 - 12/doc-ifxszmaa1849792.shtml。

依然存在，能否成功跨越这一陷阱，是对我国"十三五"时期发展的一次大考，是全面建成小康社会必须通过的一道关隘。中国经济发展进入新常态，减速是合乎规律的现象，减速但不失速是中国跨越"中等收入陷阱"的基本方略。[①] 王丽莉和文一认为虽然中国经济目前面临着人口老龄化、劳动力价格上涨、产能过剩、资产泡沫、环境污染等几乎所有老牌资本主义国家都曾经面临过的问题，但由于政府已经发现并遵循了正确的市场发育顺序和产业升级战略，这些发展问题只是"成长的烦恼"，而不像收入陷阱那样是很难跨越的鸿沟。[②]

但也有分析认为中国不会落入"中等收入陷阱"的结论是鼓舞大家对未来中国经济保持信心，并强调继续推进改革开放的重要性。而对于如何满足达到高收入阶段所必需的条件，如何顺利地经过这一历程，还有什么潜在风险需要排除，才是中国能否最终跨越"中等收入陷阱"的关键所在。未来中国要实现跨越之路，仍然充满风险和挑战。国内在经过近30年的高速发展后，经济增长遇到严重瓶颈，以往经济发展中积累下来的结构性矛盾在不断暴露，经济增长面临新旧引擎的更替空白，前期高速发展期留下的欠账所导致的经济、社会问题不断发酵。虽然我国居民收入这些年增速较快，但我国国民的历史累积财富仍然不多，与国外有巨大差距。更严重的是，我国居民收入分配差异在全世界都是极高的（实际基尼系数远远超过官方给出的数值），国民收入的严重分化引发了多种社会矛盾。在某种程度上，可以认为中国经济已

---

① 田雪原：《在新常态下跨越"中等收入陷阱"》，人民网，2016 年 1 月 14 日，http：//theory. people. com. cn/n1/2016/0114/c40531 – 28050685. html。

② 王丽莉、文一：《中国能跨越中等收入陷阱吗？——基于工业化路径的跨国比较》，《经济评论》2017 年第 3 期。

经处于"中等收入陷阱"之中。① 新加坡国立大学东亚研究所所长郑永年认为中国缺乏新经济增长的一些动力，跨越"中等收入陷阱"的难度较大。② 楼继伟在 2015 年清华大学举行的"清华中国经济高层讲坛"上表示，现在中国的关键任务是要跨过"中等收入陷阱"，由于中国太快进入老龄化社会，在未来的 5 年或 10 年有 50% 以上的可能性会滑入"中等收入陷阱"。要实现 6.5%—7% 的经济增长速度，这就要求我国在未来的 5—7 年里，做好全方位改革，解决市场中仍然存在的扭曲。③ 许小年 2017 年 5 月 5 日在深圳创新发展研究院的演讲中认为，中国的经济发展经过 30 多年的改革开放，到现在处于一个很关键的转型期，中国数量型增长无法持续，在过去几年间，中国的 GDP 增长在不断地下降，印证了中国通过资本积累来驱动经济增长是无法持续的。中国目前已经掉入了"中等收入陷阱"，我们现在需要从需求侧转向供给侧，转向供给侧实际上是效率型增长，而效率型增长要靠创新。④

2. 中国面对"中等收入陷阱"的风险

第一，研发投入不足，自主技术创新机制存在较多缺陷。近年来，我国高技术产业的技术创新投入不断增加，研发机构和从事研发活动的人员也得到了大幅度的提高，但是技术创新投入的强度总的来说还处于较低的水平。从企业来看，其技术创新资金投入意愿不强，大部分企业不愿意花更多的资金去从事企业研发创

---

① 《中国经济已经处于"中等收入陷阱"之中》，和讯网，2016 年 6 月 14 日，http://o-pinion. hexun. com/2016 - 06 - 14/184375281. html。

② 郑永年：《中国难逃中等收入陷阱》，凤凰财知道，2015 年 4 月 2 日，http://finance. ifeng. com/a/20150402/13603135_ 0. shtml。

③ 《财政部长：中国有 50% 以上可能滑入中等收入陷阱》，观察者网，2015 年 4 月 26 日，http://news. sohu. com/20150426/n411920834. shtml。

④ 《许小年最新演讲：中国已掉入中等收入陷阱了》，中财网，2017 年 5 月 6 日，http://www. cfi. net. cn/p20170506000114. html。

新工作，国内部分企业技术创新停留在企业现有项目需求上，没有真正为企业的未来市场发展需要而从事技术创新工作，技术创新工作未能得到重视；资金投入比重远远不够，企业创新技术发展能力不足。2011年我国高技术产业的研发投入强度平均只有1.63%。其中，研发投入强度最高的航空航天器制造业，其研发投入强度也只有7.82%，而研发投入强度最低的电子计算机及办公设备制造业，其研发投入强度更是只有0.75%。我国高技术产业技术创新投入的强度与发达国家相比还存在一定差距。

高层次的创新人才是高技术产业技术创新的源泉，但高水平的技术工人和创新管理人才缺乏已经成为制约我国高技术产业技术创新能力提高的重要因素。我国大学的工程教育过于偏重理论，与生产实践、技术创新活动结合不够紧密，师资缺乏工程化锻炼，没有市场经验，对于实际生产中的技术创新过程了解不够，人才的培养不能满足高技术产业发展对人才素质提出的要求。除此之外，我国高层次人才外流现象严重，人才的流失也成为制约我国高技术产业技术创新的重要因素。[1] 企业技术创新的根本是创新团队的建设，但大部分企业没有建立专门的研发创新团队，企业技术人员一方面要满足生产需要同时又要开展研发创新活动，技术必须首先为生产服务，研发创新工作受到阻碍，研发项目被迫中止或者暂停，研发创新成果难以实现。

尽管我国高技术产业的技术创新产出能力正在逐步提高，产品创新产出和专利产出都有了较大幅度的提高，但我国高技术产业技术创新的产出效益还比较低。首先，技术创新成果转化率低。如2013年备案登记的专利实施许可合同和专利权质押合同共6702

---

① 逄晓婷、谢丽威：《议我国高技术产业技术创新的现状与对策》，《辽宁行政学院学报》2014年第11期。

项，仅占当年公开专利数的 0.06%。其次，技术创新研发投入产出效益低。我国高技术产业的产品创新产出规模虽然在不断扩大，但新产品的技术含量和附加价值不高，新产品所带来的利润增长与规模的扩大不相匹配，产出效益比较低。另外，我国高技术产业的专利申请数与发达国家相比，也存在较大差距，以 2012 年规模以上工业企业为例，超过半数以上进行了研发的企业没有相应专利申请或者授权。再次，研发投入规模与产出存在脱节。近年来，由于项目结题成果量化和高校职称评定、业务考核需要，高校成为中小企业专利技术的重要来源。专利开发往往与市场脱节，有效性和实施效果不理想。如 2012 年规模以上工业企业中，只有半数左右有专利项目的规模以上工业企业有研发投入。[①] 最后，随着我国高技术产业研发投入的提高及相关配套设施的跟进，高技术产业中的一批关键核心技术取得突破性成果，但与发达国家相比，我国高技术产业的自主创新能力还不够强，许多高技术领域还处于起步和跟踪模仿外国技术阶段，许多关键核心技术仍受制于人，高技术产业缺乏核心竞争力。

第二，加大教育投入以促进人力资本积累，仍然任重而道远。中国是否为跨越"中等收入陷阱"准备了足够的人力资本？通过与那些已经成功跨越中等收入阶段的国家和地区相比较，可以发现中国的平均教育年限要明显高于那些经济增速明显下降的中等收入国家，表明中国在改革开放后对教育事业的连续投入已经取得了显著的成就，已经为成功跨越中等收入阶段奠定了坚实的人力资本基础。但周必彧和翁杰将中国与美国 1960 年以来的人力资本情况进行了对比，发现中国 2010 年的人力资本状况还远远不及

---

① 杨志恒、刘猛、邹嘉琦、张淑园：《我国技术创新成果转化现状与难题破解》，《技术与创新管理》2016 年第 1 期。

美国 1960 年的水平，如果按照美国人力资本的发展趋势外推，估计中国 2010 年的水平与美国 1940 年的水平接近，差了近 70 年。[①]因此，尽管中国在迈入上中等收入国家行列时已经具有高于平均水平的人力资本优势，但是横向的比较显示，中国的人力资本存量与发达国家的差距十分巨大。

中国能够快速发展的一个重要因素就是人口红利对经济带来的溢出效应，但是随着计划生育政策负面作用的出现和人口老龄化的到来，人口红利正在消失。从 2000 年起，中国非熟练工人工资已经开始增加，中国的低工资时代已经终结，并且工资增长幅度很大。一些研究表明，除日本、韩国、中国台湾、中国香港、新加坡和马来西亚外，中国是世界上非熟练工人工资最高的国家，也是增长最快的国家。2013 年 1 月国家统计局公布的数据表明，2012 年中国人口结构出现了拐点，劳动力人口第一次出现了绝对下降的情况，尤其是 15—59 岁的主体劳动力人口环比上年减少的幅度更大。这意味着中国已经告别廉价劳动力的时代，经济增长的动力出现不足，需要依靠资本、技术来弥补由于劳动力减少对经济的拉动作用。[②]对跨越或陷入"中等收入陷阱"的一些国家的经验和教训的分析表明，一国的人力资本投资政策对未来收入分配差距的缩小和经济的可持续发展具有重要的意义。中国目前存在严重的人力资本不平等问题，特别是在农村贫困地区，除了结构性和体制性障碍阻止学生在学校获得将来所需的必要能力外，严重的营养和健康问题也限制了学生人力资本的提升。如果这些问题不能得到解决，就会在中国农村贫困地区造成严重的人力资

[①] 周必彧、翁杰：《中国做好跨越中等收入陷阱的准备了吗？——基于人力资本的视角》，《浙江学刊》2016 年第 2 期。

[②] 段海超、李晓静、张周鹏：《新常态下中国跨越中等收入陷阱的路径选择》，《经济与管理研究》2017 年第 6 期。

本匮乏,并使得不平等问题在未来数十年内难以解决。[1]

目前,我国教育投入相对不足,造成中高级人力资本匮乏,须加大对教育的投入,提高教育培训水平。按国际发展经验,教育经费占 GDP 的比重世界平均水平为 4.9%,发达国家为 5.1%,欠发达国家为 4.1%,我国 1993 年发布的《中国教育改革和发展纲要》提出的国家财政性教育经费支出占 GDP 比例要达到 4% 的目标直到 2012 年才首次实现,达到 4.28%。义务教育发展严重不平衡,存在严重的城乡差距和地区差距,很多农村地区和落后边远地区的义务教育还相当薄弱。我国高等教育经费也明显不足,很多高校特别是一些地方高校面临严重的经费不足困境,这些都不利于为我国经济发展储备人才,从而不利于经济的可持续发展。根据国际经验,中国要跨越"中等收入陷阱"必须努力增加教育投入,既要不断增加公共教育投入,也要不断增加社会投入特别是家庭教育投入。未来十年是跨越"中等收入陷阱"的关键时期,在公共投入方面,要努力实现教育公共投入占 GDP 总量 4.6% 左右的目标;在教育总投入方面,要努力实现教育总投入占 GDP 总量 5.4% 左右的目标。[2]

第三,在经济转型过程中面临产业结构调整的困境。我国的经济增长是粗放式的,庞大的非熟练劳动力多集中在对工人的技能要求并不高的劳动密集型制造业和服务业领域。但要想成功跨越"中等收入陷阱",这一增长方式是难以持续的。首先我国的劳动力成本不断上升,来自低收入国家的竞争加剧,而在尖端技术研制方面与发达国家又难以抗衡,这样的上下挤压很容易使我国的

---

[1] 张林秀、易红梅、罗仁福、刘承芳、史耀疆、斯科特·罗斯高:《中等收入陷阱的人力资本根源:中国案例》,《中国人民大学学报》2014 年第 3 期。

[2] 李立国、易鹏、薛新龙:《跨越中等收入陷阱要求增加教育投入——经济发展不同阶段国家教育投入的特征与启示》,《中国高教研究》2016 年第 9 期。

经济增长陷入停滞，所以加快转变经济发展方式是我们规避"中等收入陷阱"的必然选择。从产业结构看，我国只有加快产业结构调整步伐，走产业结构优化和升级之路，才能应对美欧国家高端产业的"挤压"和新兴发展中国家低端产业的"挤出"效应。但是，当前和今后我国调整产业结构也遇到了矛盾和问题：从农业看，农业现代化主体缺位，工农业发展差距大。面对收益率下降，农民无能力对农业进行现代化建设，而在现行财税体制下，地方政府又不愿过多承担本地农业现代化责任，农业现代化进程滞后，导致农业发展远远落后于工业。

从第二产业看，制造业"大"而不"强"。由于我国还未能在全球范围内建立起完整的生产技术体系和商业销售网络体系，大量产业只能集中在价值链的低端环节，处于"微笑曲线"的中间，而在研发、技术、专利、标准制定和品牌、销售、服务等高附加值环节没有比较优势，企业很难获得高附加值、高利润，产业升级面临困难。当前，中国产能过剩问题突出。产能之所以会出现过剩，最主要的原因是企业在参与市场竞争时，采取的是粗放的经济增长方式，过度依赖资源的投入，而忽视了企业的真正竞争优势在于创新和产品的质量。我国在低劳动成本、低土地价格、低资源价格、低污染成本、低汇率的作用下，产业结构提前、过度进行资本深化，是一种典型的高投入式、外延型增长方式。我国产业结构中高耗能产业比重过大、污染排放多的矛盾突出，直接带来了严重的环境污染问题，使得经济发展以牺牲环境福利为代价。2014年中国工业总体产能利用率约为78.7%，并且逐年下降，有些行业出现了严重的产能过剩。目前主要集中在钢铁、煤炭、水泥等行业，这些行业技术水平低，可替代性强，很容易受到国际市场的影响。如果产能过剩长期得不到解决，就会使得企业难以及时得到扩大再生产的资金补充，企业会出现破产和倒闭。

尤其在新常态下，产能过剩问题带来的库存压力，成为中国经济面临的一个突出问题，直接关系到中国经济结构的转型和产业结构的调整能否取得成功。

从第三产业看，我国在城乡二元结构制度下，由于工业对生产性服务业的需求大量延伸到国外，造成国内邮电通信、金融保险、信息咨询、科研开发、旅游、新闻出版、广播电视等新兴服务业发展不足。我国服务业产品创新也不足，服务品质和技术水平不高，难以适应激烈的国际竞争需要。

第四，收入分配不公，地区、城乡差距拉大。改革开放以来，中国的减贫成就斐然，但分配不公却始终没有得到很好的解决，城乡之间、沿海和内陆之间、行业之间、城镇居民内部的收入差距日益扩大；如不采取有效的措施，贫富差距将有可能进一步扩大，社会矛盾将积重难返，对社会安定形成威胁。[①] 1981 年，中国居民收入基尼系数仅为 0.29，是世界上收入分配最平等的国家之一。2008 年国家统计局公布的全国居民收入基尼系数达到峰值 0.491，此后逐年下行，2009—2016 年中国的基尼系数分别为 0.490、0.481、0.477、0.474、0.473、0.469、0.462、0.473。尽管中国最近几年来的基尼系数似乎处于下行的通道中，但目前的收入不平等状况依旧不容乐观，基尼系数处于 0.4—0.6 表示社会财富分配差距悬殊，社会冲突比较频发，国际上普遍以 0.4 作为衡量贫富差距的警戒线。中国基尼系数已远超 0.4 的国际警戒线，并且超过美国和世界上多数同等发展水平国家。此外，与其他国家相比，中国城乡居民收入差距不断拉大，1985 年中国城乡居民收入比约为 1.8：1，而在 2007—2010 年达到 3.3：1，这一数值高

[①] 郑秉文：《"中等收入陷阱"与中国发展道路——基于国际经验教训的视角》，《中国人口科学》2011 年第 1 期。

居世界之最。[①] 中国地区差距在改革开放进程中也持续扩大，对经济的持续增长、社会公正与稳定都提出了挑战。地区收入差距不仅影响地区间的个体收入差距，而且还影响到地区内部个体收入差距。如果要缩小个体收入差距，那么首先必须缩小地区收入差距。[②]

一些研究发现，经济发展停滞与收入分配恶化之间具有互为因果和互相强化的关系，可能导致一些曾经高速增长的国家落入"中等收入陷阱"。贺大兴和姚洋发现，在经济起飞阶段，财富集中促进社会物质资本积累有利于落后国家逃脱贫困陷阱，但是过度的不平等剥夺了穷人物质投资的机会，形成阻碍发展中国家的第一类"中等收入陷阱"；跨越第一类中等收入陷阱之后，过度的不平等限制穷人的人力资本投资，导致先进生产部门无法替代落后生产部门，最终形成第二类"中等收入陷阱"。[③] 蔡昉和王美艳认为中国在中等偏上收入阶段遭遇经济增长减速，应该高度重视收入差距扩大的问题；中国在初次分配环节中长期以来存在着导致收入差距过大的因素，而这种状况可以通过再分配环节进行调整。深化国民收入初次分配和再分配领域的改革，对于缩小收入差距和避免"中等收入陷阱"风险具有重要的政策意义。只有缩小已经形成的过大收入差距，才能使广大人民群众达成改革和发展的共识，增强社会的凝聚力，从而保持持续的经济增长和社会发展。[④]

---

① 林致远：《跨越"中等收入陷阱"：基于人力资本的视角》，《河北学刊》2016 年第 3 期。

② 周文、赵果庆、徐波：《中国跨越"中等收入陷阱"的路径突破与政策应对——基于地区收入差距视角》，《经济理论与经济管理》2017 年第 1 期。

③ 贺大兴、姚洋：《不平等、经济增长和中等收入陷阱》，《当代经济科学》2014 年第 5 期。

④ 蔡昉、王美艳：《中国面对的收入差距现实与中等收入陷阱风险》，《中国人民大学学报》2014 年第 3 期。

四 政策建议

1. 加大研发投入和自主创新力度

中等收入阶段是全要素生产率提升路径的转型阶段，亟须实现由外界驱动向自主创新驱动的转型，方能带动经济体进一步实现高收入发展阶段的经济增长。

第一，加大研发投资力度，依靠科技进步和管理创新为经济发展提供持续动力。2015年3月，《中共中央、国务院关于深化体制机制改革加快实施创新驱动发展战略的若干意见》正式发布，这是落实实施创新驱动发展战略的重要政策文件。它明确了我国在增强自主创新能力方面的若干举措，这意味着我国正在促进经济发展向创新驱动型转变。我国要进一步建立科学的评估机制和监督机制，用好公共财政支持技术创新。政府掌握的公共财政资金则重点支持那些具有公共产品与服务性质的项目和能够形成或带动产业链的项目，公共财政资源在技术创新领域的使用中应当以直接资助技术设施为主，调整为引导社会资金进入创新领域为主。制定相应政策，解决公共财政科技拨款资助完成并形成的知识和技术不能有效地进行扩散的问题。协调各类支持创新的科技计划，加强政府部门之间有效的协调，避免低水平重复，促进使用与研究开发和生产部门合作，通过政府引导，组织企业间合作开发。

第二，强化企业的科研地位。我国科研经费政府投入为主的模式一定程度上削弱了企业自主创新能力，为促进技术进步，国家除继续加大研发投资外，还应该强化企业的科研地位，激励企业自主技术创新，改变以往中国创新主体单一的情况，让创新不仅仅停留在高校和科研院所，要让社会成员都发挥自己的才智，积极投身于创新，激发创新热潮。中国要实现经济的持续增长必须依靠科技创新，科技创新必须实现与企业的结合，使得企业成为创新的主体。要以市场为导向，培养具有创新活力的企业，企业的创新活力直接决定着一个国家经济发展水平的高低，科技创新只有与企业结合起来，才能实现真正的效益。

第三，释放制度红利，促进整个社会的创新热情。政府要实现管理创新。当市场失灵时，政府要积极发挥国家宏观调控，弥补市场的缺陷。政府要充分发挥经济管理的职能，打破行业垄断，为企业提供公平的经济竞争环境，让企业充分参与市场竞争，发挥价值规律对经济的调节作用。同时，政府要积极履行社会服务职能，构建完善的公共服务体系，尤其是对基础设施的投资，为企业进行创新提供财政支持和制度保障。

第四，重构国家创新体系。制定财税、金融以及市场准入等支持政策，强化企业技术创新能力建设，加强高科技人才队伍建设，建立战略性新兴产业发展专项基金，实施重大产业创新发展工程，组织实施重大产业应用示范工程。

2. 加大教育投入力度，重视人力资本积累

中等收入国家的发展处于由要素驱动向效率和创新驱动的转型阶段，而这主要依靠的就是人力资本的积累，全社会人力资本的提高是中等收入国家跨越"中等收入陷阱"的关键，而人力资本的提高和优化关键在于教育的发展。

第一，加大教育投入以促进教育发展。中国人口受教育年限的较低水平，固然与较低的国民收入水平有关，但更与政府在教育领域的投入不足有直接的关系。中国财政教育投入水平不仅明显低于发达国家，即便与其他新兴经济体相比也存在明

显差距。① 我国必须吸取东亚先进经济体的成功经验，加大对教育的投入力度，尽量缩小全国各地基础教育投入的巨大差距。人力资本质量的提高有赖于人力资本规模的扩大，而增加国民接受教育的平均年限正是壮大人力资本规模，进而提高人力资本质量的重要举措。为此，国家应继续加大财政教育投入，全面提升中国人力资本水平，努力使国民受教育的水准匹配乃至领先于所处的经济发展阶段。

第二，提升教育投入和质量，重视多重教育体系协同发展。中国要跨越"中等收入陷阱"，就必须优化人力资本，加强教育对经济发展的基础性作用。尤其是要落实基础教育、高等教育、职业教育的统筹发展，形成一个多层次、宽领域的立体教育发展模式，为国家经济发展储存先进的人力资本。基础教育是中国整个教育的基础。中国经过数十年的不懈努力，基础教育和高等教育有了长足的进步。为了适应新的时代发展潮流，要加强高等教育对经济的驱动作用，关键在于提高高等教育质量，调整高等教育办学方向，更加贴近市场需求，实现与需求的良好对接，破解大学生就业难的问题。

第三，大力发展职业技能教育，推动职业教育整体水平，为国家储备各类技术型和应用型人才。职业教育的实践性更强，承载着将知识直接转化成生产力和产品的使命，转化为市场的能力更强，能够更快速地为各行各业输送技术人才。② 鼓励企业加大人力资本投资和职业教育投入，提高企业开展人力资源培训的积极性，以此来积累和优化跨越"中等收入陷阱"所必需的人力资本和智

---

① 林致远：《跨越"中等收入陷阱"：基于人力资本的视角》，《河北学刊》2016 年第 3 期。

② 段海超、李晓静、张周鹏：《新常态下中国跨越中等收入陷阱的路径选择》，《经济与管理研究》2017 年第 6 期。

力资源。

3. 转变经济发展方式，不断优化产业结构

现阶段我国经济增长已进入"新常态"，"新常态"环境下经济发展方式的转变要求经济增长必须由速度型向质量型转变，要不断提高效率，降低成本，走可持续之路。

第一，优化升级产业结构是重中之重。当前从我国的产业优势来看，主要集中在劳动密集型和资源密集型上，而今后我们应该不断向知识密集型转变，从以廉价资源和劳动力投入为主的低成本扩张竞争转变为以技术进步和效率提升为主的创新发展竞争；推动服务业与制造业的融合生长，建设服务业与制造业一体化的生产体系，通过高端服务业引领高新技术产业和先进制造业，形成分工配套的产业链。

第二，加快对传统产业的改造步伐，促进我国产业走高端化、细分化之路。要改变我国产业在国际分工中的不利地位，就必须改变我国产业在"微笑曲线"中的位置，向曲线的两端发展。在农业发展方面，在推进农业现代化过程中，大力发展高附加值农产品生产，不断提高农产品加工特别是精深加工的比重。在发展消费品工业方面，应利用信息、生物、节能降耗、新材料等先进适用技术改造现有工业，优化产品结构，提升产品质量，发展自主品牌。在装备制造业方面，要以高端化、精细化、信息化为方向，组织国家重大科技专项，实现关键核心部件和基础制造工艺的本土化，支持发展高档数控机床、工程机械、轨道交通设备、节能环保设备、特高压输变电设备、节能高效农业机械等。

第三，大力支持战略性新兴产业的发展。发展战略性新兴产业是我国产业结构从重化工业化向高端化、高加工度化进而向知识

技术密集化发展的关键所在，是实现产业发展低碳化、绿色化和智能化的重要支撑，也是我国从"中国制造"向"中国创造"转变的战略切入点。我国要充分调集社会力量，集中优势科技资源，积极推进节能环保、新一代信息技术、生物、高端装备制造、新能源、新材料、新能源汽车等新兴产业的发展。

第四，发展高附加值的外向型经济产业。中国长期以来是西方发达国家的制造工厂，虽然带动了大批工人就业，不过也使得中国在国际分工中的地位一直处于价值链的底端。因此改变我国的贸易结构方式，从出口导向向对外投资转变，从出口低端产品向出口高端产品转变。中国应尽快研发掌握新核心技术为主体的国际竞争力，优化内外贸易构成和产业结构革新，以向高价值链攀升。在我国产业走高端化、细分化之路的过程中，我国应该逐渐减少低端产品、劳动密集型产品出口，增加附加值高、技术含量高、辐射带动能力强的高端产品出口。同时，利用我国多年积累起来的资金和人力资本优势，在全球范围内建立自身的产业生产技术体系和国际商业销售网络体系。

第五，在制度创新和宏观管理上做出多方面的努力。提高政府干预市场的效率，坚持自由化的政策导向，避免经济转型期的制度失灵，通过制度变迁改善供求关系和质量以适应经济新常态。产能过剩是中国经济发展亟须解决的一个问题。中国的产能过剩造成的主要原因是结构不合理，这种不合理主要是产业之间以及产业内部之间不相匹配。供给侧改革的首要目标是优化产业结构，提高供给侧的效率，实现资源的高效整合，用创新引领经济的增速发展。尽快建立内需主导的增长模式，逐步取消出口退税、加工贸易、关税倒挂、鼓励出口等政策，降低进口高端消费品的关税，重新平衡汇率、贸易关系。应鼓励企业开发国内市场，改善国内产品供应的结构与质量，增加国内的消费需求。①

第六，推进"一带一路"建设，为产业结构调整和化解国内产能过剩开辟新渠道。优化产业结构意味着不是封闭发展，而是要在不放弃当前参与全球生产体系的同时，积极利用国际科技成就，以产业升级和产业转移为动力，并行建构中国主导的产业价值链。通过"一带一路"倡议的实施，可以将全球低端产业链和高端产业链结合起来，通过改造和提升传统产业，促进生产力的提高和新产品的出现。一方面，将中国比较低端的产业链转移到东南亚和非洲等国家，化解国内的过剩产能，为经济发展创造新的动力；另一方面，"一带一路"连接了亚、欧、非三大洲，促进大量资本寻求新的投资空间，从而使我国经济形成新的增长平台。中国可以加大对欧洲发达国家的投资力度，提高中国企业的投资能力，学习发达国家先进的技术和管理，促进中国产业链由低端向高端转化，突破产业链低端封锁，构建中国主导的全球价值链，提升中国在世界的话语权。

4. 消除区域市场进入壁垒，实现区域间的协调发展

区域市场的进入壁垒严重阻碍了中国制造企业利用本土市场空间来构建产业价值链的努力，只有在区域间公平竞争的环境下，才有利于资源的合理流动和产业的自主转移；否则，对一些地区进行的特殊保护只能阻碍或误导产业的转移。

第一，在总体规划中引导不同区域产业的协调发展。促进区域经济在更高起点上发展，要从全局性、长远性和高起点上谋划新战略，从而进一步促进区域协调发展，推动区域经济全方位融入

---

① 孙建波、张志鹏：《第三次工业化：铸造跨越"中等收入陷阱"的国家价值链》，《南京大学学报》（哲学·人文科学·社会科学）2011 年第 5 期。

"一带一路"的国家战略，加大对欠发达地区包括多民族地区、西部边疆地区的支持力度，实施有效的财政转移支付支持计划，推动低收入地区经济发展，提升人均收入，分享经济增长的成果。

第二，各地区要科学定位自己的比较优势和主导产业。一旦主导产业确立后，就应有的放矢地承接产业转移，做到为"加长加强"产业链所用；重视提高影响产业转移的软因素，各地区和城市在争夺高新技术产业和服务业的过程中，除了重视材料成本、设备成本、房地产成本、土地价格、人工成本、物流成本和地方政府所实施的税收政策等硬因素外，还要重视提高当地政府效率和诚信度等软因素。

第三，创新区域发展政策，缩小区域发展差距。持续推进西部大开发、东北振兴、中部崛起战略，完善低收入区域发展机制，促进区域协调发展。我国中西部地区具有土地、厂房、劳动力等方面的优势，同时存在运输成本高、与国际制造业体系融合差两个方面的劣势。加大力度促进东部地区以产业转移方式直接投资中西部地区，同时鼓励国际产业向中西部转移，要使得承接东部沿海地区产业转移顺利发展，还需要强化跨区域的交通设施建设，降低运输成本，促进区域间合作；使得发达区域的技术进步、制度创新等能平顺地传递到中西部，激活欠发达地区的后发优势并产生新动力。创新东部对西部的对口帮扶机制，培育西部地区发展的自身能力，力求将东部地区发达的服务业、中西部的制造业和内地市场扩张结合起来，实现产品流的转向和就近销售，从而更有效地促进区域经济的均衡协调发展。

第四，消除地区间恶性竞争的局面。转变单纯以 GDP 增长作为"政绩晋升"的竞争手段，将各地区是否具有明确的城市定位、合理的主导产业选择、完善的产业链和产业集群作为考核重点。在此基础上进一步考察主导产业链中的高新产品比重、服务业比重等。坚决改变招商引资中对外资或本国企业实施各种隐性补贴，防止人为扭曲企业的生产要素投入成本差异与投入比例。

5. 稳步推进人口城镇化

跨入高收入国家的城市化率大多超过 70%，而目前我国的城市化率远低于这个水平，属于典型的城市化滞后型经济。城乡发展差距大是"中等收入陷阱"的一个重要表现，因此跨越"中等收入陷阱"需要发挥城镇化综合效应，刺激最大内需潜力，兼顾城乡统筹发展。

第一，协调工业化与城镇化的关系，缩小收入差距以刺激内需。通过制度改革尽快促进城镇化进程，对扩大内需产生积极的作用，一方面城镇化能带来消费的增长，另一方面会对城镇基础设施和服务业带来巨大需求。以此来促进"橄榄型"社会收入结构的形成，不断壮大中等收入群体，维护社会稳定，并最终拉动国内消费需求的扩大，从而带领经济走上更高发展水平。[①]

第二，加快城镇化建设，鼓励城乡之间的人才流动。全面推动户籍制度改革，确保人口的自由流动，通过劳动力的自由流动，提升劳动力资源的配置效率。我国城镇化的重点应该是发展中小城市和小城镇，加强和完善这些城镇的基础设施和公共服务体系，提高其人口承载能力，加快人口从第一产业向第二和第三产业转移，提升城镇人口在总人口中的比重，以人口城镇化水平的提升来推动经济的进一步增长。

第三，有序控制土地城镇化。经济增长具有扩张土地需求的冲动，使得更多的耕地和林地进入城镇化的建设用地范围，导致了

---

① 张欢：《收入增长的俱乐部效应——论跨越中等收入陷阱的有效途径》，《经济与管理研究》2016 年第 5 期。

生态的破坏，且对经济增长并没有持续的促进作用。因此，中国在发展过程中，必须强调土地资源的有序开发，提升城镇土地资源的利用效率。建立以土地资源集约化使用的资源节约型发展模式，从而改变依靠自然资源开发促进经济发展的传统路径。

第四，推进教育、医疗卫生等基本公共服务均等化。推进城镇化的目标是提高城镇化的质量，不是单纯地提高城镇化的速度，基本原则是以人为本，为人口在城乡间有序有益流动创造一个好的环境。在进行人口城镇化和土地城镇化的过程中，加大教育投入力度，提升居民素质，以人口城镇化带动社会人力资本的提升作为经济增长的动力来源。

第五，推进城镇化应该处理好市场和政府的职能分工。坚持市场在资源配置中的决定性作用，发挥政府在创造制度环境、编制发展规划、建设基础设施、提供公共服务、加强社会治理等方面的职能。建立完善的社会保障体系，保障城镇居民的基本生活，避免无效的人口城镇化。

第二章　破解"梅佐乔诺陷阱"：促进区域均衡发展

一　中国区域发展与"梅佐乔诺陷阱"

1. "梅佐乔诺陷阱"

梅佐乔诺（Mezzogiorno）在意大利语中的含义是正午阳光（相当于英语 Midday），指意大利半岛的南部外加西西里和撒丁岛，或泛指意大利南部。意大利是发达国家中很少见的一个南北地区长期保持巨大差距的国家，在向现代经济加速发展的过程中，其南部传统以农业经济为主，与北方存在很大的发展差距，后来变成典型的二元经济。德国统一后，德国东部从计划经济向市场经济体制转轨过程中，政府加大对东部地区转移投资和财政补贴，使得东德地区经济快速增长，但由于政府投资补贴并未诱导出吸纳就业的产业，这些地区的人均收入水平并未提高，东部与西部地区的发展差距长期得不到缩小。[①] 这种情况在发达国家非常罕见，因此有经济学家总结称欧洲有"两个梅佐乔诺"（Two Mezzogiornos）。"两个梅佐乔诺"存在共同之处：中央政府高度重视这

---

① 王婷、严卫:《"梅佐乔诺陷阱"与江西经济发展分析》,《江西社会科学》2010 年第 10 期。

些相对落后地区并对此进行大规模的资金投入，但恰恰是这项特殊关照促使它们形成与其资源禀赋不相适应的经济增长方式和产业结构，导致就业不充分、收入分配不均等问题，虽然在一段时间里得益于投资因素，获得了一定的经济增长，看上去与其他地区的差距在缩小，但是经济增长无法长时间持续，最终又回到了原来的轨道上。我国学者蔡昉把这种现象叫作"梅佐乔诺陷阱"。"梅佐乔诺陷阱"实际上是由于这样一种区域发展战略，它为落后地区提供了赶超所需的物质资源，却没有提供必要的人力资本和体制保障；提供了发展的外部推动力，却没有建立起自身的发展激励机制；来自外部输入的物质资源短期内促进了经济总量的增长，却由于这种增长没有遵循该经济体的比较优势，因而所形成的产业结构并不能保证增长的可持续性。①

2. 中国区域发展的战略布局及政策演化

20 世纪 80 年代，中国的区域概念体现为东部、西部、中部三大地带。改革开放以后，中国选择了经济市场化的发展路径，为了扩大对外开放，加快经济发展，提高资源配置效率，中国实施了"顺市场"的区域发展政策，即鼓励各种资源要素流向更有效率的地区，促进东部沿海地区优先发展。作为改革开放的重点地区，东部沿海先后批准设立深圳、珠海、汕头、厦门和海南五个经济特区，允许经济特区进行制度创新，并给予经济特区放宽外商投资限制、税收减免、增加外汇额度等优惠政策；其后陆续开放天津、上海、大连、湛江等 14 个沿海城市，设立上海浦东新区，鼓励沿海地区兴办各类国家级经济技术开发区。②

---

① 蔡昉：《"十二五"时期中国经济面临四方面挑战》，中国网，2011 年 1 月 5 日，http://www.china.com.cn/economic/txt/2011-01/05/content_ 21675191_ 2. htm.
② 刘宪法、郑宇吉：《中国区域发展的政策选择》，《开放导报》2013 年第 2 期。

"西部大开发战略"。随着东部沿海地区与西部内陆尤其是边疆地区的发展差距明显拉大,为扭转东西差距持续扩大趋势,改变西部地区落后现状,促进地区经济协调发展,20 世纪90 年代中后期以来,我国开始实施区域协调发展战略。中国政府1999 年6 月提出了"西部大开发战略",2000 年1 月"西部大开发战略"正式实施,国务院成立西部地区开发领导小组。2001 年3 月九届全国人大四次会议通过的《中华人民共和国国民经济和社会发展第十个五年计划纲要》对实施西部大开发战略再次进行了具体部署。实施西部大开发,就是要依托亚欧大陆桥、长江水道、西南出海通道等交通干线,发挥中心城市作用,逐步形成中国西部有特色的西陇海兰新线、长江上游、南(宁)贵、成昆(明)等跨行政区域的经济带,带动其他地区发展,有步骤、有重点地推进西部大开发。2006 年12 月8 日,国务院常务会议审议并原则通过《西部大开发"十一五"规划》,目标是努力实现西部地区经济又好又快发展,人民生活水平持续稳定提高,基础设施和生态环境建设取得新突破,重点区域和重点产业的发展达到新水平,教育、卫生等基本公共服务均等化取得新成效。以青藏铁路、西电东送、西气东输、中心城市基础设施公路主干线等为代表的一批事关西部开发全局的重点工程相继开工,一定程度上扭转了西部地区经济发展的被动局面。西部大开发战略把落后地区发展上升到国家战略的高度,并通过国家的政策、资金、项目和其他地区及企业的共同参与来推动落后地区发展以缩小地区差距的路径,是我们在促进区域经济协调发展上进行的理论上和实践上的初步尝试。①

2017 年1 月国务院正式批复《西部大开发"十三五"规划》

---

① 谭振义:《我国区域发展总体战略的历史演变》,《湖北大学学报》(哲学社会科学版)2014 年第6 期。

（以下简称《规划》），这是国务院批复的第四个西部大开发五年规（计）划。《规划》明确了西部大开发"十三五"时期的奋斗目标，总的目标是到 2020 年如期全面建成小康社会，西部地区综合经济实力、人民生活水平和质量、生态环境状况再上新的台阶。具体目标包括经济持续健康发展、创新驱动发展能力显著增强、转型升级取得实质性进展、基础设施进一步完善、生态环境实质性改善、公共服务能力显著增强六个方面。《规划》还明确了十个方面的重点任务：构建区域发展新格局、筑牢国家生态安全屏障、增加公共服务供给、打赢脱贫攻坚战、促进创新驱动发展、坚持开放引领发展、完善基础设施网络、培育现代产业体系、大力发展特色优势农业、推进新型城镇化。①

东北地区老工业基地振兴战略。东北老工业基地曾是中华人民共和国工业的摇篮，为建成独立、完整的工业体系和国民经济体系，为国家的改革开放和现代化建设做出了历史性的重大贡献。1990 年以来由于体制性和结构性矛盾日趋显现，东北老工业基地企业设备和技术老化，竞争力下降，就业矛盾突出，与沿海发达地区的差距在扩大。2003 年 10 月，中共中央、国务院发布《关于实施东北地区等老工业基地振兴战略的若干意见》，明确了实施振兴战略的指导思想、方针任务和政策措施。提出要加快体制创新和机制创新，加快国有经济战略性调整，继续深化国有企业改革，营造非公有制经济发展的良好环境，进一步转变政府职能。要全面推进工业结构优化升级，走新型工业化道路，全面提升和优化第二产业，是振兴老工业基地的主要任务。大力发展现代农业，巩固农业的基础地位是振兴东北地区老工业基地的重要条件，保

---

① 《国家发展改革委负责人就〈西部大开发"十三五"规划〉答记者问》，2017 年 1 月 16 日，http：//www.gov.cn/xinwen/2017－01/16/content_ 5160245. htm。

护东北地区较好的生态环境。积极发展第三产业，大力发展第三产业是老工业基地结构调整的重要内容，也是在调整中增加劳动力就业的主要途径。推进资源型城市经济转型，资源型城市实现经济转型是老工业基地调整改造的一个重点和难点。加强基础设施建设，加强交通、水利、电力等基础设施建设，是振兴老工业基地的重要支撑。进一步扩大对外对内开放，进一步扩大开放领域，大力优化投资环境，是振兴老工业基地的重要途径。加快发展科技教育文化事业，依靠科技进步和创新，培养和造就大批高素质的劳动者和各类专门人才，是振兴老工业基地的重要保证。制定完善相关政策措施，为国有企业改革和老工业基地调整改造创造条件，创造有利于扩大就业的环境，完善城镇社会保障体系；在财政税收政策方面对老工业基地予以适当支持；深化投资体制改革，简化老工业基地调整改造项目审批程序。

2009年国务院发布《关于进一步实施老工业基地振兴战略意见》，提出：一要优化经济结构，建立现代产业体系。加快推进企业兼并重组，大力发展非公有制经济和中小企业，做优做强支柱产业，积极培育潜力型产业，加快发展现代服务业，扶持重点产业集聚区加快发展。二要加快企业技术进步，全面提升自主创新能力。加大企业技术改造力度，提高自主创新能力，促进自主创新成果产业化。三要加快发展现代农业，巩固农业基础地位。大力发展现代农业，加强农业和农村基础条件建设。四要加强基础设施建设，为全面振兴创造条件。加快构建综合交通运输体系，优化能源结构。五要积极推进资源型城市转型，促进可持续发展。培育壮大接续替代产业，构建可持续发展长效机制，进一步加大财政政策支持力度。六要切实保护好生态环境，大力发展绿色经济。加强生态建设，积极推进节能减排，加强环境污染治理。七要着力解决民生问题，加快推进社会事业发展。千方百计扩大就业，积极完善社会保障体系，解决好住房、冬季取暖等突出民生问题，促进教育、卫生等社会事业发展。八要深化省区协作，推动区域经济一体化发展，建立东北地区合作机制。九要继续深化改革开放，增强经济社会发展活力。深化国有企业改革，加快推进其他领域改革，进一步扩大对外开放。

2016 年 4 月 26 日《中共中央国务院关于全面振兴东北地区等老工业基地的若干意见》对外发布，提出到 2020 年东北地区在重要领域和关键环节改革上取得重大成果，在此基础上再用 10 年左右时间，实现全面振兴。意见从着力完善体制机制、推进结构调整、鼓励创新创业、保障和改善民生等方面做出具体部署。要求加快形成同市场完全对接、充满内在活力的新体制和新机制；加快构建战略性新兴产业和传统制造业并驾齐驱、现代服务业和传统服务业相互促进、信息化和工业化深度融合的产业发展新格局；加快形成以创新为主要引领和支撑的经济体系和发展模式；让人民群众有更多获得感。①

中部地区崛起规划。先有东部地区实现率先发展，接着西部地区开发得到国家重视，西部地区 2002 年经济增长速度首次超过中部地区，这使得中部地区意识到自己的发展危机，在发展水平上不如东部，在发展速度上不如西部，中部地区成了"被遗忘的区域"。中部地区包括山西、安徽、江西、河南、湖北和湖南六省在内的区域，是我国重要粮食生产基地、能源原材料基地、现代装备制造及高技术产业基地和综合交通运输枢纽。2004 年 3 月温家宝总理在《政府工作报告》中首次明确提出促进中部地区崛起；2006 年 3 月中共中央政治局召开会议，研究促进中部地区崛起工

---

① 《中央出台意见推进东北地区等老工业基地全面振兴》，新华社，2016 年 4 月 26 日，http://news.xinhuanet.com/politics/2016 – 04/26/c_ 1118744309. htm。

作；2008 年 1 月国务院正式批复国家发展和改革委员会有关建立促进中部地区崛起部际联席会议制度的请示报告，同意建立由发展改革委牵头的促进中部地区崛起工作部际联席会议制度。2009年 9 月国务院常务会议讨论并原则通过《促进中部地区崛起规划》，会议提出实施《促进中部地区崛起规划》，提出到 2015 年，中部地区实现经济发展水平显著提高、发展活力进一步增强、可持续发展能力明显提升、和谐社会建设取得新进展的目标。一要以加强粮食生产基地建设为重点，积极发展现代农业。二要巩固和提升重要能源原材料基地地位。三要以核心技术、关键技术研发为着力点，建设现代装备制造业及高技术产业基地；增强自主创新能力，提升装备制造业整体实力和水平。四要优化交通资源配置，强化综合交通运输枢纽地位。五要加快形成沿长江、陇海、京广和京九"两横两纵"经济带，积极培育充满活力的城市群。六要努力发展循环经济，提高资源节约和综合利用水平。七要优先发展教育，增强基本医疗和公共卫生服务能力，完善社会保障体系。八要以薄弱环节为突破口，加快改革开放和体制机制创新，进一步完善支持中部崛起的政策体系。2010 年 8 月国家发展和改革委员会公布《促进中部地区崛起规划实施意见》，要求中部地区六省政府和有关部门积极落实文件提出的各项任务要求，推动中部地区经济社会发展。

2016 年 12 月 7 日，国务院常务会议审议通过了《促进中部地区崛起规划（2016 至 2025 年）》（以下简称《规划》），《规划》在继承原有"三基地、一枢纽"① 定位的基础上，根据新形势新任务新要求，明确了"十三五"期间促进中部地区崛起的总体思路，

---

① 即粮食生产基地、能源原材料基地、现代装备制造及高技术产业基地和综合交通运输枢纽地位。

提出了中部地区"一中心、四区"的战略定位：全国重要先进制造业中心、全国新型城镇化重点区、全国现代农业发展核心区、全国生态文明建设示范区、全方位开放重要支撑区，确定了到"十三五"末的主要发展目标，明确了创新发展、转型升级、现代农业等方面的重点任务和保障措施。"十三五"中部地区崛起《规划》主要有九项任务：（1）优化空间，构建区域协调发展新格局；（2）改革创新，培育区域发展新动能；（3）转型升级，建设现代产业新体系；（4）做强做优，开创现代农业发展新局面；（5）统筹城乡，推动新型城镇化取得新突破；（6）纵横联通，构筑现代基础设施新网络；（7）绿色发展，打造蓝天碧水新家园；（8）增进福祉，促进人民生活迈上新台阶；（9）开放合作，塑造区域竞争新优势。①

从 1999 年中央提出实施西部大开发战略，2003 年中央决定实施振兴东北地区等老工业基地战略，到 2006 年中央提出实施促进中部地区崛起战略，至此涵盖西部、东北、中部、东部地区"四大板块"的区域发展总体战略格局形成，区域发展战略和区域政策制定的主要依据也从东、中、西"三大地带"改为"四大板块"，国家"十一五"规划按"四大板块"的空间架构，提出了"坚持实施推进西部大开发，振兴东北地区等老工业基地，促进中部地区崛起，鼓励东部地区率先发展，推进东中西良性互动"的区域发展总体战略。至此，一个以"西部大开发、振兴东北、中部崛起、东部率先发展"为核心内容，以市场机制、合作机制、互助机制、扶持机制为保障，以实现基本公共服务均等化、加强主体功能区建设、推进城镇化发展为着力点，并覆盖东、中、西

---

① 《促进中部地区崛起规划（2016 至 2025 年）》政策解读，国务院新闻办公室网站，2016 年 12 月 9 日，http：//www.scio.gov.cn/34473/34515/Document/1535229/1535229.htm。

和东北地区的"四大板块"共同驱动的区域发展总体战略格局基本形成了。[①]

"三大五小"和六个核心经济圈。"十一五"期间，中国区域发展战略随着区域发展格局的聚集与分散而进一步细化，区域经济发展形成了东部沿海"三大五小"和全国范围内六个核心经济圈（带）的空间格局。具体而言，"三大"是指环渤海地区、长三角和珠三角地区，"五小"则是指辽宁沿海、山东黄河三角洲生态经济区、江苏沿海经济区、海峡西岸经济区和广西北海经济区。"三大五小"的开发格局使得中国东部沿海地区的经济区连成一片。六个核心经济圈（带）包括首都经济圈、环渤海经济圈、东海经济圈、南海经济圈、长江中上游经济带以及黄河中游经济带。从区域分布特点来看，"三大五小"和六个核心经济圈（带）呈现明显的交叉，如"五小"中的辽宁沿海、山东黄河三角洲生态经济区位于环渤海地区，江苏沿海经济区位于长三角地区；首都经济圈和渤海经济圈有交叉，东海经济圈则跨越长三角和海西经济区，南海经济圈跨越珠三角和北部湾经济区。从"四大板块"到"三大五小"和六个核心经济圈（带）的形成，区域经济格局提法的改变体现了中国区域发展战略由不均衡到均衡协调发展的转变。这种区域经济分布的一个特点是贯穿了东、中、西三大地带，有利于缩小区域发展差距；这种区域发展的格局更为强调区域内部的经济联系，特别是城市群（圈）之间在辐射圈边缘上有交叉和重合，对位于边缘的地方提供了多重机会。[②]

增长极和特色区域战略。自 2008 年起国家又陆续出台了各种

---

① 谭振义：《我国区域发展总体战略的历史演变》，《湖北大学学报》（哲学社会科学版）2014 年第 6 期。

② 杨龙、胡慧旋：《中国区域发展战略的调整及对府际关系的影响》，《南开学报》（哲学社会科学版）2012 年第 2 期。

规划和政策措施，以进一步细化、实化、差别化区域政策，明确各地区的定位、目标、工业和生态布局，以及在国家战略中的地位，从而形成各具特色的经济区域，使之成为经济增长新动力。以 2008 年 12 月国务院印发《关于珠江三角洲地区改革发展规划纲要（2008—2020）的批复》开始，到 2010 年国家开始密集出台各种规划和政策意见，包括《珠江三角洲地区改革发展规划纲要（2008—2020）》《促进中部地区崛起规划》《横琴总体发展规划》《辽宁沿海经济带发展规划》等 20 多项国家战略区域发展规划，还包括《关于进一步推进长江三角洲地区改革开放和经济社会发展的指导意见》《关于进一步实施东北地区等老工业基地振兴战略的若干意见》《关于深入实施西部大开发战略的若干意见》等政策意见。各种规划和政策意见的出台，客观上构建了东、中、西、东北多个增长极和特色区域新格局。这样通过制定一系列区域规划和相关配套政策，立足于加快条件较好地区开发开放，立足于培育形成新的增长极，立足于特色区域的发展，立足于促进欠发达地区特别是贫困地区加快发展，缩小两极差距的区域发展战略布局朝着更富有针对性和差别性的方向深化和细化，中国区域经济已呈现多极发展、齐头并进的态势。[①]

"三个支撑带"战略。2015 年 3 月第十二届全国人大第三次会议《政府工作报告》中明确提出要拓展区域发展新空间，统筹推进"四大板块"和"三个支撑带"战略。"四大板块"是指要大力建设西部地区、东北地区、东部地区和中部地区，而"三大支撑带"是指"一带一路"、京津冀协同发展，建设长江经济带。建立在"四大板块"基础上的区域经济政策，主要是以地理位置并

---

① 谭振义：《我国区域发展总体战略的历史演变》，《湖北大学学报》（哲学社会科学版）2014 年第 6 期。

考虑行政区划对我国区域进行的划分，一定程度上割裂了区域之间的经济联系，形成了在政策上各个区域板块的攀比，导致发展诉求与支撑条件不匹配。现在将"四大板块"战略和"三个支撑带"战略放在同等重要位置进行战略组合，区域经济发展实施板块与轴带结合的区域发展战略，"老""新"互动、"4 + 3"的区域发展战略新棋局基本确立，符合新常态下促进区域协调发展的总体要求，对完善区域发展战略体系、探索区域发展新经验、拓展国民经济发展新空间具有深远意义。

"三个支撑带"战略具有更为突出的"目标导向型"和"改革创新型"特点，其中"一带一路"战略的核心主题是"开放发展"，旨在促进经济要素有序自由流动、资源高效配置和国内外市场的深度融合，推动沿线各国实现经济政策协调，开展更大范围、更高水平、更深层次的区域合作，着力打造开放、包容、均衡、惠普的区域合作架构。京津冀协同发展战略的核心主题是"协同发展"，旨在有序疏解非首都功能，加快解决北京的"大城市病"，通过打破行政壁垒在更大空间范围内调整优化经济结构和空间结构，力争在推动区域协同发展体制机制改革、强化创新驱动、内涵集约发展等方面取得突破。① 长江经济带建设战略的核心主题是"创新发展"，力求流域沿线地区加快理顺体制机制，加强统筹协调，进一步处理好政府与市场、地区与地区、产业转移与生态保护等方面的关系，着力在实施创新驱动战略、优化沿江产业布局、合理引导产业转移、促进发展体制增效升级等方面积累经验。"三

---

① 京津冀协同发展的目标是：近期到 2017 年，有序疏解北京非首都功能取得明显进展，在符合协同发展目标且现实急需、具备条件、取得共识的交通一体化、生态环境保护、产业升级转移等重点领域率先取得突破，深化改革、创新驱动、试点示范有序推进，协同发展取得显著成效。中期到 2020 年，北京市常住人口控制在 2300 万人以内，北京"大城市病"等突出问题得到缓解；区域一体化交通网络基本形成，生态环境质量得到有效改善，产业联动发展取得重大进展。

个支撑带"战略立足国家开发开放大局,与以往"问题导向型"的战略设计思路不同(西部大开发战略主要解决西部地区落后问题,东北地区等老工业基地振兴战略主要解决东北地区等老工业基地国企改造问题,中部崛起战略主要解决中部地区经济"塌陷"问题)。与既有的区域发展战略相比,"三个支撑带"战略除了承担发展这一要务外,还承担了全面深化改革和扩大开放合作等方面的责任,这将对我国改革发展大局产生重大而深远的影响。[1]

3. "梅佐乔诺"现象对中国区域均衡发展的借鉴意义

21世纪以来,我国政府实施了促进中西部地区加快发展的各种战略,如西部开发战略、东北等老工业基地振兴战略和中部崛起战略。在这些战略的实施中,中央政府通过各种项目,包括基础设施建设、生产能力建设投资、社会保障和公共服务项目的补贴等,对中西部提供了大规模投资、转移支付和其他财政支持,大幅度改变了资源投入的区域配置格局。例如在"十二五"期间,西部地区各项主要指标增速继续领先"四大板块",新开工建设了西部大开发重点工程127项,投资总规模2.72万亿元;新建铁路1.2万千米,新建公路21.5万千米,建成了一批大型水利枢纽、重点骨干水源工程以及重点流域治理工程,解决了数千万农村群众饮水安全问题和最后一批无电人口的用电问题。出台了《西部地区鼓励类产业目录》,继续加大对西部地区特色优势产业的支持力度,落实对西部地区企业减免所得税等优惠政策,推动西部地区建设国家能源、资源深加工、装备制造业和战略性新兴产业基地,以大数据、大健康、大旅游、大物流为代表的新产业快速发

① 杨荫凯:《我国区域发展战略演进与下一步选择》,《改革》2015年第5期。

展。"十二五"期间，西部地区城镇居民可支配收入年均增长10.5%，农村居民纯收入年均增长11.2%，分别高于全国0.2和1.0个百分点。[①]中部六省经过十年努力，经济社会发展也取得了显著成就：2015年中部地区实现生产总值14.7万亿元，十年年均增长11.6%，比全国平均水平高2.1个百分点。经济总量占全国的比重由18.8%提高到20.3%，位居"四大板块"第二位。十年间，中部地区固定资产投资、社会消费品零售总额、地方财政收入分别增长7.7、3.7和7倍。在2016年全国经济下行压力较大的情况下，中部地区仍然保持良好的发展势头，前三季度地区生产总值为11.1万亿元，同比增长7.9%，占全国比重进一步提高到20.5%，有力支撑了国民经济持续健康发展；"三基地、一枢纽"地位日益巩固。2016年中部地区粮食产量为18328万吨，占全国粮食总产量的比重稳定在30%左右；2006—2015年发电总量为9.78万亿千瓦时，风电、光伏等新能源快速发展，持续稳定保障全国能源供应；2015年年底高速铁路营运里程达到6000余千米，营业铁路、高速铁路、等级公路和高速公路密度均位居"四大板块"第二位。2006—2015年，中部地区城镇化率由36.5%提高到51.2%，新增5000万人到城市居住生活，城镇化建设水平特别是公共服务设施水平显著提高。2006—2015年，中部地区城乡居民人均可支配收入年均分别增长11.8%、13.2%，达到26810元、11422元，与全国平均水平的相对差距有所缩小。财政对民生投入的占比继续增加。2015年年底中部地区按现有标准的农村贫困人口为2160万人，比2010年年底减少了2430万人。生态环境质量总体改善，生态补偿体制机制创新迈出新步伐，2015年中部地区

---

① 《国家发展改革委负责人就〈西部大开发"十三五"规划〉答记者问》，2017年1月16日，http：//www.gov.cn/xinwen/2017－01/16/content_ 5160245.htm。

森林覆盖率达到36.5%，较十年前提高6.3个百分点。环境污染防治积极推进，完成国家下达的有关节能减排任务。十年来，中部地区开放型经济加快发展，打造形成了一批双向开放的平台，2015年外贸进出口总额2539亿美元，是2005年的6.1倍，年均增长19.9%，占全国的比重由2005年的2.9%提高到6.4%，从"四大板块"垫底位置上升到第三位。中欧班列在郑州、武汉发车，形成了中欧班列品牌，同时也促进了交通枢纽的发展。①

当然在看到现行区域发展政策发挥积极作用的同时，更要注意到实施过程中存在的一些问题，特别是地方政府的一些行为扭曲，在区域经济发展中仍然采取以"土地换投资"的发展方式，土地消耗大、浪费严重的情况十分普遍；以牺牲生态环境为代价的不适宜开发或过度开发情况也比较普遍。例如，西部大开发的实际模式仍然延续了投资驱动型、资源消耗型的老路，投资效率低、劳动生产率低、能耗高的情况普遍存在。在2000—2003年，东部地区工业增加值的年均增长速度为20.8%，高于中部的13.3%和西部的15.3%。从2002年开始，中西部地区固定资产投资明显放大，2003—2007年东部地区工业增加值的年均增长为23.6%，但是中部和西部地区的增长率分别迅速提高至24.1%和26.3%，超过了东部地区。然而中西部地区制造业的资本劳动比在2000年以后是迅速上升的，速度大大快于沿海地区，而且经过2003年和2004年的快速攀升，资本密集化的绝对水平已经高于沿海地区。也就是说，中西部地区制造业变得更加资本密集型，更加重化工业化了。

中国最近30年的快速发展在很大程度上源于"后发优势"，因为与其他发达国家和地区存在差距，而差距意味着技术、制度、

---

① 《〈促进中部地区崛起规划（2016至2025年）〉政策解读》，国务院新闻办公室网站，2016年12月9日，http://www.scio.gov.cn/34473/34515/Document/1535229/1535229.htm。

管理等各方面的落后，因此可以借鉴、购买已有的先进技术，消化、吸收制度方面的经验教训，所有这些后发优势都能为中国的发展所利用。"后发优势"中一个很重要的理论是产业转移，由于中国地域辽阔，地区之间资源禀赋差异巨大，并处在不同的发展阶段，更为合理的雁阵模式应该主要不是国际版本而是国内版本，中国完全可以独立完成若干周期的雁阵式产业转移，即中西部地区凭借自身的资源比较优势，延续劳动密集型产业。[①] 但是研究发现 2000 年从中西部地区转移出去的劳动力有 47.7% 去了东部，到 2005 年这一比例更上升至 50.3%，这说明加快发展中西部的工业增长模式并没有带动劳动力区域的重新配置。2000 年以来东部地区的资本劳动比不断上升，但中西部地区的这一比重上升更快，超过了东部沿海地区。也就是说，中西部制造业的资本密集程度超越了东部地区，这显然不符合中西部地区的比较优势，因为中西部地区劳动力成本较低，资本相对稀缺，本应发展劳动密集型产业。因此这种不一致暗示：中西部的崛起不是劳动密集型产业带动的，中西部的这种赶超是背离比较优势的赶超。

国家对于我国现存的老工业基地转型、资源城市转型、城乡二元体制、市场经济体制改革等一系列发展问题进行了改革试点，这种充分放权发展的做法无疑将有助于调动地方积极性。但各地政府力争将自己的区域战略上升为国家战略更多考虑的是如何设法得到国家在土地指标、发展环境及产业发展等方面的政策优惠，而在立足自主创新、促进经济转型方面缺少足够的举措。这种局面极有可能降低各改革试点区的改革效率和最终实际效果，导致国家区域政策形式化和泛化。[②] 我国的中西部大开发战略中，有很

---

① 蔡昉：《中国内部能产生雁阵经济吗》，《人民论坛》2013 年第 10 期。
② 孙斌栋、郑燕：《我国区域发展战略的回顾、评价与启示》，《人文地理》2014 年第 5 期。

大一部分政府的财政补贴是用于发展资本密集型的产业；这些政策的用心是良好的，但没能达到缩小中西部与东部收入差距的目标，没能导致中西部发展与东部趋同的结果。因此，虽然2003年之后中西部地区的工业增长速度逐渐超过了沿海地区，但与此同时我们应特别关注的一个重要问题是：中西部到底是靠什么实现了快速增长？这种增长是否具有可持续性？因此蔡昉认为，既然有了"两个梅佐乔诺"的前车之鉴，需要及时地关注中国中西部赶超的可持续性，避免出现中国版的"梅佐乔诺"。如果我们汲取国际上的教训，避免中西部地区的赶超陷入"梅佐乔诺陷阱"，就应该及时调整区域发展战略，将这些地区的发展拉回到比较优势的轨道上。向中西部和东北等老工业基地倾斜的区域发展战略，应当从现行的政府投资干预型实施模式，转变到依靠市场机制引导和利用比较优势的轨道上来，而这有利于最终在中国内部形成雁阵经济。

二 中国区域发展的趋势与区域发展不平衡的成因

1. 中国区域发展现状

区域经济增长特征。图2-1给出了2001—2015年中国东、中、西部和东北三省地区生产总值增长速度，从2004年起，中、西部地区生产总值增长速度开始超过东部地区生产总值增长速度，东、中、西部地区生产总值增长速度分别为20.60%、22.21%、20.71%；到2008年，东北三省地区生产总值增长速度为20.62%，超过东部地区生产总值增长速度17.13%。图2-2给出了2004—2015年中国东、中、西部和东北三省地区工业生产总值增长速度。2005年西部地区工业生产总值增长速度为23.89%，超

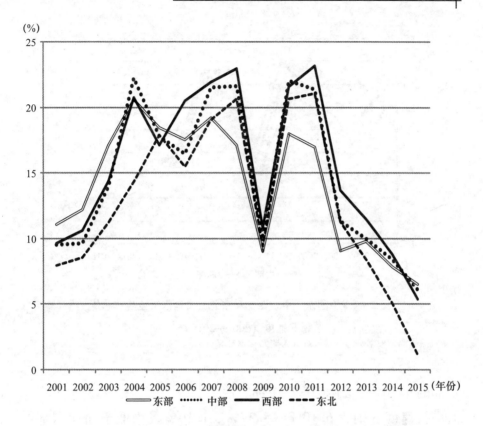

(%)

图 2 - 1 中国东、中、西部和东北三省地区生产总值增长速度

（2001—2015 年）

数据来源：根据历年《中国统计年鉴》数据计算得到。东、中、西部及东北省份划分：东部地区包括北京、天津、河北、上海、江苏、浙江、福建、山东、广东和海南 10 个省（市）；中部地区包括 6 个省级行政区，分别是山西、安徽、江西、河南、湖北、湖南；西部地区包括的省级行政区共 12 个，分别是四川、重庆、贵州、云南、西藏、陕西、甘肃、青海、宁夏、新疆、广西、内蒙古；东北三省地区包括 3 个省级行政区，分别是辽宁、吉林、黑龙江。下同。

过同期东部的 21.12%；2006 年中部、西部地区工业生产总值增长速度分别为 21.96%、26.05%，超过同期东部的 19.06%；2007 年中部、西部、东北三省地区工业生产总值增长速度分别为 24.32%、23.89%、20.27%，超过同期东部的 17.89%。但到 2013 年东北三省地区生产总值增长速度为 8.39%，开始低于同期

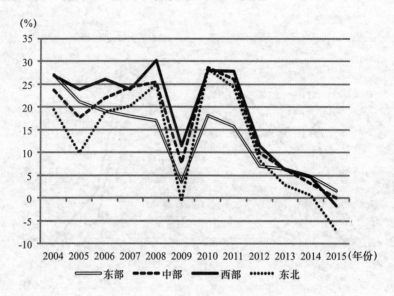

图2-2　中国东、中、西部和东北三省地区工业生产总值

增长速度（2004—2015 年）

数据来源：根据历年《中国统计年鉴》数据计算得到。

东部的 9.76%；到 2015 年中部、西部、东北三省地区工业生产总值增长速度分别为 6.10%、5.37%、1.10%，均低于同期东部的 6.489%。从工业生产总值增长速度来看，到 2013 年西部、东北三省地区工业生产总值增长速度分别为 6.31%、2.96%，开始低于同期东部的 6.37%，而中部地区工业生产总值增长速度为 6.38%，基本与同期东部增长速度持平；从 2014 年中部、西部、东北三省地区工业生产总值增长速度均低于同期东部的增长速度，到 2015 年西部、东北三省地区工业生产总值增长速度甚至为负增长，分别为 -1.69%、-7.07%。总的来看，在国家区域政策的有力推动下，中西部和东北地区经济增长已出现逐步加快的趋势，各地区呈现出相对均衡增长的格局，这表明中国地区经济正在由过去的不平衡增长转变为相对均衡增长。①

张文彬和李国平采用主成分分析法测算各省份的经济增长及其可持续性指标，研究发现我国31个省份的经济增长及其可持续性均有不同幅度的增长，总体来说东部地区的增长幅度大于中西部地区，但二者在增长幅度上存在差异性。从区域内部差异来看，东部地区各个时间段的经济增长均高于中西部地区，而西部地区又高于中部地区，东部地区的经济增长率在前期（2000—2006年）高于全国平均水平0.25个百分点，而西部地区高于全国平均水平0.03个百分点，中部地区低于全国水平0.43个百分点；而到后期（2007—2012年），东部地区的经济增长率低于全国平均水平0.10个百分点，中西部分别高于全国0.01和0.08个百分点。就整个时期来看，东部地区的经济增长率仍高于全国平均水平0.09个百分点，而西部地区高于全国0.06个百分点，中部地区低于全国0.25个百分点。从整体趋势来看，2000—2006年，经济增长率水平明显小于可持续性增长率水平，而在2007—2012年，经济可持续性增长率明显下降，而经济增长率水平却有所提高。在整个时间段来看，各区域经济增长率水平仍小于可持续性增长率水平。对于经济增长可持续性的区域差距来说，前期的经济增长可持续性最高的为西部地区，其次为东部地区，最低的为中部地区，而在后期东部地区的经济可持续性增长率超过西部地区，并且这一时期西部地区经济增长可持续性增长率下降速度非常快。自2000年以来我国各省特别是东部地区的省份在扩大经济增长数量的同时，更加重视经济增长质量，正逐步实现从"粗放型"向"集约型"经济增长的转变。从整个时间段来看，东部地区的经济增长

————————

① 这种相对均衡增长并不是等速增长，而是指发展水平较低的地区增长速度加快，超过了发展水平较高的地区。

可持续性增长率最高，西部次之，中部最低如表2-1所示。在2001—2012年，28个追赶省份与模仿省份之间经济增长差距越发明显，因此追赶省份的经济增长还存在很大的上升空间。①

表2-1　　　中国各省份生产总值增长速度（2002—2015年）　　　（％）

年份 省份	2002	2005	2010	2011	2012	2013	2014	2015
北京	11.5	11.8	10.3	8.1	7.7	7.7	7.3	6.9
天津	12.7	14.7	17.4	16.4	13.8	12.5	10	9.3
河北	9.6	13.4	12.2	11.3	9.6	8.2	6.5	6.8
山西	12.9	12.6	13.9	13	10.1	8.9	4.9	3.1
内蒙古	13.2	23.8	15	14.3	11.5	9	7.8	7.7
辽宁	10.2	12.3	14.2	12.2	9.5	8.7	5.8	3
吉林	9.5	12.1	13.8	13.8	12	8.3	6.5	6.5
黑龙江	10.2	11.6	12.7	12.3	10	8	5.6	5.7
上海	11.3	11.1	10.3	8.2	7.5	7.7	7	6.9
江苏	11.7	14.5	12.7	11	10.1	9.6	8.7	8.5
浙江	12.6	12.8	11.9	9	8	8.2	7.6	8
安徽	9.6	11.6	14.6	13.5	12.1	10.4	9.2	8.7
福建	10.2	11.6	13.9	12.3	11.4	11	9.9	9
江西	10.5	12.8	14	12.5	11	10.1	9.7	9.1
山东	11.7	15.2	12.3	10.9	9.8	9.6	8.7	8
河南	9.5	14.2	12.5	11.9	10.1	9	8.9	8.3
湖北	9.2	12.1	14.8	13.8	11.3	10.1	9.7	8.9
湖南	9	11.6	14.6	12.8	11.3	10.1	9.5	8.6
广东	12.4	13.8	12.4	10	8.2	8.5	7.8	8
广西	10.6	13.2	14.2	12.3	11.3	10.2	8.5	8.1
海南	9.6	10.2	16	12	9.1	9.9	8.5	7.8
重庆	10.3	11.5	17.1	16.4	13.6	12.3	10.9	11
四川	10.3	12.6	15.1	15	12.6	10	8.5	7.9

---

①　张文彬、李国平：《中国区域经济增长及可持续性研究——基于脱钩指数分析》，《经济地理》2015年第11期。

续表

年份\省份	2002	2005	2010	2011	2012	2013	2014	2015
贵州	9.1	11.6	12.8	15	13.6	12.5	10.8	10.7
云南	9	9	12.3	13.7	13	12.1	8.1	8.7
西藏	12.9	12.1	12.3	12.7	11.8	12.1	10.8	11
陕西	11.1	12.6	14.6	13.9	12.9	11	9.7	8
甘肃	9.9	11.8	11.8	12.5	12.6	10.8	8.9	8.1
青海	12.1	12.2	15.3	13.5	12.3	10.8	9.2	8.2
宁夏	10.2	10.9	13.5	12.1	11.5	9.8	8	8
新疆	8.2	10.9	10.6	12	12	11	10	8.8

数据来源：根据历年《中国统计年鉴》数据计算得到。

改革开放以来，我国经济增长一直偏重经济总量和速度，忽略经济增长的质量。廖筠和赵真真运用因子分析和聚类分析方法，在空间和时间两个维度上对我国经济增长质量的区域特征进行实证分析，结果表明，1985—2012 年我国经济增长质量的区域不平衡十分明显，东部地区经济增长质量显著高于中西部地区，这种不平衡 30 年来一直没有改变，且东部地区各省份之间的经济增长质量也存在两极分化特征。[1] 整体经济的可持续发展需要不断提高经济增长的质量，否则不仅不能保证经济的持续增长，还会导致一系列严重的社会问题。近年来中西部及东北地区增长乏力，表明这些区域发展面临既要提高经济增长数量，又要改善经济增长质量的双重任务。

一些研究发现，中国在改革以来的地区经济发展中不存在普遍的趋同现象，但形成了东部、中部和西部地区三个趋同俱乐部。蔡昉和都阳考察中国地区经济增长中存在着俱乐部趋同以及条件

---

[1] 廖筠、赵真真：《中国经济增长质量的区域比较研究》，《北京工商大学学报》（社会科学版）2015 年第 4 期。

趋同的现象，发现在中西部地区存在着一系列不利于向东部发达地区趋同的因素，如人力资本禀赋稀缺、市场扭曲和开放程度不足。认为实施西部开发战略的含义在于创造条件使地区经济增长形成趋同的趋势，而投资的重点应该选择那些能够改进西部地区增长条件的领域。[①] 何雄浪等人利用空间面板与区域经济增长动态收敛理论，实证分析 1953—2010 年我国经济增长的绝对收敛性和条件收敛性，研究结果表明在整个研究时间段内我国经济增长不存在绝对收敛性，经济增长与期初经济发展水平有紧密的联系，期初水平越高，地区经济增长就越快，经济发展水平也就越高；将空间因素引入模型后发现，经济增长具有明显的空间依赖性和空间相关性，且空间因素对经济增长的影响随时间的推移越来越明显。区域经济增长收敛并不是"免费的午餐"，要实现全国的条件收敛，必须要创造相应的初始条件。[②] 史学贵和施洁利用空间动态面板数据模型，对 1952—2011 年中国 30 个省级区域的经济收敛性进行估计，结果显示中国地区间经济在 1952—2011 年、1952—1978 年、1979—2011 年这三个时间段中都呈现收敛态势，但改革开放之后收敛速度有所放缓，旨在效率的不平衡发展战略异化了各省市发展的条件，同时通过外商直接投资等方式带来的技术溢出更容易被东部沿海地区获得，使得东部沿海地区与内地的收入差距不断拉大。俱乐部收敛的回归结果表明改革开放之前我国东、中、西三大区域在经济增长速度上存在明显的俱乐部收敛，但随着改革开放以来我国经济的飞速发展，中部和东部地区已经由之前的收敛俱乐部而转向趋同增长。但西部没有能够融入东、中部

---

① 蔡昉、都阳：《中国地区经济增长的趋同与差异——对西部开发战略的启示》，《经济研究》2000 年第 10 期。

② 何雄浪、郑长德、杨霞：《空间相关性与我国区域经济增长动态收敛的理论与实证分析——基于 1953—2010 年面板数据的经验证据》，《财经研究》2013 年第 7 期。

经济增长的总趋势中，若要实现区域间经济的持续均衡发展，政府在西部大开发方面的力度仍须进一步加大。[①] 表 2 - 2 为 2004—2015 年我国地区工业生产总值增长速度。

表 2 - 2　　中国各省份工业生产总值增长速度（2004—2015 年）　　　　（％）

省份\年份	2004	2005	2010	2011	2012	2013	2014	2015
北京	26.83	38.16	23.30	12.49	8.40	7.36	5.93	-2.24
天津	30.21	31.19	17.62	21.99	13.80	9.08	6.06	-1.44
河北	25.68	16.46	20.90	22.90	6.56	5.46	1.03	-5.28
山西	31.80	32.16	29.13	28.73	6.75	-4.28	-8.49	-20.49
内蒙古	43.62	36.94	24.76	27.42	11.28	-0.28	-0.50	0.44
辽宁	12.85	20.24	26.95	23.16	9.50	6.81	1.17	-8.05
吉林	23.34	19.25	27.59	28.02	13.75	8.08	6.41	0.31
黑龙江	25.16	-4.20	32.00	23.93	1.36	-10.05	-6.85	-14.51
上海	21.88	18.96	20.69	11.98	-0.98	1.08	1.74	-3.43
江苏	29.55	20.90	17.02	14.56	8.32	7.13	6.07	3.05
浙江	24.86	17.88	19.43	16.39	5.51	6.73	2.28	2.79
安徽	20.09	5.60	31.99	30.11	14.99	11.24	7.32	0.82
福建	17.81	13.30	26.93	24.56	11.18	9.38	10.27	5.25
江西	31.91	31.04	37.51	28.74	4.32	9.90	8.71	-0.11
山东	33.20	22.61	11.70	11.90	7.08	6.25	4.62	2.25
河南	27.29	27.47	21.22	20.51	6.64	3.93	-0.35	1.24
湖北	15.05	-7.34	32.96	26.93	14.02	8.18	4.38	4.91
湖南	22.39	23.51	30.34	28.81	13.07	9.42	7.49	3.17
广东	26.00	23.47	19.10	14.19	6.26	5.74	6.06	3.61
广西	28.75	20.88	34.80	27.30	9.17	7.17	5.49	4.50
海南	17.01	30.49	26.68	24.74	9.73	5.74	-6.66	-5.54
重庆	20.71	10.34	26.75	26.85	10.46	1.33	-1.41	7.37

---

① 史学贵、施洁：《中国区域经济收敛性的再估计——基于技术溢出的空间动态面板数据模型》，《科技管理研究》2015 年第 6 期。

续表

年份 省份	2004	2005	2010	2011	2012	2013	2014	2015
四川	22.23	16.04	29.03	29.55	13.80	7.20	7.17	-2.61
贵州	27.55	23.89	21.09	29.85	11.49	22.33	16.91	5.56
云南	21.58	13.93	24.79	23.02	7.64	9.18	3.49	0.67
西藏	—	—	21.41	23.17	12.68	11.07	8.17	5.59
陕西	27.55	46.04	26.19	26.82	19.55	9.64	7.77	-5.64
甘肃	28.10	19.02	34.55	29.22	0.14	7.28	1.71	-21.43
青海	31.29	28.56	30.21	26.40	15.50	8.33	-1.67	-6.33
宁夏	30.01	22.54	20.47	29.05	4.98	7.50	3.07	0.64
新疆	30.47	33.19	33.24	31.31	6.00	3.22	5.14	-15.40

数据来源：根据历年《中国统计年鉴》数据计算得到。

吴建民等人对中国经济增长进行区域分解，发现各省份对全国经济增长贡献的差异性较大，集中度较高；各省份贡献取决于初始经济规模、平均增长速度和当期发展速度；东部地区在继续保持绝对高贡献率的情况下，经济贡献率出现了有条件地向中西部部分省份转移，其中宏观经济政策起到一定作用。而且，经济增长率对劳动生产率、资本存量的依赖性强且区域差异性明显，决定了各省份对全国经济增长贡献的变化；而对劳动力、第三产业发展、对外贸易依存度的依赖性较低，有条件地优化和提升这些要素将会有利于地区经济发展。① 潘文卿研究了 1988—2009 年中国各省区人均 GDP 的空间分布格局与特征，结果显示存在着全域范围的正的空间自相关性，并且这种相关性随着时间的推移在增大，局域相关显示出中国局域性的空间集聚特征越来越明显；实证分析表明空间溢出效应是中国地区经济发展不可忽视的重要影响因

---

① 吴建民、丁疆辉、靳艳峰：《中国经济增长的区域分解与要素的区域效应分析》，《地域研究与开发》2015 年第 2 期。

素，市场潜能每增长 1%，地区人均 GDP 增长率将提高 0.47%，超过了地区固定资产投资增长的弹性值；但分析也发现这种空间溢出效应会随着地区间距离间隔的增加而减少。[①]

针对地区工业中存在的不均衡发展现象和学术界关于影响区域不均衡增长主导因素的分歧，李丹丹等人使用权重选择下的增长核算方法实证分析了 2001—2010 年各地区工业的经济增长源泉及各分解变量对经济增长的贡献率，结果表明在总体上我国的工业经济增长最大的动力是资本投入的增长，虽然 TFP 相对也较高，但其在四大区域中的作用极不均衡；劳动力水平及生产效率较为低下，仍不能对工业经济的增长有十分重大影响。从分地区来看，各地区工业发展主导因素存在差异是导致区域工业增长不均衡的主要因素。东部地区工业经济增长主要受全要素生产率的影响，而与此不同的是中部和西部以及东北主要靠资本投入的增长。我国地区工业经济增长方式存在极大差异，尤其是东部和西部之间反差巨大；东部的增长方式表明其工业经济结构相对较为合理，而西部增长方式十分不协调，粗放型增长方式使得其严重依赖资本的投入，却不重视劳动贡献率和 TFP 贡献率的同步提高。[②] 邓若冰和刘颜基于空间计量经济学模型，考察 2001—2013 年我国省际工业集聚与经济增长的空间相关性，分析中国工业集聚对经济增长的影响，结果发现我国工业集聚和经济增长具有明显的空间依赖性，并呈现出"东高西低"的格局；工业集聚对经济增长具有显著的促进作用，若不考虑空间因素，结果会被高估；在仅考虑经济因素的空间权重下，其他地区工业集聚对本地区经济增长的回流效应占主导地位，工业集聚表现出显著的空间负溢出效应，

---

① 潘文卿：《中国的区域关联与经济增长的空间溢出效应》，《经济研究》2012 年第 1 期。

② 李丹丹、顾颖、邵展翅：《我国工业增长源泉的区域差异分析》，《统计与决策》2012 年第 17 期。

加剧区域不平衡增长；而纳入地理因素后，其他地区工业集聚对本地区经济增长的扩散效应抵消了回流效应，负的空间溢出效应不太显著。①

区域产业结构。改革开放以来，我国经济发展的一个重要事实是产业结构变迁，在这一变迁过程中，大量劳动力从农业部门流向非农业部门。产业结构变迁与我国经济增长和技术进步有关，技术进步使农业部门全要素生产率上升。严成樑通过经济增长核算方法考察了产业结构变迁对我国经济增长的贡献度，研究发现，1978—2013 年劳动力从农业部门向非农业部门流动对我国经济增长的贡献度为 25.37%，其中 1996—2013 年劳动力由农业部门向服务业部门流动对经济增长的贡献度更大。产业结构变迁对我国区域经济发展差距的影响力度要高于物质资本投资、人力资本水平、人口增长和技术进步对区域经济发展差距的影响力度，产业结构变迁是导致我国区域经济差异的重要原因。② 覃成林等人发现中国区域发展不平衡的变化有空间和产业两个方面的成因，从产业成因看，工业对中国区域发展不平衡的贡献最大，其贡献率大于 46%，远高于其他产业。四大区域之间的产业发展差异是导致中国区域发展不平衡的主要原因，其贡献率超过了 61%；四大区域内部的产业发展差异则是次要原因，其贡献率小于 39%。③

图 2－3 给出了 2003—2015 年中国东部第一、第二、第三产业生产总值占比，中国东部第一、第二产业的占比呈逐年降低的趋势，从 2003 年 的 9.19%、51.20% 分别下降到 2015 年 的 5.64%、

---

① 邓若冰、刘颜：《工业集聚、空间溢出与区域经济增长——基于空间面板杜宾模型的研究》，《经济问题探索》2016 年第 1 期。

② 严成樑：《产业结构变迁、经济增长与区域发展差距》，《经济社会体制比较》2016 年第 4 期。

③ 覃成林、张华、张技辉：《中国区域发展不平衡的新趋势及成因——基于人口加权变异系数的测度及其空间和产业二重分解》，《中国工业经济》2011 年第 10 期。

43.56%；而第三产业的占比呈逐年上升的趋势，从 2003 年的 39.61%上升到 2015 年的 50.80%，特别是从 2013 年起，第三产业 的占比开始超过第二产业的占比。图 2-4 给出了 2003—2015 年中 国中部第一、第二、第三产业生产总值占比，中国中部第一产业的 占比呈逐年降低的趋势，从 2004 年的 17.83%下降到 2015 年的 10.78%；而第二产业的占比在 2003—2011 年呈逐年上升的趋势， 从 2003 年的 46.88%上升到 2011 年的 54.12%，此后开始逐年降低， 到 2015 年下降为 47.37%；第三产业的占比在 2003—2010 年呈波动 状态，从 2011 年起开始逐年上升，到 2015 年上升为 41.84%。

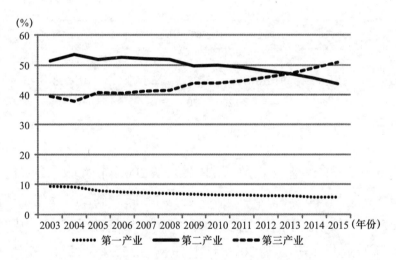

图 2-3　中国东部第一、第二、第三产业生产总值占比

(2003—2015 年)

数据来源：根据历年《中国统计年鉴》数据计算。

图 2-5 给出了 2003—2015 年中国西部第一、第二、第三产业 生产总值占比，与中部第一、第二、第三产业生产总值占比的变 化趋势类似，中国西部第一产业的占比呈逐年降低的趋势，从 2004 年的 20.07%下降到 2015 年的 11.93%；而第二产业的占比

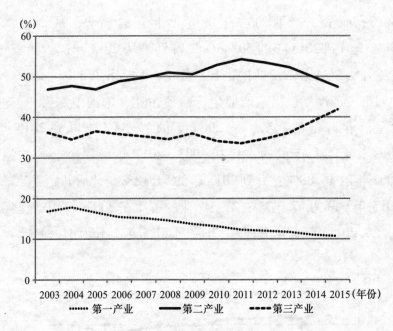

图2-4 中国中部第一、第二、第三产业生产总值占比

（2003—2015 年）

数据来源：根据历年《中国统计年鉴》数据计算。

在 2003—2011 年呈逐年上升的趋势，从 2003 年的 42.67% 上升到 2011 年的 51.80%，此后开始逐年降低，到 2015 年下降为 45.55%；第三产业的占比在 2003—2011 年呈波动状态，从 2012 年起开始逐年上升，到 2015 年上升为 42.52%。图 2-6 给出了 2003—2015 年中国东北三省第一、第二、第三产业生产总值占比，中国东北三省第一产业的占比虽然呈逐年降低的趋势，但变化幅度很小，从 2004 年的 12.68% 下降到 2015 年的 11.38%；而第二产业的占比在 2003—2010 年呈波动状态，自 2011 年起开始逐年降低，从 2011 年的 53.42% 下降到 2015 年为 43.92%；第三产业的占比在 2003—2010 年也呈波动状态，从 2011 年起开始逐年上升，到 2015 年上升为 44.70%。

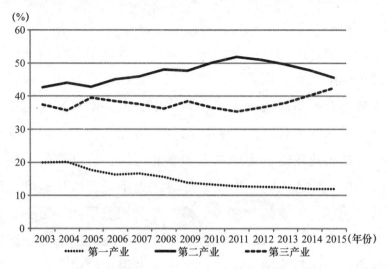

图2-5 中国西部第一、第二、第三产业生产总值占比

（2003—2015 年）

数据来源：根据历年《中国统计年鉴》数据计算得到。

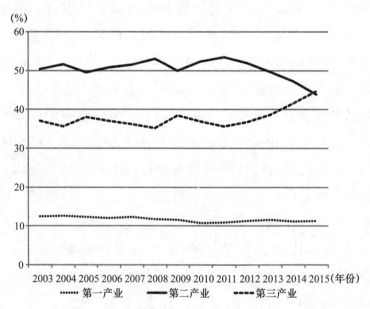

图2-6 中国东北三省第一、第二、第三产业生产总值占比

（2003—2015 年）

数据来源：根据历年《中国统计年鉴》数据计算得到。

从经济增长速度与产业结构的关系来看，多数经济体的经济增长速度随第二产业比重下降和第三产业比重上升而下降，在收入水平较高、人口规模较大的经济体中，经济增长速度与产业结构的这一关系几乎普遍成立。因此一些研究认为，中国东部地区近年经济增长速度落后于中西部和东北地区，这可能是不同地区产业结构的差异造成的。中国东部地区近年经济增长速度落后于中国其他地区，可能是其进入了第二产业比重下降、第三产业比重上升的工业化后期发展阶段造成的；东部地区经济增长速度的下降意味着中国经济增长进入一个相对平缓的阶段。在这一发展阶段，产业结构的优化和产业空间布局的优化应紧密结合，经济发展水平不同地区的经济发展方式转变不应采取相同的产业结构调整路径。① 李献波等人定量测算我国省域、城市群、城市等不同空间尺度三大产业结构变动对经济增长的影响，结果表明在全国层面上，1978-2012 年我国第一产业对经济增长的影响呈现下降态势，第二产业对经济增长的影响小于第三产业；其中第三产业对东部省份经济总量变化的影响最大，中西部省份以第二产业变动为主，西部省份对第一产业的依赖度更高。2000—2012 年，产业结构动态变化对经济增长呈现相似的空间差异，总体上经济总量变化主要是由于第二产业和第三产业引起的，且第二产业稍高于第三产业。在地区差异上，第一产业引起的 GDP 总量变化，中部大于东、西部，而第二产业、第三产业的区域差异不明显。②

① 殷宁宇：《经济增长速度与产业结构关系研究——对中国不同区域经济增长速度趋势性变化的分析》，《中山大学学报》（社会科学版）2014 年第 2 期。
② 李献波、林雄斌、孙东琪：《中国区域产业结构变动对经济增长的影响》，《经济地理》2016 年第 5 期。

图 2-7 给出了 2003—2015 年中国东、中、西部和东北三省地区工业生产总值占比。2003 年东部地区工业生产总值占比高于中、西部和东北三省地区工业生产总值占比，但从 2010 年起，中部、东北三省地区工业生产总值占比分别为 46%、45.9%，开始超过东部地区工业生产总值占比；此后东部地区工业生产总值占比一直呈下降趋势，到 2015 年下降为 38.4%，而中部、东北三省地区工业生产总值占比从 2011 年起也一直呈下降趋势，到 2015 年分别下降为 40.6%、38.1%。西部地区工业生产总值占比在 2003—2011 年呈逐年上升趋势，从 2003 年的 32.8% 上升到 2011 年的 43.8%，但此后西部地区工业生产总值占比也一直呈下降趋势，到 2015 年下降为 36.6%。中国各省、自治区、直辖市按产业分的生产总值构成可见表 2-3。

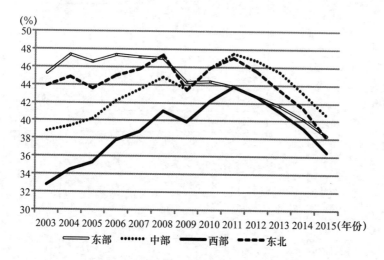

图 2-7 中国东、中、西部和东北三省地区工业生产总值占比
（2003—2015 年）

数据来源：根据历年《中国统计年鉴》数据计算得到。

表2-3　　　中国各省份按产业分生产总值构成（2005—2015年）　　　（%）

省份	2005 年			2010 年			2015 年		
	第二产业	第三产业	工业	第二产业	第三产业	工业	第二产业	第三产业	工业
北京	30.8	67.8	26.1	24.1	75	19.6	19.7	79.7	15.9
天津	56	41	51.5	53.1	45.3	48.4	46.5	52.2	42.2
河北	52.6	33	47	53	34.3	47.3	48.3	40.2	42.4
山西	56	37.7	50.3	56.8	37	50.5	40.8	53	34.3
内蒙古	44.1	40.2	36.4	54.6	35.9	48.2	51	40	44
辽宁	48.8	40.5	42.6	54	37.1	47.5	46.6	45.1	40.5
吉林	44.4	38.8	37.7	51.5	36.3	44.7	51.4	37.4	45.1
黑龙江	53.9	33.9	48.9	49.8	37.4	44	31.8	50.7	26.9
上海	48.9	50.2	45.4	42.3	57	38.3	31.8	67.8	28.5
江苏	56.6	35.8	51	53.2	40.6	47.1	45.7	48.6	39.9
浙江	53.5	40	47.5	51.9	43.1	45.9	46	49.8	40.1
安徽	41.6	40.9	34.1	52.1	33.8	43.7	51.5	37.3	43.9
福建	49.2	38.2	43.8	51.3	39.2	43.5	50.9	41	42.2
江西	47.2	33.8	35.9	55.1	32.2	46.2	50.7	38.6	41.8
山东	57.5	32.1	51.8	54.3	36.6	48.3	46.8	45.3	41.1
河南	52.6	29.9	46.7	57.7	28.8	52.1	49.1	39.5	43.5
湖北	42.8	40.7	37.1	49.1	37.3	42.6	45.7	43.1	39
湖南	40.2	40.4	34	46	39.3	39.5	44.6	43.9	38.2
广东	49.5	44.2	45.6	50.4	44.6	47	44.7	50.8	41.4
广西	37.1	40.7	31.1	47.5	35	40.6	45.8	38.9	37.7
海南	24.5	41.8	17.5	27.6	46.1	18.6	23.6	53.3	13.1
重庆	41	43.9	33.3	55.2	36.1	46.8	45	47.7	35.4
四川	41.3	38.4	34	50.7	34.6	43.4	47.5	40.3	40.1
贵州	42.4	39.1	36.7	39.2	47.1	33	39.5	44.9	31.6
云南	41.7	39.4	34.5	44.7	40	36.1	40	45	28.6
西藏	23.7	57.2	6.9	32.3	54.3	7.8	36.7	53.9	6.8
陕西	50.3	38.3	42.3	53.9	36.2	45.1	51.5	39.7	42
甘肃	43.4	41	35.6	48.2	37.3	38.9	36.7	49.2	26.2

省份	2005 年			2010 年			2015 年		
	第二产业	第三产业	工业	第二产业	第三产业	工业	第二产业	第三产业	工业
青海	48.7	39.7	37.5	55.1	34.9	45.4	49.9	41.4	37
宁夏	46.3	42	38.1	50.7	39.6	39.5	47.4	44.4	33.6
新疆	46.4	34.4	37.6	46.8	33.3	38.8	38.2	45	28.8

数据来源：历年《中国统计年鉴》。

年猛和孙久文从经济活动的空间集中和产业集聚的角度，探讨改革开放以来中国区域经济空间结构的变化过程，认为国家"十一五"规划的实施，使自改革开放以来的中国区域经济发展不平衡的空间格局被打破，东部地区 GDP 增长速度出现低于其他地区的现象，表明区域协调发展战略作用开始显现。同时区域之间的发展差距呈现出缩小的态势，中国的区域经济发展已经进入相对均衡发展的时期。整体经济活动不断向东部沿海地区集聚的区域经济空间结构，随着工业向中西部和东北地区的转移而被打破，但是服务业不断向东部地区集聚的趋势并未改变，这也对东部地区产业结构的调整和升级提供了主要原动力，东部沿海地区依然是中国经济增长的"重心"。中西部和东北地区将会获得极大的增长动力，未来将形成"集中均衡式"的区域空间结构。[①] 自改革开放以来，中国东部地区借助政策和区位优势，经济增长速度持续高于国内其他地区，但近年来，这种差异化的区域经济增长速度出现了逆转，对于这种区域经济增长速度变化，现有文献主要是从产业的区域调整来解释。具体来说，东部地区在改革开放以来

---

① 年猛、孙久文：《中国区域经济空间结构变化研究》，《经济理论与经济管理》2012 年第 2 期。

经过多年的发展，劳动力和土地价格明显上升，劳动密集型加工制造业的比较优势大大削弱，相当一部分传统产业正在向中西部地区转移，而新兴产业仍处于孕育与成长之中，因而东部地区的经济份额和增长速度会有所下降。

陶桂芬和方晶从东部、中部以及西部各随机抽取了 15 个省份作为研究样本，利用三大地区 1978—2013 年的面板数据测度产业结构合理化以及高级化指标，实证对比研究不同区域产业结构变迁对经济增长的影响，结果发现自改革开放以来，东部、中部以及西部三大地区的产业结构合理化程度和高级化程度均在提高；就现阶段而言，东部地区的产业结构合理化和高级化水平均优于中部和西部地区。在相同的社会背景以及同样的外界冲击下，东部地区更能把握机遇，保持较快的产业结构变迁速度。产业结构合理化程度以及产业结构高级化程度，对经济增长的影响存在一定的阶段性差异和区域性差异，产业结构合理化对经济增长影响较为稳定，而产业结构高级化对经济增长影响的稳定性却随经济发展阶段的不同而变化。从东部、中部以及西部各随机抽取的 15 个省份的实证回归可以看出，东部地区的产业结构合理化对经济增长的影响大于中西部地区，中部地区的产业结构高级化对经济增长的总效应大于东部地区与中部地区。经济发达的东部地区产业结构合理化相对产业结构高级化对经济增长的影响更大，而中部以及经济欠发达的西部的产业结构高级化相对产业结构合理化对经济增长的总效应更强。[①]

2. 中国区域发展不平衡的成因分析：观点综述与理论思考

不同时期中国依据不同战略目标制定的相应区域发展战略实施

---

① 陶桂芬、方晶：《区域产业结构变迁对经济增长的影响——基于 1978—2013 年 15 个省份的实证研究》，《经济理论与经济管理》2016 年第 11 期。

总体效果显著,但是长期以来中国区域发展战略实施对经济、社会、文化、生态及政治等层面的影响存在较大的空间差异。中国在改革期间经济发展所具有的区域差异性造成了一种路径依赖后果,通过实施沿海率先发展的地区发展战略形成既有的区域发展格局,"顺市场"的区域发展政策使市场机制作用得到充分发挥,促进各种资源要素流向更有效率的地区;但与此同时,区域间不平衡、不协调发展的问题也逐渐凸显,区域间的不协调发展长期得不到改善。何春和刘来会研究西部大开发政策对区域经济协调发展的影响,结果表明西部大开发政策虽然在整体上推动了西部地区经济的发展,促进了中国区域的协调发展,但同时也导致了西部地区内部经济发展差距的不断扩大。西部地区经济的发展主要是依靠固定资产投资等实物资本的增加来实现的,一般具有短期效应,那些具有长期效应并能够反映经济增长质量的因素产业结构、外商投资、人力资本水平等并未因政策的实施而得到显著改善;西部大开发虽然缩小了西部地区与其他地区经济发展的差距,但是这种区际间的差距还是比较大,中国区域经济发展不均衡的特征仍比较明显。[①]

覃成林等人运用人口加权变异系数分析了中国区域发展不平衡的变化过程,结果发现中国区域发展不平衡程度呈现出先持续较快上升,然后经过短暂快速下降,再趋于平稳、缓慢下降的过程。以2004年为分界点,在此之前区域发展不平衡程度趋于上升,之后趋于平稳并缓慢下降,总体上升幅度大于下降幅度。从趋势上看,区域发展不平衡程度持续下降的趋势基本形成,这种新的变化趋势在一定程度上说明中国为缓解区域发展不平衡所实施有关

[①] 何春、刘来会:《区域协调发展视角下西部大开发政策效应的审视》,《经济问题探索》2016年第7期。

政策措施的效果开始显现，区域发展不平衡的程度得到了一定控制。[①] 但周端明等人发现西部大开发政策实施以来，西部地区内部差距呈扩大趋势，西部大开发政策没有显著改善西部地区交通运输、对外开放程度、投资效率、就业系数以及金融发展水平等重要经济变量，对西部地区未来长期经济增长产生负面影响；西部大开发政策主要通过投资推动西部地区经济增长，投资主体主要是各级政府，投资领域主要集中于基础设施、能源、资源等行业产业，不利于西部地区的可持续发展。[②]

由于我国的省、直辖市、自治区之间经济增长条件的异质性表现得相当突出，因此在东部地区与中西部地区之间存在着大相径庭的经济稳态。按照邓小平同志提出的"两个大局"的战略思路，东部沿海地区发展起来以后，应该支持经济落后的西部地区。但经济发展起来的东部地区不仅没有起到带动经济落后的西部地区的作用，而且还不断地从西部地区获取资源，包括劳动力、资金和廉价的能源及其他自然资源，产生了东部对西部的"虹吸效应"。[③] 政府实施西部大开发战略的初衷是通过一系列政策手段创造有利于西部地区以更快的速度实现经济增长的条件，通过改变影响经济稳态的条件达到与东部地区接近的稳态水平，缩小地区收入差距。但中西部地区不仅在以人均国内生产总值表示的初始条件上与东部地区存在着差距，在人力资本禀赋、市场化程度、政策扭曲的消除等方面都存在着巨大的差距。[④]

中国的经济体制依旧存在着众多非市场因素，诸多制度障碍的

---

① 覃成林、张华、张技辉：《中国区域发展不平衡的新趋势及成因——基于人口加权变异系数的测度及其空间和产业二重分解》，《中国工业经济》2011年第10期。

② 周端明、朱芸羲、王春婷：《西部大开发、区域趋同与经济政策选择》，《当代经济研究》2014年第5期。

③ 刘宪法、郑宇吉：《中国区域发展的政策选择》，《开放导报》2013年第2期。

④ 蔡昉、都阳：《区域差距、趋同与西部开发》，《中国工业经济》2001年第2期。

存在难以实现要素最优配置，使得要素市场的扭曲成为导致区域经济非平衡发展的关键原因之一。刘贯春等人以部门间的要素边际产出差距度量要素市场的扭曲程度，测度结果显示市场化程度越高的经济发达地区，劳动力配置效率越高，但资本过度偏向非农业部门使得资本市场扭曲程度反而高于经济落后地区。整体而言，部门全要素生产率、要素禀赋和要素再配置分别可以解释经济增长的 3.0%、6.6% 和 1.0%，部门全要素生产率和要素禀赋是中国经济增长的主要推动力，而且要素再配置显著改善了加总全要素生产率，能解释其变化的 60.4%，其中劳动力再配置的作用至关重要。但是研究还发现要素再配置对经济增长的提升作用在过去很长一段时期内十分有限，而要素市场的扭曲是导致区域经济非平衡发展的关键原因之一。尤其是劳动力配置的重要性较于资本配置更为突出；部门全要素生产率亦是经济增长和区域非平衡发展的重要因素，特别是非农业部门，因此如何提升要素配置效率和部门全要素生产率对于实现经济的可持续发展并缩小区域差异至关重要。[①]

此外，一些研究发现三大区域各要素替代弹性的变化都存在明显差异，在长期均衡过程中，东部要素替代弹性的增长效应显著，而中西部的这一效应尚不明显。[②] 尹志锋和李辉文发现产业结构对就业弹性的影响明显，从整体上看，东部地区的就业弹性最大，这是因为东部地区的工业化程度、城镇化程度要明显高于中西部地区，而工业化与城镇化所带来的产业集聚效应以及对第三产业所形成的联动作用将有利于提高地区的就业弹性；东部地区的非

---

① 刘贯春、张晓云、邓光耀：《要素重置、经济增长与区域非平衡发展》，《数量经济技术经济研究》2017 年第 7 期。

② 张月玲、林锋：《中国区域要素替代弹性变迁及其增长效应》，《财经研究》2017 年第 6 期。

公有制经济与县域经济相对于中西部更加繁荣，而县域经济中的乡镇企业以及非公有制企业由于其相对灵活，更能吸纳就业，因此会提高该地区的就业弹性。[1] 贾兴梅和刘俊杰对我国各省份1993—2010 年的就业结构和产业结构进行比较，结果发现各省份的就业结构差异显著，东中西部劳动力存在不平衡的发展趋势，中西部地区的劳动力流向东部地区，造成东部地区的就业份额增长，各省份的劳动产出效率有趋同的趋势，但各省份劳动产出效率的差距很大。[2] 陈园园等人以全国 329 个地级及以上城市（州、盟）为样本进行实证分析发现，中国的投资分布具有显著的空间相关性，一个地区的投资水平受到周边邻近地区投资水平的影响。中国投资的高集聚区分布在长三角、辽中南地区、京津冀地区、山东半岛。投资对经济发展有显著的正面影响，国内投资对中国区域经济具有正向的促进作用，作用力远大于 FDI、劳动投入和土地投入等要素。国内资产投资每增加 1 个单位，GDP 就增加 0.630个单位。[3]

孙斌栋和郑燕认为现阶段影响我国区域经济协调发展的最大瓶颈就是要素的非自由流动和区域间制度障碍，尽管对于劳动力的流动不存在任何显性的行政限制，但城乡户籍制度差别还是在一定程度上束缚了劳动力的自由流动，降低了城市外来人口的可支配收入，并产生新的"二元社会"问题，加剧社会不协调发展。如果区际间要素流动障碍被消除，劳动力资源将在市场机制支配下向资源配置效率高的沿海发达地区流动，外来劳动人口的可支

① 尹志锋、李辉文：《产业就业弹性及区域对比——基于 1990—2009 的省（市）级面板数据》，《湘潭大学学报》（哲学社会科学版）2012 年第 1 期。

② 贾兴梅、刘俊杰：《中国就业结构变化的区域差异——基于偏离—份额分析法的实证》，《西北人口》2014 年第 1 期。

③ 陈园园、王荣成、安祥生、王建康、宋庆伟：《中国投资的空间分布及其对区域经济的影响》，《经济问题》2014 年第 11 期。

配收入相对提高，然后资金、技术被带回欠发达地区，并带动欠发达地区的经济增长，而且如果落后地区的剩余劳动力在市场机制指导下向东部发达地区集聚，相应的中西部欠发达地区的人均资源占有量将得到大大提升，长此以往区域发展差距将逐渐减小。[①]

政府与地区经济活动关系过于密切，导致地区产业结构的选择和形成与比较优势不一致，延迟了产业升级。作为一个大国，中国区域经济的协调发展和差异的缩小始终是一个极重要的命题。对于先行发展地区来说，适应劳动力和土地成本提高的动态比较优势变化，实现产业结构向更加技术密集型升级，符合增长方式转变的要求；而对于中西部地区来说，承接部分劳动密集型产业的转移，也是产业结构的升级，同样可以符合增长方式转变的要求。[②]虽然中央政府所制定的区域发展政策，针对各地的实际情况，在发展目标或取向方面有所侧重，但是到了地方政府的实际执行过程中，简单地追求经济的高速增长，极大地加剧了区域间、城市间政府的恶性竞争；一些地方政府热衷于"上大项目""搞大建设"，但大量项目目前处于产能利用率不高的状况，盲目开发加剧了产能过剩状况。而且中西部地区承接了东部沿海地区大量的资源消耗型和劳动密集型传统产业，在这样一种产业"梯度转移"模式下，企业缺乏自主创新动力，在一定程度上缩小甚至扭曲了产业结构调整的空间，并且使地区产业结构的选择和形成，并不与比较优势相一致。由于政府与地区经济活动关系过于密切，而且在财政上对某些成规模的产业和大型企业产生依赖性，以致政

---

① 孙斌栋、郑燕：《我国区域发展战略的回顾、评价与启示》，《人文地理》2014年第5期。

② 蔡昉、王德文、曲玥：《中国产业升级的大国雁阵模型分析》，《经济研究》2009年第9期。

策被产业和企业的既得利益所俘获，一系列补贴、优惠、垄断地位乃至其他保护和制度租金源源不断地流向产业和企业，甚至扭曲的生产要素价格迟迟不能得到矫正，企业无法正确地判断生产要素相对稀缺性的变化，以致期望的创新活动为寻租所代替，产业升级被延迟。

曲玥等人采用中国制造业规模以上企业数据，从县级经济体的水平上考察了中国制造业是否发生雁阵模式的转移，结果发现产业聚集的效应在 2004 年以前一直发挥着促使产业向东部沿海地区集聚的重要作用，而在这之后该效应的效果逐渐下降，表现为制造业特别是劳动密集型产业出现向中西部内陆地区转移的趋势。[1]蔡昉等人则认为，对于区域开发目的来说，政府直接把倾斜投入的资金用于具体的产业，并不能无条件地保证取得预期的效果，在人们通常认为适合于政府进行投资的基础设施产业也是如此。投资是否有效取决于市场对这种产业的需求、特定地区对这种产业发展所需环境的满足程度以及发展这些产业技术选择的合理性。以产业投资为导向的区域开发战略是以区域发展趋同假设为隐含前提的，如果这个假设的前提不存在或者这个假设存在需要比较严格的条件，则政府的区域开发努力成功的机会并不会显著高于自发的民间开发。[2]王曦等人发现对于中国大部分省份而言，中央投资的进入对进入地的资本产生了"挤入效应"，北京、内蒙古、黑龙江、青海和新疆表现出"挤出效应"，对天津的作用为中性；内蒙古、黑龙江、青海和新疆产生挤出效应的原因在于地区的市

---

[1] 曲玥、蔡昉、张晓波：《"飞雁模式"发生了吗？——对 1998—2008 年中国制造业的分析》，《经济学》（季刊）2013 年第 3 期。

[2] 蔡昉、都阳、陈凡：《论中国西部开发战略的投资导向：国家扶贫资金使用效果的启示》，《世界经济》2000 年第 11 期。

场化程度较低，而北京主要由于政府投资过量。[①]

蔡翔和熊静从产业就业与区域就业方面分析了我国就业区域差异性，研究结果显示我国各省市三个产业就业量存在很大差异，经济较落后省市如东北三省、西北地区、内蒙古等第一产业劳动力向第二、第三产业推动作用或转移速度非常慢；第二产业就业受产业结构的影响程度最大，较发达地区第二产业结构优势明显强于其他省市，对就业量的增加具有较强的推动作用，而其他大部分省市的第二产业结构不能满足第二产业的发展，大部分省市的第二产业具有较强的就业吸纳空间，但没有充分利用资源优势发展优势第二产业；第三产业结构、就业竞争能力对就业的影响差异不完全表现为经济较发达地区与较落后地区两个部分，北京、广东受产业结构对就业的促进作用远小于其他发达省市，四川、新疆、山西的第三产业就业主要依赖产业结构的推动作用，而其他地区产业结构优势不明显。[②]

近年来沿海地区乃至全国普遍出现的"用工荒"现象说明我国的劳动力供给不再是无限的，劳动力供求态势发生了重要转变。曲玥等人发现综合经营成本和要素成本在引导产业转移方面的作用逐渐增强，而政府干预对于劳动密集型产业的发展和形成有一定的负向影响，因此应顺应经济发展和产业形成的一般规律，改善中西部地区的投资环境，降低企业的生产经营成本，加强市场化的要素价格信号对产业形成和流动的正确引导，减少政府干预和政府主导可能造成的效率损失。通过积极引导制造业特别是劳动密集型产业由沿海向内陆地区的转移，继续发挥其对经济增长的贡献以及吸纳普通劳动者就业的重要作用，更好地利用大国区

---

① 王曦、杨扬、余壮雄、陈中飞：《中央投资对中国区域资本流动的影响》，《中国工业经济》2014 年第 4 期。

② 蔡翔、熊静：《我国各产业就业区域差异分析》，《商业研究》2013 年第 5 期。

域发展程度上的差异，实现中西部发展劳动密集型产业与东部沿海地区产业结构升级的并行。①

各区域制度发展的不平衡导致区域经济增长差异的扩大，特别是财政政策在不同的经济区域发挥着不同的作用效果。制度因素在区域经济增长差异中起重要作用，区域经济增长不仅取决于要素的投入量，还取决于要素的配置效率，其效率依赖于制度环境、制度安排与组织行为。区域经济增长离不开传统要素的投入，但是制度要素决定了有效的经济增长，杨冬梅和万道侠以城镇化、市场化、对外开放、金融化及政府管制来表征制度要素变迁的显性构成，对我国宏观制度变量区域变迁的动态特征与空间特性进行了量化分析，结果表明各项制度变迁的实施与推进在地域上存在强度与深度的显著差异，东部沿海地区与西部地区的制度构成表现出明显的空间依赖性，中部地区则更多地体现了制度变迁的空间异质性。② 中国的改革是一个渐进的制度变迁过程，制度变量在不同区域间的发展水平存在很大的差异，这一过程的区域进展从沿海到内地逐步减慢，对于同一制度安排，不同区域初始条件的差异将使得各自区域实施这一制度安排的成本和收益大不一样。当不同区域在经济、社会、文化等初始条件表现出极大差异时，同一制度安排就表现出不同的制度变迁速度。不同区域间长期增长绩效的差异就来自不同制度设定的不同激励机制，张莉等人实证检验了制度质量与中国区域经济增长差异之间的关系，结果表明制度质量差异是中国区域经济增长差异的重要原因。③ 黄晖通过

① 曲玥、蔡昉、张晓波：《"飞雁模式"发生了吗？——对1998—2008年中国制造业的分析》，《经济学》（季刊）2013年第3期。

② 杨冬梅、万道侠：《影响我国区域经济增长的制度要素解读》，《理论学刊》2017年第1期。

③ 张莉、黄汉民、郭苏文：《制度质量与中国区域经济增长差异的格兰杰因果分析——基于中国区域面板数据》，《华东经济管理》2014年第2期。

对全国 31 个省、市、自治区制度变量与经济绩效的定量研究结果表明，制度变量在不同区域间的发展水平表现出很大的差异，东部地区的经济发展与制度变迁已经进入了一个良性循环互动的演变路径，而中西部地区各项制度变量值相对偏低。[①]

刘建民等人实证检验了我国财政政策的区域效应，结果发现对于经济发达地区来说，财政支出对收入分配差距的调控效果较为明显，而对于经济增长的调控效果却并不明显；长期来看，该地区经济增速的提高有利于减小收入差距；对于经济较发达地区，财政政策在短期内对经济有较强的拉动作用，但该效应并不持久，财政支出的增加会加大当地的收入差距水平；在经济欠发达地区，财政支出短期内对经济增长有着显著的拉动作用，但是该效应的持久性不高，财政支出会较大幅度地增加当地收入分配不平等的程度；同时收入差距水平的提高，短期内对经济也有明显的拉动作用，但该效应并不持久。因此必须重视财政政策造成的非对称的区域性效果，合理利用差异化的财政政策，处理好各个地区之间经济增长和收入公平之间的权衡取舍关系。[②] 张尔俊等人分析了财政支出对经济增长的影响，发现财政支出项目中，经济建设费支出和其他支出对经济增长具有较显著的影响，而社会文教费、国防费和行政管理费对经济增长影响不显著；经济建设费对经济增长产生正的影响，对于全国数据来说，其他支出对经济增长的影响是负向的。[③]

中国各区域在科技创新驱动能力与人力资本的培养积累上存在显著差异性和不平衡性，两极分化趋势明显。刘跃等人利用中国

---

① 黄晖：《中国经济增长区域差异的制度分析》，《经济地理》2013 年第 1 期。

② 刘建民、王蓓、吴金光：《基于区域效应的财政政策效果研究——以中国的省际面板数据为例：1981—2010》，《经济学动态》2012 年第 9 期。

③ 张尔俊、马立平、闫博：《财政支出对我国区域经济增长的影响研究》，《统计与决策》2013 年第 23 期。

30 个省份 2005—2014 年的面板数据，建立综合指标体系测量区域技术创新能力和经济增长质量，实证结果表明我国区域技术创新能力对经济增长质量具有显著的推动作用，其中促进作用不仅来源于技术创新能力的直接效应，还有间接效应；区域技术创新能力对本区域经济增长结构性、稳定性、福利变化与成果分配、资源利用和生态环境均有积极的作用，其中对资源利用的贡献最大；区域间技术创新的溢出效应仅对经济增长结构性和生态环境具有正向带动作用，对经济增长质量的其他方面作用不明显。[①] 王薇通过构建包括创新驱动条件、创新驱动过程、创新驱动环境及创新驱动绩效四个方面的区域创新驱动能力评价指标体系，采用主成分分析方法对中国 31 个省、市、自治区的创新驱动能力进行评估和比较分析，结果发现中国各区域创新驱动能力存在显著差异性和不平衡性，两极分化趋势明显。东部地区在创新驱动的各方面优势凸显，较大程度领先于中西部地区。中西部地区总体上落后，但个别地区具有深化创新驱动的潜力。[②]

袁润松等人基于 2000—2014 年中国省级面板数据，从"技术创新""技术差距"和"管理效率"三个方面实证分析中国绿色发展现状、区域差异及其成因，研究结果表明技术创新对中国绿色发展形成推动作用，但这一效应在一定程度上被管理效率的下降和技术差距的扩大所抵消，中国在技术创新方面已取得长足进展并对中国的绿色发展起到了推动作用，但与此同时区域间非平衡性和管理问题加剧；依托其强劲的技术创新，东部地区绿色发展势头良好，中部和西部地区绿色发展相对滞后；东部和西部地区

---

① 刘跃、卜曲、彭春香：《中国区域技术创新能力与经济增长质量的关系》，《地域研究与开发》2016 年第 3 期。

② 王薇：《中国经济增长中创新驱动的区域差异研究》，《西北大学学报》（哲学社会科学版）2015 年第 1 期。

均存在较为严重的管理问题，其中西部地区最甚。西部与东部的技术差距近年来有逐步缩小的趋势，中部与东部则有不断扩大的趋势；各地区未来推动绿色发展的侧重点应有所不同，中西部所有省份应当着力缩小与东部地区的技术差距，东中西三大地区部分省份未来还应着力优化管理水平。①

蔡昉和都阳发现人力资本的初始禀赋会非常显著地与增长率正相关，是促进增长速度的重要因素，因此在加快西部地区发展的过程中对人力资本投资是至关重要的，它可以创造区域间趋同的条件，达到实施西部开发战略的预期效果。② 魏巍和李强发现人力资本积累对经济增长具有正向影响，为保持我国经济的持续快速增长，增加教育支出，提高人力资本水平是关键。虽然人力资本对东、中、西部地区的经济增长均具有促进作用，但人力资本对经济增长的作用效果存在区域差异，西部地区人力资本对经济增长的边际效应最大，其次是中部地区，东部地区人力资本对经济增长的边际效应最小。因此高端人才的跨区域转移有利于促进我国经济增长，也有利于缩小我国区域间的经济差距，实现区域的协调发展。政府应当给予中西部地区更为宽松和优越的人才政策，通过实行差别化的人才政策，引导高端人才向中西部地区转移，逐步缩小区域间的经济差距。③

于寄语基于1997—2012 年中国各省份的就业劳动力数据，从短期和中长期的角度探讨了不同教育层次人力资本同中国区域经济发展的关系，研究结果表明短期内中等教育层次人力资本对总

---

① 袁润松、丰超、王苗、黄健柏：《技术创新、技术差距与中国区域绿色发展》，《科学学研究》2016 年第 10 期。

② 蔡昉、都阳：《中国地区经济增长的趋同与差异——对西部开发战略的启示》，《经济研究》2000 年第 10 期。

③ 魏巍、李强：《人力资本积累、经济增长与区域差异——基于省级面板数据的经验分析》，《软科学》2014 年第 1 期。

产出的正向影响相对较强，而其余层次人力资本对总产出的正向作用不明显，并且在东部地区，近年来高学历人才的膨胀使得高层次人力资本的影响产生了较大扭曲，即在短期内局部区域高层次人才供需是不匹配的。中长期分析表明高层次人力资本的形成是长期经济增长的重要推动源，其余层次人力资本的作用则相对较弱。因此我国在提升人力资本教育层次的同时，应关注其质量因素以及短期区域人才供需的适应性。[1]

逯进和苏妍基于全国三个省区 1982—2012 年的面板数据，从人力资本综合指数、脑力素质、身体素质三个方面实证分析我国三大区域人力资本与经济增长之间的线性与非线性关系。从东部地区看，其作为高素质劳动力集聚的核心区域，以知识带产能的水平高，脑力素质作用显著，但后续经济发展过程中应注重劳动力身体素质的提升；从中部地区看，中部既需要发挥人口众多、人力资源雄厚的优势稳步发展经济，也需要关注民生问题；从西部地区看，西部地区人力资本存量较低，因此亟须引进高素质劳动力带动该区经济发展。[2] 陈得文和苗建军分析了我国人力资本的空间分布，发现我国区域人力资本存在显著的空间集聚和空间相关性，人力资本集聚效应和空间溢出效应对我国区域经济增长具有较显著的促进作用，而且随着时间的变化，人力资本集聚效应和空间溢出效应对区域经济增长的作用逐渐凸显。东部地区是我国人力资本集聚水平最高的地区，人力资本集聚效应也最明显；中部地区次之，人力资本集聚效应亦较明显，但要弱于东部地区；西部地区人力资本集聚水平最低，人力资本集聚效应尚未显现。

---

① 于寄语：《人力资本、教育层次与区域经济增长——基于中国 1997—2012 年省级面板数据的实证研究》，《上海经济研究》2015 年第 12 期。

② 逯进、苏妍：《人力资本、经济增长与区域经济发展差异——基于半参数可加模型的实证研究》，《人口学刊》2017 年第 1 期。

无论是东部、中部还是西部地区，人力资本的空间溢出效应均具有较好的显著性水平，说明了与人力资本集聚效应不同，空间溢出效应取决于区域间的距离大小，而与人力资本集聚水平的相关性不强。[①]

孙玉环和季晓旭比较、分析了中国教育发展水平、GDP 对教育投入弹性的区域差异，研究发现教育投入对不同发展水平、不同类型经济区域的影响作用不同；归属于第一和第二大类的 22 个省份，GDP 对教育投入富有弹性，尤其是对于经济基础好、居民文化素质较低的省份，GDP 对教育投入的弹性通常较大；但中西部 9 个省份则出现教育与经济消极互动的局面，表现为 GDP 对教育投入缺乏弹性。[②] 王家庭通过利用教育生产函数对我国 1996—2009 年教育对区域经济增长的贡献进行了实证研究，结果表明我国教育对区域经济增长具有明显的促进作用，其中高等教育对区域经济增长的贡献率最大；我国中等教育对区域经济增长的贡献水平及其增长的空间分布不是随机的，而是在全局和局域环节都呈现正向的空间依赖特征，表现为高水平的区域倾向于集聚在一起；初等教育和高等教育对区域经济增长的贡献水平没有出现明显的空间依赖性。[③] 张辽分析发现教育投资对东北地区经济发展的"远期效应"明显，"即期效应"不显著，而人力资本存量正好相反。此外 GDP 自身波动与受教育支出、人力资本存量对经济发展的影响具有较强的一致性。东部的教育投资带来产出效应的周期为两年，中部地区的教育支出能够给经济发展带来的正向作用更

① 陈得文、苗建军：《人力资本集聚、空间溢出与区域经济增长——基于空间过滤模型分析》，《产业经济研究》2012 年第 4 期。

② 孙玉环、季晓旭：《教育投入对中国经济增长作用的区域差异分析——基于多指标面板数据聚类结果》，《地理研究》2014 年第 6 期。

③ 王家庭：《教育对我国区域经济增长的贡献——基于 31 省区面板数据的实证研究》，《复旦教育论坛》2013 年第 3 期。

为持久，人力资本积累的深化在短时间内难以产生显著的效应，但在滞后两期会产生正向效应。西部地区的教育支出从投入产生效用的周期为四年。[①]

各区域基础设施发展水平存在差异，而且各个地区交通基础设施对经济增长的作用也存在差异。胡艳和朱文霞分析我国各地区交通基础设施对于经济增长的作用，发现交通基础设施存在明显的空间溢出效应，各个地区交通基础设施对于经济增长作用的大小是不同的。中西部地区铁路和公路对于经济增长的作用较大，东部地区较小；铁路设施相对于公路设施对于其他地区的空间溢出效应要大。我国铁路对于经济增长存在边际报酬递增的作用，这与铁路质量的提高有很大的关系，但铁路的总里程发展没有跟上经济发展的步骤。公路对于经济发展存在边际报酬递减特征，这与我国公路质量较差、使用效率低、地方公路管理不统一、存在着大量乱收费现象有很大关系。[②] 叶昌友和王遐见检验了交通业发展与区域经济增长的关系，研究结果表明中国铁路建设和公路建设对经济增长的带动作用较为明显，公路建设中高速公路、一级公路、二级公路、三级公路和四级公路对区域经济增长的带动作用依次递减；铁路运输业对经济增长的作用比公路运输业更加明显；高速公路密度提高一个百分点可带动经济增长约 0.034 个百分点，铁路密度提高一个百分点可带动经济增长约 0.002 个百分点；2001—2010 年交通基础设施存量的增加年均带动经济增长 0.78 个百分点，约为经济增长率的 8%。[③] 刘志红和王利辉将郑西

---

① 张辽：《教育资源配置、人力资本积累与经济增长——基于区域比较的研究》，《中央财经大学学报》2012 年第 8 期。

② 胡艳、朱文霞：《交通基础设施的空间溢出效应——基于东中西部的区域比较》，《经济问题探索》2015 年第 1 期。

③ 叶昌友、王遐见：《交通基础设施、交通运输业与区域经济增长——基于省域数据的空间面板模型研究》，《产业经济研究》2013 年第 2 期。

高铁作为一项自然试验，选取 1995—2015 年市级面板数据，分析郑西高铁对沿线区域的经济效应，研究表明郑西高铁的经济效应存在 1—2 年的滞后期，虽伴随小幅波动，但整体呈上升趋势且基本维持相对稳定状态；郑西高铁对四市的平均效应分别为 0.083、0.115、0.116 及 0.111，人均产出分别增长了 0.97%、1.37%、0.91% 及 1.23%。通过影响机制分析发现，郑西高铁能够提高沿线区域的可达性及经济联系强度，河南各市与西安之间的经济联系强度增幅较大，而陕西边界各市与郑州的经济联系强度相对较弱。[1]

周绍杰等人利用 1990—2011 年省级面板数据，检验电力发展对经济增长的影响以及这种影响的区域间差异，实证研究发现电力发展对经济增长有显著的正面影响，而且其长期影响明显高于短期影响。其中，电力投资率每增加 1 个百分点，短期经济增长率提高 0.076 个百分点，长期经济增长率提高 0.493 个百分点；发电装机容量每增加 1 个百分点，短期经济增长率提高 0.381 个百分点，长期经济增长率提高 1.905 个百分点。电力发展对经济增长的影响具有显著的地区差异，对东部地区的经济增长影响显著高于西部地区。其中，电力投资率增加 1 个百分点，对东部地区的经济增长率影响高于西部地区达 0.913 个百分点；电力装机容量增加 1 个百分点，对东部地区的经济增长率影响高于西部地区达 0.959 个百分点。电力发展对各地区经济增长影响是不平衡的，这种影响对区域经济协调发展起到负面作用。从政策导向来看，电力发展政策应当充分加强电力发展对区域协调发展的作用，使得西部地区能从电力输出中获得更高收益，提高电力发展对区域经济增长

---

① 刘志红、王利辉：《交通基础设施的区域经济效应与影响机制研究——来自郑西高铁沿线的证据》，《经济科学》2017 年第 2 期。

影响的公平性。①

三 促进我国区域均衡发展的政策建议

虽然自 2004 年以来中国区域发展不平衡程度出现了下降的良好趋势，但是区域发展不平衡程度的下降幅度是缓慢的，中国区域发展仍然面临着较大的不平衡压力。因此国家仍然需要从完善和创新区域发展战略及相关政策的角度，进一步加强对区域发展不平衡的干预。

第一，不断丰富完善区域发展总体战略的框架内涵。随着"三个支撑带"战略的深入实施，应积极促进"新""老"区域发展战略的融合对接。党的十六届五中全会首次提出了"区域发展总体战略"这一概念并界定了其基本内涵，中国解决区域发展不平衡问题，需要在东部地区率先发展战略的基础上，重点解决四大区域之间的发展不平衡。然而这四个区域战略主要是针对西部地区、中部地区、东北地区、东部地区分别制定的，其目的是解决这几个区域如何加快发展，从而缩小其与东部地区的经济差异。但这几个区域战略之间并没有实质性的关联，在促进四大区域协调互动发展方面存在缺陷。随着"三个支撑带"等新战略的提出，将"区域发展总体战略"固化为"四大板块"战略已不适应形势发展的需要。当然实施"三个支撑带"战略并不意味着"四大板块"战略不重要了，"三个支撑带"战略必须以"四大板块"战略取得的成绩和经验为基础，"四大板块"战略必须注重与"三个支撑带"战略主动对接。② 对既有区域发展战略进行必要整合，在相

---

① 周绍杰、刘生龙、胡鞍钢：《电力发展对中国经济增长的影响及其区域差异》，《中国人口·资源与环境》2016 年第 8 期。
② 杨荫凯：《我国区域发展战略演进与下一步选择》，《改革》2015 年第 5 期。

互融合中找寻新的增长点和生命力，进一步深化、细化、实化既有战略内容，使其更能满足现实需要。所以需要研究和制定多极网络发展战略，构建多极网络空间组织体系，形成多极带动、空间相对均衡、区域经济联系网络化的协调互动发展格局。

第二，基于地方比较优势与资源禀赋的特色和经济结构内生的产业发展形态，把国家的产业发展战略、政策与区域发展战略有机地结合起来，在区域内部形成相互支持的产业体系，形成合理化的产业结构。推动经济发展要在分析和认清自身比较优势的基础上，研究具体的产业规划和发展模式，因此必须彻底摒弃置要素条件、生态环境、发展效益于不顾，互相模仿抄袭的同质化速度竞赛。目前我国区域发展不平衡主要受四大区域之间及其内部工业发展差异的影响，因此需要把解决好四大区域之间及其内部各省份之间工业发展的差异问题作为相关战略或者政策的重点。特别是对于西部地区、中部地区和东北地区的多数省份，在今后的发展中仍应把加快工业发展放在优先的位置。就是在东部地区内部，大力发展工业仍然是其发展中区域、增强自我发展能力、提高经济发展水平，从而解决发展不平衡问题的重要途径。[①] 有效利用东部发达地区产业结构调整、劳动密集型和资源密集型制造业向内地转移的机遇，以促进区域协调发展为导向，引导产业有序转移，构建有利于东部地区加快结构调整和升级，有利于中部地区、西部地区和东北地区加快发展的新的区域分工格局，形成全国区域产业协调发展的新机制。只有根据中西部地区的要素禀赋发展地区产业体系，并且产业之间具有相互协调的联系方式，各产业之间的关联效应才可能合理展开，重点产业部门的优先发

_____

① 覃成林、张华、张技辉：《中国区域发展不平衡的新趋势及成因——基于人口加权变异系数的测度及其空间和产业二重分解》，《中国工业经济》2011 年第 10 期。

展才能带动其他产业部门的发展，从而带动整个经济健康发展。中西部地区产业转换与升级应当基于地方的内生与市场需求进行发展，才能促进形成合理化的产业结构。一个外生的、同本地区市场需求与要素禀赋不相符合的产业结构不可能持久地发展下去，也不可能支持地方经济实现跨越式发展。所以促进中西部地区形成相互支持的区域产业体系，使其既基于中国区域经济的分工与协作关系，又基于本地区的比较优势与资源禀赋发展特色产业，这既是中西部地区产业结构优化的路径，也是中西部地区的特色经济之路。

第三，按照现代国家治理理念和市场经济原则转变政府职能，科学界定政府、市场、社会的作用边界以及中央和地方政府的事权，让市场在资源配置中发挥决定性作用。产业结构扭曲在很大程度上源于政府的产业政策违背了要素禀赋和比较优势原则，由于人为设置了一些"重点产业"，很多企业在开放竞争市场上并不具备生存能力，政府转而通过各种财政、货币、产业、土地政策等给予支持。如果企业自生能力问题不解决，一旦政府退出优惠政策，这些企业可能面临倒闭并引发社会失业、经济衰退等问题，有的地方政府选择采用更为隐蔽和低效的补贴政策，加剧了经济结构性失衡。减少政府对转型和发展的干预，不能由政府替市场决定路径、技术、方式、主体、项目，而是集中精力做好发展战略、规划、政策、标准等的制定和实施，加强市场活动监管，建立和维护公平的市场秩序，不断改善各类公共服务，把实现发展方式转变的具体问题交由市场去解决。对一些随着经济发展水平提高、禀赋结构优化，过去需要依靠政府支持才能免于破产，而现在已经具备自主竞争力的企业，及时退出相关产业激励政策，保持政策总体中性。对于东部地区，产业政策的重点是激励企业进入潜在比较优势领域，放宽市场准入，鼓励大胆开展自主创新，并在潜在比较优势显性化后及时退出；对于中部地区，产业政策的重点是引导传统产业通过技术模仿等方式加快转型升级，积极承接发达地区逐渐失去比较优势的先进产业；对于西部地区，产业政策的重点是有限度地激励特色产业发展，通过完善市场体制机制和鼓励技术模仿，逐步提升整体产业素质。

第四，提高区域自我发展能力，转变经济发展方式，确立人力资本发展战略，着力提高人力资本存量和质量。人力资本是经济发展的催化剂，能够强有力地推动经济增长，并且人力资本投资有利于经济的可持续发展。人力资本差异是导致地区经济发散的症结所在，调整教育发展战略的区域协调问题，将教育投入向中西部倾斜，加大落后地区的人力资本投资力度，改善当地劳动力质量，从而提升落后地区经济发展的相对速度，促进区域经济均衡发展。由于东部地区经济发展水平较高，可以尝试扩大地方财政对教育发展的支出，同时也可以增加民办、私立学校来解决教育发展过程中的资金短缺和培养方式问题。中西部地区的经济发展水平和发展条件相对落后，人才稀缺，所以加大中西部教育的投资力度势在必行，从整体上实现提高教育对经济增长的贡献。考虑到落后地区对人力资本投资的长期刚性需求，仅依靠政府的力量往往是不足的，必须发动企业和家庭加入人力资本投资行列，积极构建政府、企业、家庭多层次协同发展的人力资本投资体系，如政府鼓励并积极引导企业开展在职培训，并在严格把关、稳步推行的前提下推动民营资本进入教育领域；加快收入分配改革步伐，改善居民收入结构，为家庭人力资本投资提供实际支持。

第五，改善区域之间的空间联系条件，建立多层次的区域经济联系及稳定的合作关系。交通基础建设投资效率在我国各地区间存在区域差异，其差异来源与地区经济发展水平、区域经济产业结构和资源禀赋等有关，未来交通基础设施建设布局应以此为依据，对经济发展较差的地区应加强交通基础设施建设的薄弱环节。中西部地区有必要根据区域自身资源禀赋及产业结构的特点，增强基础设施投资的合理性，适度加大中西部网络基础设施建设方面的投入，完善广覆盖的基础网络；对经济发展处于中游的地区应注重打造高品质的快速网络，强化综合枢纽建设与衔接，推进城际交通建设和城乡互联互通以提升快速物流；加强基础设施投资结构与区域产业结构间的协调，针对中西部地区的特点，在提升基础设施存量的基础上，加快第二产业的发展，推进区域工业化与城市化的进程；针对区域产业结构的特点，优化基础设施投入结构，发挥区域自然资源禀赋优势，以更好地发挥基础设施投资对经济增长的乘数效应与成本效应；重点优化交通方面的基础设施的结构，提高现有运输干网的使用效率，以尽量发挥基础设施投资对经济增长的空间效应。对经济水平较高的地区应大力推广多式联运，全面建设智能交通，增强交通基础设施建设对服务消费的支撑。进一步促进发达地区与中西部地区在物质、技术等方面的交流，充分发挥基础设施投资的空间效应，通过提升要素空间配置效率，提高区域内技术吸收能力及区域间知识的溢出效应，引导发达地区的资源向西部地区转移，最终推动区域均衡发展，并加快我国区域经济一体化的进程。

第三章 避免"去工业化陷阱"：实现产业结构的优化调整

一 去工业化的表现形式及其影响

1. 去工业化的内涵

"去工业化"（De-industrialization）一词最初出现，旨在反映第二次世界大战之后盟国作为战胜国对德国、日本等战败国的工业生产进行的限制和改造，以削弱其经济基础的制裁方式。在理论研究中，"去工业化"被界定为一个国家或一个经济体内部工业部门就业占总就业的比重与工业部门产值占总产值的比重双双持续下降的现象。[①] 去工业化过程是工业时代国家经济发展到一定程度所必然面对的经济现象，从全世界范围来看，去工业化现象不仅发生在发达国家，而且发展中国家也可能发生去工业化现象；去工业化不仅包括就业数量、质量方面的变化，而且还包括与工业化本身相关的社会结构等方面的变化。经济发展到一定阶段后，会遇到工资水平上升、环境壁垒提高、资源枯竭和生产成本上升等问题。对于本国制造业企业来说，一方面，为了保持产品的竞

---

① 乔晓楠、杨成林：《去工业化的发生机制与经济绩效：一个分类比较研究》，《中国工业经济》2013 年第 6 期。

争力，需要在全球范围内配置资源，随着本国制造业环境的恶化，本国企业会将工厂转移到要素价格相对较低的发展中国家；另一方面，在国际贸易过程中，随着发展中国家工业化的进程，他们廉价的工业品挤压了发达国家制造业的发展空间，使发达国家被迫放弃制造业的发展转而发展第三产业。[①]

2. 去工业化的表现形式

积极去工业化与消极去工业化。这种区分主要是基于去工业化对经济的影响而言的，视去工业化为经济发展过程中不可避免的正常现象，甚至是经济发展的表现，则为积极去工业化；有些发展中国家在进行过早的去工业化，结果导致其生产率下降、就业减少等负面影响，去工业化对经济发展产生不利影响，即为消极去工业化，有时也把消极去工业化称为过早的去工业化。例如，乔晓楠和杨成林基于经济发展水平、工业部门内部结构与产业升级的效率性等维度，将去工业化区分为"彻底的去工业化""适度的去工业化"与"早熟的去工业化"，研究认为去工业化不等同于产业高级化，不同类型的去工业化还存在"好"与"坏"的差异。"适度的去工业化"是利用工业生产的迂回性，凭借技术创新形成的壁垒，逐步退出竞争性的消费品工业，转而垄断资本品工业的一种表现，有助于突破低工资与出口依赖的怪圈；"彻底的去工业化"是产业资本为了避免利润率下滑全面转向金融资本的产物，其导致的持续性贸易逆差将引发金融危机或主权债务危机；"早熟的去工业化"则由承接了产业转移的发展中国家在劳动力成本优势丧失之前没有形成工业技术优势而导致，被迫停滞的工业化使

---

① 王秋石、王一新：《去工业化、经济发展与中国产业路径选择》，《当代财经》2014 年第 3 期。

其无法跨越"中等收入陷阱"；因此只有好的去工业化才有利于构筑竞争优势，推动经济持续稳定地增长。①

总量去工业化和结构性去工业化。这主要是基于宏观及中观角度，根据制造业产值和就业数量变化进行的区分。总量去工业化是一般意义上的去工业化，从指标上看，总量去工业化是较为普遍的去工业化形式，它一般表现为制造业就业人口减少，制造业增加值占 GDP 比重降低，制造业出口比例降低。其侧重指整个制造业（工业）产值、就业、出口等总量指标的持续下降，这是制造业（工业）弱化衰微的表现。在总量去工业化的过程中，该国经济通常会出现以下特征，制造业增加值占 GDP 比重逐渐下降到很低的水平（通常低于15%），工业就业人口占总就业人口的比重大幅降低（通常低于20%），并出现较大的贸易逆差。一般而言，小经济体往往更容易出现总量去工业化。结构性去工业化则主要指一个国家通过产业结构调整，淘汰产业链的低端制造业，提高制造业产业链高端产品的生产比重。结构性去工业化是这样一个过程，即一国在制造业转移的过程中，通过技术创新和产业结构升级，保留一部分具有核心竞争力的产业，并保持实体经济在本国经济发展中的支柱地位。结构性去工业化在指标上显示出更高的制造业产值比重和制造业就业人口比重，并且通常存在贸易顺差。例如，德国在经历了结构性去工业化过程之后，制造业增加值占 GDP 的比值依然保持在20%左右，并且有三分之一的就业人口从事工业生产，同时也保持着非常高的贸易顺差。如果说总量去工业化是经济缺乏活力的表现，则结构性去工业化是经济结构

① 乔晓楠、杨成林：《去工业化的发生机制与经济绩效：一个分类比较研究》，《中国工业经济》2013 年第 6 期。

优化调整的方式和实现途径。①

整体性去工业化和区域性去工业化。这主要是从空间角度而言，整体性去工业化侧重指整个国民经济而非工业或制造业总量在一定时期或某个阶段的倒退（区别于总量去工业化）。例如印度在其被殖民时代长达一个世纪之久的去工业化以及拉美和部分非洲国家经济的长期徘徊甚至恶化，以严重牺牲环境、恶化生态为代价，不利于其持续发展，也可以理解为某种形式的整体性去工业化。区域性去工业化主要指由于区域发展差异，一些地区处于工业化初期，而另一些地区可能已经开始了去工业化。区域性去工业化的表现形式更多地体现在一国内部不同地区之间的产业转移与承接。当制造业从某个地区持续不断地向其他劳动成本、资源价格等更具优势的地区进行转移，而同时未能进行及时有效的产业升级与转型时，对转出地而言，即为区域性去工业化；而对产业承接地区而言是工业化。

3. 去工业化的影响

随着全球化进程的加快，去工业化趋势日益明显，许多发达国家和地区的制造业规模不断下降，制造业就业机会不断减少，制造业的增长引擎作用在下降。随着工人转移到效率更低的服务业，去工业化的一种可能后果是整体经济的生产率将放慢。进而导致生活水平增速的放慢。另一个可能后果是收入不平等增加，拉美和南非等一些后发展中国家经历"过早的去工业化"（Premature-deindustrialization）不是由于产业结构的自然变化或"荷兰病"导致的，而是人为的激烈经济改革政策造成的。"过早的去工业化"

---

① 王展祥：《发达国家去工业化比较及其对当前中国的启示——以英国和美国为例》，《当代财经》2015 年第 11 期。

不断锁定该国畸形或落后的经济结构，并对其经济可持续发展能力产生负面影响。去工业化可能对经济增长、投资和就业产生显著的长期负效应，形成所谓的"去工业化陷阱"。

总量去工业化带来的一种消极后果是产业空心化，这是目前诸多发达国家在经济发展过程中所面临的问题。狭义的产业空心化指资本从基础生产力部门的大规模撤退，而广义的产业空心化则是指产业部门缺乏具有提供产业结构升级动力的主导产业，产业发展缺乏高技术、高加工成分，服务业比重过快上升的去工业化现象。规模意义上的"空心化"是指以制造业为中心的基础生产力在国民经济中的地位出现下降，国家制造竞争力萎缩；而效率意义上的"空心化"则是指从落后产能中释放出的要素资源并未有效投入技术进步、产业结构升级，未能出现有比较优势的新产业以弥补旧产业消亡转移所留下的空白。从产业效率角度看，制造业和整体经济的劳动生产率在增速上出现明显下滑，逐渐落后于其他经济体。若不能通过产业创新升级，解决效率空心化问题，则很可能陷入经济持续疲软的长期低增长常态。

从产业结构的视角看，产业空心化国家的第三产业比重远远高于第一、第二产业，制造业萎缩，大部分制造业转移到其他国家，本国主要发展服务业。一国经历总量去工业化之后，母国公司通过对外投资的方式在全球配置生产资源，其中大量的就业机会也就转移给了对应的发展中国家，本国原有的大量制造业岗位被取代。随着去工业化的深入，与制造业配套的其他产业的就业也受到严重影响，造成国内就业机会减少。此外，制造业的转移导致了出口额的降低，而本国制造业萎缩，这会导致本国进口额的快速增长。两个方面同时作用，会引起本国严重的贸易逆差。而且随着制造业的转移，实体经济出现萎缩，大量的资本最终流向地产、金融等产业，当一国经济增长过于依赖地产市场和虚拟经济时，在这些领域就会产生巨大的经济泡沫。[①]

当然，良性的结构性去工业化能较好地保存一国的制造业与该国经济增长的动力源泉，通过调整产业结构，提高制造业技术含量，以一个较为合理的经济结构完成去工业化过程。例如，20 世纪 70 年代德国面对传统制造业遇到的严重问题，主动退出煤炭和钢铁等传统制造业，转而在技术密集型制造业上加大投入，主要集中在机械和汽车制造、通信设备、医疗、精密仪器等技术含量较高的行业。结构性去工业化能够保留一国最核心的制造业部门，并且通过技术改良和产业结构升级等手段提高该国制造业的国际竞争力，从而保持经济长期稳定发展的动力。特别是结构性去工业化并没有放弃制造业和实体经济的发展，经历结构性去工业化的国家通过技术革命、产业创新等手段往往能继续保持制造业较高的竞争力和贡献率。结构性去工业化能提高制造业的技术含量和附加值，将生产资源从低端制造业转移到高端制造业，不断提升本国制造业在产品价值链中的产业地位，去掉制造业中的落后产业。通过这些手段，经济体能够在去工业化过程结束之后继续保持经济长期稳定的发展，并有效地避免经济泡沫的频繁出现。

二 美国的去工业化历程及其影响

1. 美国去工业化概况

第二次世界大战后经过 20 余年持续快速发展，美国经济结构发生了重大的变化，制造业和农业相对于服务业在持续下降。到20 世纪 70 年代，美国生产率增长放缓，去工业化问题日益明显。

---

① 王秋石、王一新：《去工业化、经济发展与中国产业路径选择》，《当代财经》2014 年第 3 期。

图3-1、图3-2分别给出了美国1970—2015年农业、工业及服务业国内生产总值及其份额比例。20世纪70年代以来，虽然工业增加值从1970年的3438.3亿美元增长到1980年的8872.2亿美元，1990年、2000年、2010年、2015年分别为1.56万亿美元、2.36万亿美元、3.07万亿美元、3.61万亿美元，但工业所占份额比例却从1970年的32.17%下降到1980年的30.94%，1990年、2000年、2010年、2015年分别下降为25.94%、22.83%、20.36%、19.91%。第二次世界大战后美国的产业空心化过程中，制造业不断萎缩并被当成了美国的"夕阳产业"。无论从产值比例还是内部结构看，制造业都是第二次世界大战后美国产业结构演进中发生明显变化的主要产业部门。从就业结构角度来看，20世纪50年代以来，美国制造业就业份额一直呈下降趋势，服务行业

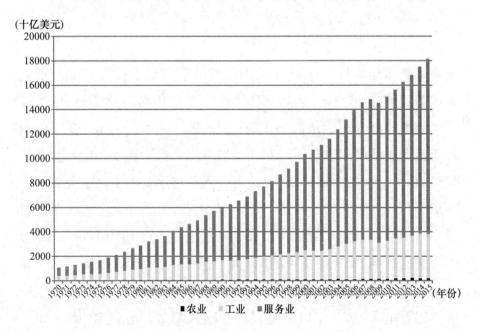

（十亿美元）

■农业　■工业　■服务业

图3-1　美国农业、工业及服务业国内生产总值（1970—2015）

数据来源：UNCTAD数据库。

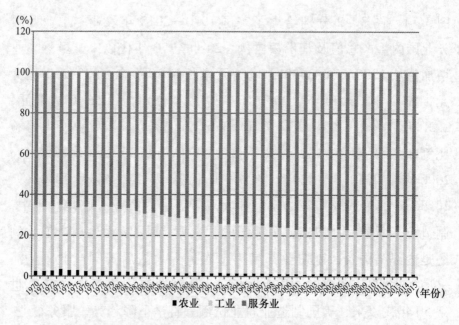

图 3 – 2 美国农业、工业及服务业占国内生产总值的比例（1970—2015）

数据来源：UNCTAD 数据库。

就业人数迅速增加，1900 年美国的制造业劳动力就业在非农业就业中的比例为 36.0%，到 1960 年这个比例仍然高达 31.0 %。即使从制造业就业比例最高的 1920 年算起，到 1960 年的 40 年间制造业就业比例每年也只下降 0.2 个百分点，大大低于 20 世纪 60 年代至 20 世纪末每年下降 0.45 个百分点的速度；美国制造业就业份额从 1950 年的 25.6% 一直下降到 2001 年的 12.8%。虽然在此过程中，制造业就业人数绝对量开始是在上升，由 1950 年的 1510 万人逐渐提高到 1980 年的 1980 万人，但是从 1980 年开始，制造业就业人数开始呈现下降态势。制造业产出份额在国民生产总值中所占比重也在 1950 年以后呈现逐年递减趋势，由 1950 年的 28% 不断下降至 2001 年的 14%。

从制造业在国民经济中的产值比例看，美国制造业在第二次世界大战后出现了明显的下降趋势。除了电子产品制造业等少数部门外，机械制造业、汽车制造业等传统的制造业产值比例都出现了长期的趋势性下降。传统制造业方面，钢铁、汽车等遭遇前所未有的挑战，美国的钢铁产量在 19 世纪末期超过英国跃居世界第一位，但到 1975 年被日本超过。从相对值上看，美国钢铁产量占世界总产量的比重自 20 世纪 50 年代后期就呈现递减趋势，最高产量为 1973 年的 1.37 亿吨，1995 年的产量却只有 1973 年的三分之二。汽车产业本来一直是美国最具国际竞争力的产业，1955 年美国国内汽车的 99% 以上是国产，1970 年以后国产汽车占美国汽车的市场份额下降到 90% 以下，1980 年下降到 73.3%。在美国汽车产业竞争力下降的过程中，日本的汽车产业快速发展并进入美国市场，在 20 世纪 80 年代奠定和巩固了日本在美国市场的地位。[①]随着制造业产值比例的下降，大量的劳动力从制造业中被"挤出"，而这些劳动力又无法在短期内被其他产业部门吸收，由此造成了美国长期以来的就业难题。特别是从 20 世纪 80 年代以来，美国的制造业就业人口比例出现了大幅下降。美国制造业就业份额的下降，固然与其产业自身劳动生产率提高有关，但更大程度上则是受到了产业部门整体性下降的影响，这也成为美国产业空心化进程中最为重要的表现之一。[②]

在美国，去工业化还伴生一个重要现象，就是制造业企业的区域间大转移和城市空间结构的调整，产业结构调整和区域经济变迁交汇在一起。20 世纪中期以后，美国产业结构和区域经济格局同时发生重大变化，美国在去工业化过程中，制造业兴盛时代繁

① 王展祥：《发达国家去工业化比较及其对当前中国的启示——以英国和美国为例》，《当代财经》2015 年第 11 期。

② 胡立君、薛福根、王宇：《后工业化阶段的产业空心化机理及治理——以日本和美国为例》，《中国工业经济》2013 年第 8 期。

荣发达的许多城市陷入停滞甚至衰退状态。特别是过去人口增长稳定而迅速的大都市区人口绝对流失现象严重，人口城乡布局出现了与长期以来向城镇集中的趋势截然相反的态势，出现所谓的人口"非都市转折"（Non-metropolitan Turnaround）。传统工业基地的东北、中西部城市人口出现净流失现象，而南部和西部"阳光"地带的城市人口仍然保持较快增长。[1] 从区域结构看，作为老工业基地的东北部和中西部经济增长乏力成为所谓的"冰雪带"（snowbelt），经济上相对落后的西部和南部人口和就业增长迅速，被誉为"阳光带"（sunbelt）。据统计，1969—1996 年"冰雪带"制造业就业数量下降幅度高达 32.9%。

从部分工业城市或传统工业中心来看，美国区域性去工业化更为明显。宾夕法尼亚州在美国工业化的历史上曾显赫一时，其钢铁冶炼、造船、纺织、服装和采煤等产业，从创建伊始到 20 世纪初都在美国居领先地位，费城、匹兹堡等工业重镇被视为工业时代的象征。但到 20 世纪中期，该州各主干产业相继滑坡，步入去工业化阶段。[2] 伴随着美国大都市化和郊区化的发展，许多坐落在市中心的企业迁往了郊区或乡村，很多地区的中心城市中的制造业不但没有增加，反而趋于减少。1947—1972 年，美国百万以上人口的大都市中，中心城市共减少了 88 万个制造业工作岗位，但是郊区增加了 250 万个工作岗位。在 1950—1960 年，布法罗中心城市的制造业工作岗位减少了 27.3%，郊区增加了 1.8%；芝加哥中心城市减少了 15.6%，郊区增加了 25.6%；底特律中心城市减少了 35%，郊区增加了 18.4%；到 20 世纪 80 年代后期，纽约

---

[1] 钟水映、李晶、刘孟芳：《产业结构与城市化：美国的"去工业化"和"再城市化"现象及其启示》，《人口与经济》2003 年第 2 期。

[2] 王旭：《美国传统工业大州"去工业化"（1950—1990）——以宾夕法尼亚州为中心的考察》，《世界历史》2016 年第 5 期。

71%的制造业位于郊区。在1963年美国已有一半以上的制造业位于郊区，到1981年约达到2/3。[①] 底特律为美国汽车城，也是世界传统汽车中心，20世纪50年代人口高达185万人，是美国最大的城市之一。随着当地汽车产业衰落，就业机会减少，人口也开始外流，税收减少，财政压力增加。到2010年其人口仅为71万人，是美国过去60多年中城市人口减少最多的城市之一。2013年12月，这座曾经风光无限的汽车城正式宣告破产，成为美国历史上规模最大的破产城市。

第二次世界大战后欧洲各国和日本以及发展中国家的经济复苏对美国产生了巨大的影响，欧洲、日本和发展中国家的经济复兴对美国工业生产造成过巨大的影响，使得美国的许多商品在世界市场上失去了以往的竞争力。20世纪60—70年代，美国汽车产业利润下降了65%，收音机和电视机下降了70%，农用机下降了51%，电器设备下降了49%，钢铁下降了39%。[②] 从贸易方面看，美国从1968年开始一改贸易顺差历史，首次出现逆差，当年贸易逆差达到12.87亿美元；从1971年开始，贸易逆差迅速增加，到1978年超过了400亿美元；1984年首次超过1000亿美元，达到1223.87亿美元；1997年达到2098.38亿美元；2002年超过5000亿美元；2006年达到8921亿美元，到2010年为6907亿美元，2015年又增长为8127亿美元，2016年为7967亿美元。图3-3为美国1948—2016年的进口、出口额。图3-4给出了1948—2016年美国进口、出口占全世界进口、出口的比例。1948年美国进口、出口占全世界进口、出口的比例分别为13%、21.6%，到1960年分别下降为11.9%、15%；到1970年，美国出口占全世界出口的

---

① 石光宇、孙群郎：《美国去工业化与后工业经济的形成》，《辽宁大学学报》（哲学社会科学版）2013年第3期。

② 同上。

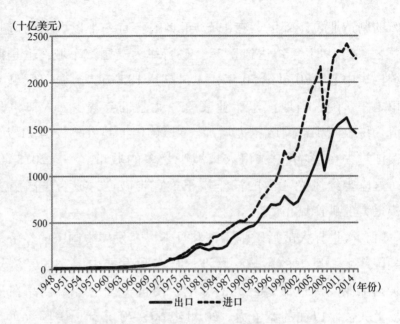

图 3 - 3　美国进口、出口额（1948—2016）

数据来源：UNCTAD 数据库。

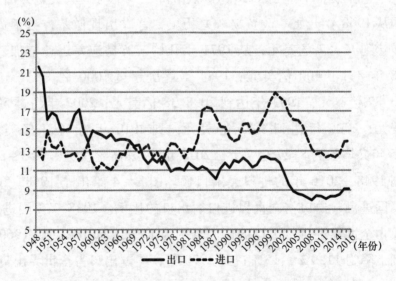

图 3 - 4　美国进口、出口占全世界进口、出口的比例

（1948—2016）

数据来源：UNCTAD 数据库。

比例下降为 13.6%，而进口占全世界进口的比例上升为 12.8%；到 1990 年，美国出口占全世界出口的比例进一步下降为 11.3%，而进口占全世界进口的比例上升为 14.3%；到 2000 年，美国进口、出口占全世界进口、出口的比例分别为 18.9%、12%；2010 年比例分别下降为 12.7%、8.36%；2016 年比例分别为 13.9%、9.1%。

2. 美国去工业化的影响

首先，美国过度的去工业化降低了美国制造业的竞争力。制造业比其他产业需要更多的中间投入，是经济增长的动力源泉，是技术创新所导致的供给增长的源泉，也是创造就业机会的源泉。过度的去工业化使得美国制造业的国际竞争力下降，并致使美国高端服务业的发展缺乏先进制造业的需求拉动和科技支撑。自 20 世纪 80 年代以后，美国制造业出口占世界出口的比例不断下降，从 1980 年的 14.36% 持续下降到 2008 年的 9.14%。[1] 而且更为关键的是使得美国高端服务业发展缺乏先进制造业的支撑，以致美国经济增长总体呈现放缓趋势。此外，尽管美国服务业促进了制造业的技术创新，但由于制造业的萎缩限制了其对服务业的引致需求，致使实体经济不足以支持高端服务业的持久发展。从 1966 年开始，美国 TFP 出现了明显下降趋势，1966—1989 年美国 TFP 下降了 51%，美国过度的去工业化放缓了美国经济的增长，过度的"去工业化"不仅使高端服务业的发展缺少先进制造业的需求拉动，而且使制造业的发展受到了挤压，最终带来了经济增长的放缓。[2]

---

[1] 孟祺：《美国再工业化对中国的启示》，《现代经济探讨》2012 年第 9 期。
[2] 黄永春、郑江淮、杨以文、祝吕静：《中国"去工业化"与美国"再工业化"冲突之谜解析——来自服务业与制造业交互外部性的分析》，《中国工业经济》2013 年第 3 期。

其次，随着对外投资的扩大，造成了国内就业机会的流失和贸易逆差的扩大。进入后工业化阶段以后，随着国内劳动力工资等要素价格的提高，美国企业劳动生产率的上升越来越难以抵消成本上升的压力。在全球竞争压力的作用下，美国的许多企业为了能够扭转不利的局面，或是引进了先进的产品和技术，或是降低了工人工资和生产成本，以便赢得失去的市场份额。也有一部分企业改变了投资方向，把投资转向了其他行业，或是投资其他国家和地区。美国的跨国企业开始将大量的工业生产活动转移到成本更加低廉、市场更加广阔的发展中国家或地区，企业的外包生产和生产基地向海外转移的动向愈加明显。图 3 - 5 给出了 1970—2016 年美国对外投资流量、存量。20 世纪 70 年代是跨国公司（Multi-national Corporation）兴起的时期，也是发达国家传统工业地区去工业化加速进行的时期。到 2016 年，美国对外投资存量达到 6.4 万亿美元。

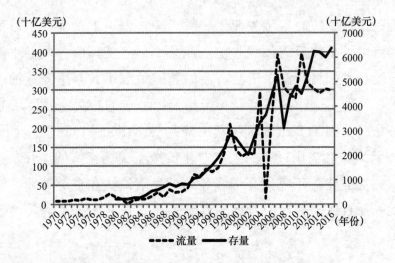

图 3 - 5　美国对外投资流量、存量（1970—2016）

数据来源：UNCTAD 数据库。其中左坐标轴代表美国对外投资流量，右坐标轴代表美国对外投资存量。

从就业方面看,企业海外生产的扩大和国内失业率的居高不下,引起了美国国内的广泛关注,传统的劳动密集工业转变成为较少劳动含量的行业或转移至国外,在生产力布局重整的这一阶段中,不仅不能保持持续的吸纳人口的能力,反而由于经济结构的变化导致人口的流失。[①] 在 20 世纪 70 年代,美国某些行业的就业人数减少,从 1979 年至 1980 年,美国国内有 20 家汽车工厂宣布倒闭,5 万工人失业。依据美国国会预算局(Congressional Budget Office)的估计,在 1979—1980 年因汽车产业下滑而失业的工人有 35 万—65 万人。在美国不同地区,去工业化程度不同,对不同地区的影响也存在着差异。美国北部的去工业化进程快于南方,去工业化对黑人的影响大于白人。以马萨诸塞州为例,在 1969—1976 年,该州有 73 万人因工厂倒闭而失去工作。新英格兰地区在 1957—1975 年大约有 83.3 万工人在传统工业中工作,如服装、纺织和橡胶等。至 1975 年因工厂倒闭和外迁等,有 64.7 万工人离开了这些行业。在外迁的工厂中,有些工厂迁往南方,有些工厂迁往国外,而失业的工人中大约有 1/3 的工人凭借着专业技术在高新技术产业找到工作,大约有 16% 的工人只能从事零售和消费者服务行业。[②] 图 3-6 是美国在 1970—2016 年的对外投资流量、存量与 GDP 的比例。

作为在第二次世界大战之前已经完成工业化进程并开始进入后工业化阶段的传统工业化国家,美国在战后初期为绕过欧共体的关税壁垒而改变了以往向西欧直接出口机电、汽车等产品的做法,转而在欧洲进行了大规模的直接投资进行本土化生产。伴随美国海

---

① 钟水映、李晶、刘孟芳:《产业结构与城市化:美国的"去工业化"和"再城市化"现象及其启示》,《人口与经济》2003 年第 2 期。
② 石光宇、孙群郎:《美国去工业化与后工业经济的形成》,《辽宁大学学报》(哲学社会科学版)2013 年第 3 期。

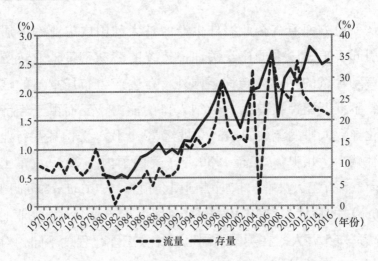

图 3 - 6　美国对外投资流量、存量占 GDP 的比例

（1970—2016）

数据来源：UNCTAD 数据库。其中左坐标轴代表美国对外投资流量占 GDP 的比例，右坐标轴代表美国对外投资存量占 GDP 的比例。

外生产比例增加，美国许多工业产品开始由原先的自给自足并出口变为部分或完全依靠进口，制造业比重下降和生产的海外转移在一定程度上导致了其国际贸易逆差呈现不断加重的趋势。当然，美国企业海外生产虽然具有产业资本流出效应，但这并不意味着美国产业资本的流失如图 3 - 7 所示。尽管海外直接投资会对美国国内投资造成一定程度的"挤占"，但美国良好的投资环境和众多的投资机会却吸引了大量的海外资本进行直接投资，不但弥补了美国制造业资本向海外的流出，而且增加了美国制造业总体的资本投入，美国企业的海外生产并未导致十分严重的产业资本离本土化，因而不是导致美国产业空心化的主要原因。[1]

---

[1]　胡立君、薛福根、王宇：《后工业化阶段的产业空心化机理及治理——以日本和美国为例》，《中国工业经济》2013 年第 8 期。

图3－7　美国对外投资流量、存量占世界对外投资流量、

存量的比例（1970—2016）

数据来源：UNCTAD 数据库。其中左坐标轴代表美国对外投资流量占世界对外投资流量的

比例，右坐标轴代表美国对外投资存量占世界对外投资存量的比例。

最后，美国过度的去工业化造成美国产业空心化。20 世纪六七十年代美国传统的东北部和中西部制造业基地急剧衰落，出现了普遍性的工厂倒闭、失业率增加等问题，使美国出现了全国性的制造业投资停滞、失业率上升、出口产品竞争力下降及对外贸易逆差恶化等问题。20 世纪 80 年代以来美国经济中的产业结构变迁发现，制造业作为美国实体经济中传统的优势部门，虽然仍保持了全球一流的技术水平，但其资本回报率已经明显低于互联网、房地产和金融投资等新兴领域。在制造业企业向海外转移生产能力、国内制造业投资回报率下降的背景下，美国国内大量的产业资本涌入互联网等"新经济"领域。从 20 世纪 90 年代开始，随着信息化进程带来的经济增长和失业减少，美国国内的大量产业资本从生产领域转入投机领域，在导致美国虚拟经济过度膨胀的同时，也限制了美国国内对于制造业的投资。互联网泡沫破裂之后，在美联储连续降息的低利率政策的刺激下，美国的产业资本并未回流到制造业等实体经济领域，而是迅速涌入房地产和金融衍生品市场。这突出表现在美国制造业比例大幅度下降，而金融、房地产等行业比例大幅度上升，经济泡沫化趋势日益加深并最终导致金融危机的爆发。房地产和金融衍生品泡沫的破裂，不但引发了美国的金融危机，而且严重拖累了美国的实体经济，形成了严重的"空心化效应"。[①]

三　中国工业发展概况及其面临的挑战

1. 中国工业发展概况

图 3-8、图 3-9、图 3-10 分别给出了 1978—2015 年中国三次产业和工业占国内生产总值的比率、中国三次产业和工业贡献率、中国三次产业和工业对国内生产总值增长的拉动。从工业占国内生产总值的比率来看，在 1978 年该比率为 44.1%，但到 1990 年下降为 36.6%，此后该比率开始上升，到 1997 年达到 41.4%；随后一段时间变化不大，到 2008 年该比率依然为 41.2%。但从 2009 年开始，该比率开始快速下降，到 2015 年已经下降为 34.3%。从工业对经济增长的贡献率来看，1980 年是样本期间的最高点，为 74.9%；1981 年为样本期间的最低点，仅有 15%。此后在 20 世纪 80 年代，基本呈上升趋势，在 1988 年达到 58.1%，整个 80 年代工业对经济增长的贡献率为 45.4%（简单算术平均）。20 世纪 90 年代以后，工业对经济增长的贡献率比较平稳，在 1994 年一度达到 61.6%，整个 90 年代工业对经济增长的贡献率为 55.4%（简单算术平均）。2000 年以后工业对经济增长的贡献率开

[①] 胡立君、薛福根、王宇：《后工业化阶段的产业空心化机理及治理——以日本和美国为例》，《中国工业经济》2013 年第 8 期。

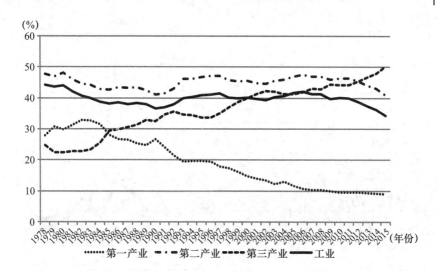

图 3 - 8 中国三次产业和工业占国内生产总值的比率

（1978—2015）

数据来源：《中国统计年鉴（2016 年）》。

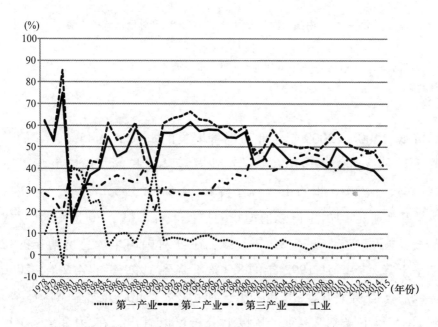

图 3 - 9 中国三次产业和工业贡献率（1978—2015）

数据来源：《中国统计年鉴（2016 年）》。贡献率指三次产业、工业增加值增量与 GDP 增量之比。

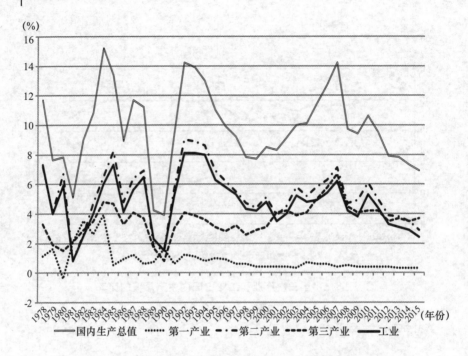

图 3 - 10　中国三次产业和工业对国内生产总值增长的拉动

(1978—2015)

数据来源:《中国统计年鉴 (2016 年)》。拉动指 GDP 增长速度与三次产业或主要行业贡献率之乘积。

始降低, 2000—2009 年工业对经济增长的贡献率为 45.6% (简单算术平均); 自 2010 年开始, 工业对经济增长的贡献率开始呈下降趋势, 从 2010 年的 49.6% 下降到 2015 年的 35%。

从工业对国内生产总值增长的拉动来看, 整个 20 世纪 80 年代的波动幅度较大, 进入 90 年代以后工业对国内生产总值增长的拉动呈下降趋势, 从 1992 年的 8.1% 下降到 1999 年的 4.2%, 2000 年以后又有所上升, 到 2007 年达到 6.2%, 此后开始呈下降趋势, 到 2015 年下降到 2.4%。从以上分析可以看出, 在 20 世纪 90 年代, 工业占国内生产总值的比率较高, 工业对经济增长的贡献率也较高且比较平稳, 但工业对国内生产总值增长的拉动呈下降趋势。2000 年以后的 10 年间，工业占国内生产总值的比率依然较高，但工业对经济增长的贡献率开始降低，工业对国内生产总值增长的拉动又有所上升。而 2010 年以后，无论是工业占国内生产总值的比率，还是工业对经济增长的贡献率、工业对国内生产总值增长的拉动，均开始降低且幅度较大。

近几年来，中国经济发展速度与劳动力状况发生了阶段性变化，2011 年中国劳动年龄人口比重自 2002 年以来首次出现下降；2012 年中国劳动力总量自改革开放以来首次出现下降；继 1994 年我国第三产业就业人数超过第二产业后，2013 年中国第三产业增加值首次超过第二产业。中国经济是否正进入一个劳动力供给长期短缺背景下、过早的去工业化阶段？中国在人均 GDP 仅为发达国家的 15% 左右时，第三产业就业与产值比重似乎过早地超过了第二产业，或者说过早开始了去工业化。[1] 图 3－11 给出了 1952—2015 年按三次产业分就业人员数（年底数，单位：百万人）及其构成比例，总就业人员数量一直呈上升趋势，从 1978 年的 4 亿人上升到 2015 年的 7.7 亿人，第二产业人员数量也一直呈上升趋势，从 1978 年的 6945 万人上升到 2015 年的 2.27 亿人。但从三次产业分就业人员构成比例来看，第一产业一直呈下降趋势，从 1978 年的 70.5% 大幅下降到 2015 年的 28.3%，而第三产业一直呈上升趋势，从 1978 年的 12.2% 上升到 2015 年的 42.4%，第二产业则呈相对平缓的上升趋势，从 1978 年的 17.3% 上升到 2012 年的 30.3%。需要注意的是，从 2012 年开始，第二产业就业人员占比开始下降，到 2015 年降低为 29.3%。

---

[1]　王展祥：《发达国家去工业化比较及其对当前中国的启示——以英国和美国为例》，《当代财经》2015 年第 11 期。

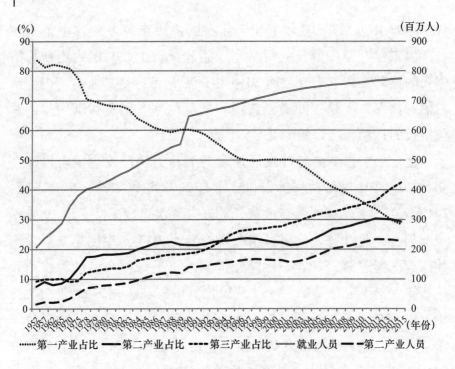

图 3 – 11　按三次产业分就业人员数（年底数）

及其构成（1952—2015）

数据来源：《中国统计年鉴（2016 年）》。其中左坐标轴代表三次产业人员构成比例（％），右坐标轴代表三次产业就业人员数（年底数，单位：百万人）。

图 3 – 12 给出了 2003—2015 年制造业城镇单位就业人员数（年底数，单位：百万人）及其占比，2003—2014 年城镇单位就业人员数量一直呈上升趋势，从 2004 年的 1.1 亿人上升到 2014 年的 1.83 亿人，2015 年有所降低，为 1.80 亿。2003—2013 年制造业城镇单位就业人员数量也一直呈上升趋势，从 2003 年的 2980 万人上升到 2013 年的 5258 万人。从制造业城镇单位就业人员占比来看，在 2003—2015 年基本上呈 M 形，需要注意的是从 2014 年开始，不但制造业城镇单位就业人员占比开始下降，而且其绝对数值也开始降低。韩民春和李根生研究发现，劳动力成本上升对东

部、中西部产业结构的影响具有明显地域差异性，劳动力成本上升对东部的第二产业"挤出效应"不显著，而对中西部第二产业产出却具有显著的"增促效应"；劳动力成本上升促进了东部第三产业的发展，而对中西部第三产业没有产生显著的增促作用。目前劳动力成本的上升和区域合理成本差距导致的产业转移，并没有导致东部去工业化的发生，而是有助于东部城市内的工业高端化和产业结构服务化，同时对中西部工业化进程有推动作用，这些都有助于中国经济结构深度调整。[①]

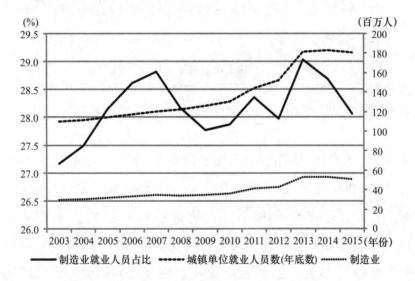

图 3 – 12　制造业城镇单位就业人员数（年底数）

及其占比（2003—2015）

数据来源：《中国统计年鉴（2016 年）》。其中左坐标轴代表制造业就业人员构成比例（%），右坐标轴代表制造业就业人员数（年底数，单位：百万人）。

图 3 – 13 给出了 1978—2015 年的中国货物进出口总额（单位：

---

① 韩民春、李根生：《劳动力成本上升与产业发展：去工业化还是结构升级》，《中国科技论坛》2015 年第 5 期。

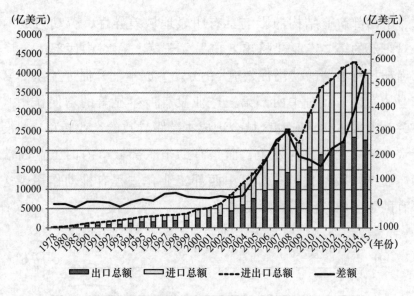

图 3 - 13 货物进出口总额（1978—2015）

数据来源：《中国统计年鉴（2016 年）》。其中左坐标轴代表进口、出口以及进出口总额，右坐标轴代表货物进出口差额。

亿美元）。从 1990 年开始中国进出口突破 1000 亿美元，到 2001 年已经突破 5000 亿美元，2004 年突破 1 万亿美元，到 2014 年高达 4.3 万亿美元。1994 年以后，货物进出口差额一直是顺差，到 2015 年高达 5039 亿美元。图 3 - 14 给出了 1978—2015 年出口货物分类金额（单位：亿美元）及其占比（%）。1985 年中国初级产品、工业制成品出口货物数额相当，但到了 1990 年工业制成品出口货物已占出口总额的 75% 左右，达到 462 亿美元；到 1994 年已突破 1000 亿美元，占出口总额的 83% 以上；到 2001 年达到 2397.6 亿美元，占出口总额的 90% 以上；到 2015 年达到 2.17 万亿美元，占出口总额的 95.4%。

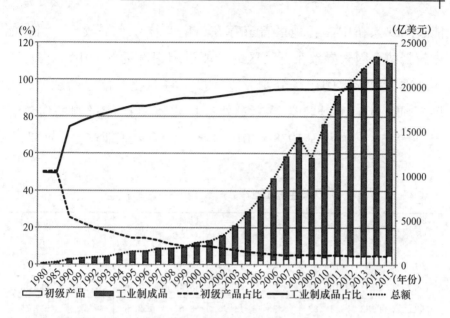

图 3 - 14 出口货物分类金额及其占比（1978—2015）

数据来源：《中国统计年鉴（2016年）》。其中左坐标轴代表初级产品、工业制成品货物出口占比，右坐标轴代表初级产品、工业制成品出口货物及其出口总额。

2. 中国工业发展面临的挑战：实证检验及理论思考

过度的产能剩余造成社会资源的巨大浪费，对民生和社会稳定产生负面影响并最终阻碍产业结构升级。在过去的30多年里，中国以超高的发展速度完成了西方国家花费几个世纪的工业化进程，而这样的高速经济发展是以对环境造成污染、花费不可再生资源等为代价的。当前产能严重过剩行业主要集中在原材料型、高能耗型行业。"十一五"期间，重工业产值占工业总产值的比重有所增加并保持在70%以上，由于剩下的落后产能多集中在中西部地区，淘汰时涉及企业资产处置、职工安置等问题，工作难度较大。[①] 杨振兵发现由于生产侧技术效率损失与消费侧供大于求，产

---

① 张秀生、王鹏：《经济发展新常态与产业结构优化》，《经济问题》2015年第4期。

能过剩现象在中国各地区普遍存在；生产技术水平较高、消费能力较强两个因素导致东部地区的产能过剩程度远低于中西部地区；而地方保护导致的市场分割、过度投资将恶化产能过剩现象，市场分割程度的上升将会弱化对外直接投资对产能过剩的缓解作用。① 表3－1为我国1978—2015年的人均主要工业产品的产量。

表3－1　　　　　　　人均主要工业产品产量（1978—2015）

工业产品 年份	原煤 （吨）	原油 （公斤）	纱 （公斤）	布（米）	机制纸 及纸板 （公斤）	水泥 （公斤）	粗钢 （公斤）	发电量 （千瓦小时）
1978	0.65	108.82	2.49	11.54	4.59	68.23	33.24	268.36
1980	0.63	107.97	2.98	13.73	5.45	81.39	37.83	306.38
1985	0.83	118.83	3.36	13.96	8.67	138.86	44.52	390.75
1990	0.95	121.84	4.08	16.63	12.09	184.74	58.45	547.22
1995	1.13	124.53	4.50	21.59	23.34	394.74	79.15	836.39
1996	1.15	129.22	4.21	17.17	21.67	403.42	83.15	888.10
1997	1.13	130.68	4.55	20.23	22.22	416.02	88.57	923.16
1998	1.07	129.64	4.36	19.41	17.12	431.58	93.07	939.66
1999	1.09	127.72	4.53	19.96	17.24	457.40	99.19	989.28
2000	1.10	129.09	5.20	21.94	19.70	472.82	101.77	1073.62
2001	1.16	128.91	5.98	22.80	29.70	519.75	119.22	1164.29
2002	1.21	130.43	6.64	25.18	36.45	566.23	142.43	1291.78
2003	1.42	131.64	7.63	27.44	37.64	669.11	172.57	1482.91
2004	1.64	135.70	9.96	37.20	41.77	745.96	218.28	1699.99
2005	1.81	139.10	11.13	37.15	47.60	819.84	270.95	1917.79
2006	1.96	140.93	13.29	45.66	52.35	943.36	319.71	2185.88
2007	2.09	141.38	14.86	51.24	59.13	1032.85	371.27	2490.01
2008	2.19	143.77	15.52	54.58	63.45	1074.66	379.76	2617.20
2009	2.34	142.34	17.02	56.59	67.34	1234.90	429.81	2790.33

① 杨振兵：《对外直接投资、市场分割与产能过剩治理》，《国际贸易问题》2015年第11期。

续表

工业产品 年份	原煤 （吨）	原油 （公斤）	纱 （公斤）	布（米）	机制纸 及纸板 （公斤）	水泥 （公斤）	粗钢 （公斤）	发电量 （千瓦小时）
2010	2.56	151.76	19.23	59.80	73.50	1406.82	476.36	3145.06
2011	2.80	150.93	20.22	60.57	81.92	1561.80	509.83	3506.37
2012	2.92	153.61	22.09	62.85	81.12	1636.08	535.93	3692.58
2013	2.93	154.65	23.57	66.13	83.42	1782.29	599.05	4001.56
2014	2.84	154.98	24.77	65.51	86.39	1826.67	602.74	4247.29
2015	2.73	156.47	25.80	65.09	85.64	1720.50	586.21	4240.44

数据来源：《中国统计年鉴（2016年）》。

一些研究发现，我国当前的产能过剩是多个因素综合叠加的结果，既有市场经济本身的因素，也有经济转型期体制机制不完善、发展方式落后的因素。不仅许多传统的钢铁、建材、冶金等行业产能过剩程度进一步加深，而且许多战略性新兴产业也出现了严重的产能过剩。如余东华和吕逸楠研究发现光伏产业不仅呈现出结构性产能过剩，还出现体制性产能过剩，政府偏好与对战略性新兴产业进行不当干预，引致加剧了光伏产业的产能过剩，光伏产业中政府干预程度越深的环节，产能过剩程度越严重。[①] 产能过剩矛盾虽然短期内没有造成特别不利的后果，但仍然存在严重的潜在经济风险，主要包括产能过剩可能进一步恶化且集中爆发的风险，产能过剩导致企业恶性竞争效益下降，甚至大面积倒闭破产的经济社会风险。[②]

程俊杰和刘志彪分析了中国制造业行业产能过剩影响经济波动的直接机制和间接机制，发现产能过剩引起的企业产能利用率的

[①] 余东华、吕逸楠：《政府不当干预与战略性新兴产业产能过剩——以中国光伏产业为例》，《中国工业经济》2015年第10期。

[②] 国务院发展研究中心《进一步化解产能过剩的政策研究》课题组：《当前我国产能过剩的特征、风险及对策研究——基于实地调研及微观数据的分析》，《管理世界》2015年第4期。

变动会直接导致经济波动，产能过剩通过要素市场扭曲的中介效应影响经济波动，其中资本市场扭曲和要素配置扭曲的中介效应非常显著，而劳动市场扭曲的中介效应不显著，而且产能过剩引起的产能利用率变动对经济波动的直接效应要远大于资本市场扭曲和要素配置扭曲产生的中介效应。[①] 表 3 – 2 为我国按行业的对外直接投资情况。

表 3 – 2 　　　　　　　　按行业分对外直接投资　　　　　单位：万美元

行业	对外直接投资净额		截至 2015 年对外直接投资存量
	2014 年	2015 年	
农、林、牧、渔业	203543	257207. 51	1147580. 39
采矿业	1654939	1125261. 3	14238131. 2
制造业	958360	1998629. 4	7852825. 51
电力、热力、燃气及水生产和供应业	176463	213507. 03	1566310. 36
建筑业	339600	373501. 28	2712411. 7
批发和零售业	1829071	1921785. 3	12194085. 7
交通运输、仓储和邮政业	417472	272682. 43	3990551. 71
住宿和餐饮业	24474	72318. 777	223334. 016
信息传输、软件和信息技术服务业	316965	682036. 66	2092752. 03
金融业	1591782	2424553	15966010
房地产业	660457	778655. 75	3349305. 21
租赁和商务服务业	3683059	3625787. 8	40956771. 3
科学研究和技术服务业	166879	334540. 46	1443082. 81
总计	12023064	14566715	109786459

数据来源：《中国统计年鉴（2016 年）》。

鼓励企业对外直接投资（OFDI）的"走出去"战略是政府现

---

① 程俊杰、刘志彪：《产能过剩、要素扭曲与经济波动——来自制造业的经验证据》，《经济学家》2015 年第 11 期。

阶段化解产能过剩的重要手段，温湖炜运用倍差法考察对外直接投资能否缓解企业的产能过剩，研究发现企业开展对外直接投资活动后产能过剩指数出现显著下降，即对外直接投资能够有效缓解企业的产能过剩；并且过剩行业的企业开展对外直接投资活动对产能过剩的缓解作用更为突出，但产能过剩越严重的企业越缺乏意愿对外直接投资。[①] 杨振兵基于产能利用率在生产侧与消费侧进行分解，测算中国 31 个省市区的工业部门产能过剩指数，考察对外直接投资、市场分割以及其他因素对产能过剩的影响，结果表明对外直接投资、出口比重、创新投入比重的提升可以缓解产能过剩现象。[②] 陈岩和翟瑞瑞研究发现中国对外直接投资促进产业结构调整，各行业对外直接投资在一定程度上达到了转移国内过剩产能、学习外国先进技术、增加产业内贸易量等目的，但由于中国对外直接投资仍有诸多不合理之处，作用效果有限。[③]

黄亮雄等人从调整幅度、调整质量与调整路径三个维度，构建了产业结构变动幅度指数、高度化生产率指数、高度化复杂度指数和相似度指数四个指数考察与评价了中国自 1999 年以来的产业结构调整，研究发现 2004 年前中国的产业结构调整模仿以往先进经济体的方向与路径，2004 年后中国的产业结构调整进入了缓慢调整期，降低了与先进经济体的相似度，使得 1999—2007 年中国的产业结构变动幅度及其区域差异都以 2004 年为拐点呈"倒 U"形；在调整质量上，中国的产业结构越来越倚重于高生产率和高技术复杂度的行业，产业结构高度化生产率指数和复杂度指数都

---

① 温湖炜：《中国企业对外直接投资能缓解产能过剩吗——基于中国工业企业数据库的实证研究》，《国际贸易问题》2017 年第 4 期。

② 杨振兵：《对外直接投资、市场分割与产能过剩治理》，《国际贸易问题》2015 年第 11 期。

③ 陈岩、翟瑞瑞：《对外投资、转移产能过剩与结构升级》，《广东社会科学》2015 年第 1 期。

呈上升趋势。中国的产业结构调整呈梯度推进，东部地区的调整幅度和质量最高，中部次之，西部最低。[①] 中国的工业化进程在实现数量上的高速增长和产业规模大幅扩张的同时，其增长方式、增长质量和效率也逐渐凸显出一些问题来，何平等人对我国"十一五"期间产业结构的优化进程进行分析，结果表明我国产业结构具有较明显的高度化发展态势，但是产业结构合理化进程并不明显，特别是产业结构的高度化和合理化的进程并不一致，产业结构调整并没有取得"对经济发展方式转变具有促进作用"的优化效果。[②]

产业核心技术缺失导致国内技术密集型产业竞争力整体偏弱，在与国外相似产业竞争中不占优势。中国大中型企业创新投入不足，创新主体地位体现不够，缺乏自主创新能力和核心技术，一直是阻碍中国工业高速发展的重要因素。企业在研发创新上的投入水平较低，这直接导致中国企业生产过于依赖国外技术，在高端制造业和元器件等产业方面严重依赖进口；科研创新成果与生产实践相结合的程度较低，创新的影响力和意义没有发挥出来。特别是一些产业在接受国际产业转移构建产业结构体系的过程中，由于外商技术溢出效应不明显，没有转化为本国产业发展的内生技术能力，反而造成原有研发平台荒废，自主创新能力下降，最终导致产业发展缺乏技术支持和可持续性，造成产业技术"空心化"。《2015 年战略性新兴产业发明专利授权统计分析总报告》指出，我国现有的技术创新仍无法作为支撑战略性新兴产业发展的基础，2014 年各产业发明专利授权量排名前 20 位的申请人中，国内企业仅占据 140 个席位中的 27 席；2014 年企业参与的战略性新

---

① 黄亮雄、安苑、刘淑琳：《中国的产业结构调整：基于三个维度的测算》，《中国工业经济》2013 年第 10 期。

② 何平、陈丹丹、贾喜越：《产业结构优化研究》，《统计研究》2014 年第 7 期。

兴产业发明专利申请中，企业单独申请占比达到 89.03%，企业与高校、科研单位之间的合作极低。缺乏领军企业和产学研的企业难以有机结合，导致我国产业核心技术严重缺失，技术密集型产业发展往往处于全球产业链低端。[①] 表 3 - 3 给出了我国 2011—2015 年的科技活动基本情况。表 3 - 4 给出了规模以上工业企业的科技活动基本情况。

表 3 - 3 　　　　　　科技活动基本情况（2011—2015）

年份\项目	2011	2012	2013	2014	2015
研究与试验发展（R&D）投入情况 R&D 人员全时当量（万人、年）	288.3	324.7	353.3	371.058	375.88476
#基础研究	19.32154	21.21675	22.31915	23.53976	25.31551
应用研究	35.27765	38.37665	39.56483	40.7023	43.04494
试验发展	233.72866	265.0944	291.4	306.81989	307.52908
R&D 经费支出（亿元）	8687	10298.409	11846.6	13015.63	14169.885
#基础研究	411.81427	498.80659	554.95124	613.54285	716.12296
应用研究	1028.4	1161.972	1269.1185	1398.5282	1528.642
试验发展	7246.8	8637.6303	10022.5	11003.559	11925.131
#政府资金	1882.9656	2221.395	2500.5794	2636.0803	3013.1958
企业资金	6420.6443	7625.0233	8837.7	9816.5109	10588.584
R&D 强度 *	1.7753917	1.9058175	1.99	2.02	2.07
科技产出及成果情况 发表科技论文（万篇）	150	151.7843	154.455	157	164
出版科技著作（种）	45472	46751	45730	47470	52207
科技成果登记数（项）	44208	51723	52477	53140	55284
国家技术发明奖（项）	55	77	71	70	66
国家科学技术进步奖（项）	283	212	188	202	187
专利申请受理数（件）	1633347	2050649	2377061	2361243	2798500
#发明专利	526412	652777	825136	928177	1101864

---

① 赵科翔、杨秀云、叶红：《我国"产业空洞化"的特征、机理和化解路径》，《经济经纬》2016 年第 6 期。

续表

项目 \ 年份		2011	2012	2013	2014	2015
科技产出及成果情况	专利申请授权数（件）	960513	1255138	1313000	1302687	1718192
	#发明专利	172113	217105	207688	233228	359316
	高技术产品进出口额（亿美元）	10120	11080.3	12185	12119	12046
	高技术产品出口额	5488	6011.7	6603	6605	6553
	高技术产品进口额	4632	5068.6	5582	5514	5493
	技术市场成交额（亿元）	4764	6437.0683	7469	8577	9836

数据来源：《中国统计年鉴（2016年）》。＊R&D强度是R&D经费支出与国内生产总值之比。

表3-4　　　　　　规模以上工业企业的科技活动基本情况

项目 \ 年份		2004	2009	2014	2015
企业基本情况	有R&D活动企业数（个）	17075	36387	63676	73570
	有R&D活动企业所占比重（%）	6.18	8.476171	16.9	19.2
R&D活动情况	R&D人员全时当量（万人年）	54.2	144.7	264.1578	263.829
	R&D经费支出（亿元）	1104.5	3775.7	9254.2587	10013.933
	R&D经费支出与主营业务收入之比（%）	0.56	0.6924279	0.84	0.9021036
	R&D项目数（项）	53641	194400	342507	309895
	R&D项目经费支出（亿元）	921.2	3185.9	8162.9754	9146.7143
企业办R&D机构情况	机构数（个）	17555	29879	57199	62954
	机构人员数（万人）	64.4	155.0164	246.4	266.8376
	机构经费支出（亿元）	841.6	2983.6	6257.6304	6793.8662
新产品开发及生产情况	新产品开发项目数（个）	76176	237754	375863	326286
	新产品开发经费支出（亿元）	965.7	4482	10123.158	10270.834
	新产品销售收入（亿元）	22808.584	65838.2	142895.29	150856.55
	新产品出口	5312.2	11572.5	26904.378	29132.678

年份 项目		2004	2009	2014	2015
专利 情况	专利申请数（件）	64569	265808	630561	638513
	#发明专利	20456	92450	239925	245688
	有效发明专利数（件）	30315	118245	448885	573765
技术获 取和技 术改造 情况	引进国外技术经费支出（亿元）	397.36357	422.17048	387.5109	414.0636
	引进技术消化吸收经费支出（亿元）	61.20624	182	143.1816	108.38797
	购买国内技术经费支出（亿元）	82.4822	203.41002	213.5321	229.94454
	技术改造经费支出（亿元）	2953.5	4344.7	3797.9826	3147.6442

数据来源：《中国统计年鉴（2016 年）》。

小企业缺乏自主创新能力与核心技术作为特色产品的支撑，中型企业专业化水平不足，分工与协作的现象较少，同时鲜有能引领行业健康发展的大企业，这也导致了重复建设、资源浪费、恶性竞争、环境污染等突出问题的产生。中国面临的去工业化压力本质上来自制造业比较优势的丧失，中国目前的制造业企业普遍具备了较为先进的生产设备和强大的批量生产能力，生产的产品基本上能做到数量和质量的双重保证，在国际市场具有很高的占有率。但是这个阶段的制造业产品附加值很低，中国企业主要依靠价格优势参与国际竞争。因此，中国虽然是世界第一制造业大国，但企业真正的利润率很低，核心竞争力也较弱；一旦出现成本上升以及其他国家的产品竞争，中国制造业企业的利润空间将迅速缩小，甚至出现大面积的中小企业倒闭。表 3 – 5 为我国 2015年规模以上工业企业的主要指标。

表3-5　　　　　　　　规模以上工业企业主要指标（2015）　　　　（单位：亿元）

项目 分类依据		企业单位数（个）	资产总计	主营业务收入	利润总额
按工业门类分	采矿业	14479	97632.54	52300.39	2541.21
	制造业	358665	782521.9	992673.81	57974.69
	电力、热力、燃气及水生产和供应业	10004	143243.68	64878.78	5671.18
按企业规模分	大型企业	9633	476028.2	421567.32	23582.32
	中型企业	54070	242810.41	272360.51	17982.59
	小型企业	319445	304559.51	415925.14	24622.16
按登记注册类型分	内资企业	330390	822095.43	864155.41	50281.3
	国有企业	3234	71514.87	45201.64	2107.71
	集体企业	2637	5092.53	6726.92	509.45
	股份合作企业	1136	940.34	1499.31	108.93
	有限责任公司	94299	374094.85	321610.14	16712.49
	国有独资公司	3179	85436.77	46618.03	1285.48
	其他有限责任公司	91120	288658.07	274992.12	15427.01
	股份有限公司	11061	139031.35	99630.68	6447.74
	私营企业	216506	229006.48	386394.6	24249.73
	其他企业	1370	2224.88	2820.53	134.26
	港、澳、台商投资企业	24488	83244.01	96925.99	5948.33
	外商投资企业	28270	118058.68	148771.56	9957.45
	总计	383148	1023398.1	1109853	66187.07

数据来源：《中国统计年鉴（2016年）》。

　　地区产业结构的高度同构化，导致国内产业发展中出现了资源浪费和恶性竞争。从1999年开始，中国陆续出台了针对全国各区域的战略规划，如推进西部大开发战略、振兴东北地区等老工业基地战略和促进中部地区崛起规划等区域发展战略，但在发展过程中还存在很多不足之处，如区域间恶性竞争问题严重，无节制发展工业导致产生的环境污染和资源过度开发等问题，以及在产业转移过程中存在的产业对接问题等。在我国各省区的产业规划中，地区主导产业雷同度极高，大多数集中于钢铁、汽车、石化等产业。以全国各省区的"十二五"规划为例：16个省份的主导产业包括石油、化工产业，15个省份的主导产业包括汽车产业，11个省份的主导产业包括钢铁产业，且共有28个省份计划建成区域性乃至国际性的金融中心。[①] 地区产业结构的高度同构化带来了各省份产业规划极其相似的不良结果，引发区域性的高度重复建设，造成稀缺资源的严重浪费。而且在产业转移过程中，由于资源禀赋、政策导向以及地理位置的差异，我国东南沿海与中西部经济发展差距日趋扩大。随着东南沿海经济的发展，高耗能高污染、科技含量相对较低的产业逐渐失去了长足发展的潜力，而中西部则在资金匮乏、资源稀缺的背景下，成为了这些产业的承接方。在东部地区产业向中西部地区转移的过程中，由于中西部地区与东部地区产业之间的梯度差异过大，导致中西部地区产业承接能力提高速度和新兴产业形成速度小于东部地区传统产业衰退的速度，生产要素在地区之间的转移出现停滞。

我国各级地方政府对土地财政的过度依赖对城市产业结构变动产生较大的扭曲效应。目前土地财政对我国城市产业结构的演进产生了越来越重要的影响，赵祥和谭锐基于我国35个大中城市数据的实证研究发现，土地财政通过推高城市房价，容易导致大城市过度服务化和小城市产业空心化，从而引发城市的去工业化现象，对我国整体产业结构的升级不利。[②] 吴海民利用2001—2010年我国沿海地区12省份民营工业的面板数据，实证检验了资产价格波动、通货膨胀对我国沿海地区民营工业"规模空心化"与"效率空心化"的影响。结果表明房地产价格上涨、通货膨胀存在

---

① 赵科翔、杨秀云、叶红：《我国"产业空洞化"的特征、机理和化解路径》，《经济经纬》2016年第6期。

② 赵祥、谭锐：《土地财政与我国城市"去工业化"》，《江汉论坛》2016年第1期。

引发民营工业"规模空心化"和"效率空心化"的作用机制。股价上涨一方面对民营实体投资具有"挤出效应",加剧民营工业的"规模空心化",另一方面对民营工业的技术效率存在促进效应,一定程度上又减轻了"效率空心化"。因此,宏观政策上可以通过调控资产价格、降低通货膨胀预期来对民营工业"空心化"进行积极干预,短期内要为民营工业营造良好的生存环境,长期内要抛弃"依靠低要素价格在低附加值领域维持低成本竞争"的发展模式,民营工业的"空心化"才能真正好转。[1]

四 中国应对去工业化挑战的相关政策建议

以化解产能严重过剩为重点,全面推进经济结构优化调整。我国作为后发国家,工业化快速发展时期存在比其他国家增长更快、持续时期更长的"挤压式增长"特征,快速增长容易带来投资潮涌现象。我国的企业退出机制不完善、财税政策体系以及地方政府的考评体系,容易带来过度投资倾向,例如干春晖等人从地方官员任期的角度探讨企业产能过剩的成因,研究结果显示任期的第4—5年为地方官员晋升的关键时期,为了追求经济绩效,地方官员在该时期有动力向企业提供相对较多的土地和融资优惠;与其他企业相比,国有企业获取土地和融资更为便利;当获取关键性资源的成本降低时,企业有扩张产能投资的冲动,导致产能利用率下降,形成过剩产能。[2] 正由于我国的产能过剩不是单纯的

---

[1] 吴海民:《资产价格波动、通货膨胀与产业"空心化"——基于我国沿海地区民营工业面板数据的实证研究》,《中国工业经济》2012年第1期。

[2] 干春晖、邹俊、王健:《地方官员任期、企业资源获取与产能过剩》,《中国工业经济》2015年第3期。

市场经济原因引起的，因此不能完全依赖市场机制化解产能过剩，政府有必要出台相应的政策措施进行干预，切实控制住产能过剩矛盾进一步发展，促进行业有序发展。要通过进一步深化改革，发挥市场在资源配置中的决定性作用，从根本上消除企业和地方政府的投资冲动和短期行为。[①]

因此，对附加值低、缺乏创新能力和核心技术的落后产能，要坚决予以淘汰，同时要加大力度扶持一批依靠创新引领实业发展的优质企业，使之成为先进制造的龙头，由此产生示范带动效应，提振资本回归实体、实现转型升级的信心。通过控制投资规模、优化投资结构和提高投资效益的途径，加快产业结构优化升级的步伐。中国产业结构的优化升级，应加强对固定资产投资领域的改革与管理，适当降低一般性加工制造业和房地产业的投资比重，加大对第三产业尤其是现代第三产业以及有利于大众创业、创新相关产业的投资力度，以优化投资结构的方式促使其产业结构的不断升级。对于企业来讲，必须更新观念，转变思路，坚持创新驱动和市场导向战略，要把主要精力由过去向政府争项目、要投资转向挖掘内部潜力上来，增加研发投入，重视技术人才培养和储备，加强技术革新与改造，强化市场调研和营销环节。通过提高技术水平和全要素生产率的途径，使新增的产能尽快转化为适销对路的产品。对于政府职能部门来讲，则要把重点放在改革僵化的投融资体制机制上来，淡化单纯的资金拨款意识，强化对项目的技术水平、产品的先进程度以及满足需求和适应市场能力等方面的考核与评估；对"主导产业"不能仅从投资额度上进行简单扶持，更重要的是要促使这些产业的全要素生产率、生产集中

---

① 国务院发展研究中心《进一步化解产能过剩的政策研究》课题组：《当前我国产能过剩的特征、风险及对策研究——基于实地调研及微观数据的分析》，《管理世界》2015 年第 4 期。

度和市场竞争能力得到更大程度的提高。①

中国各个地区的产业发展存在巨大差距，政府需要在产业结构调整的过程中充分发挥协调作用。东中西部地区之间应该努力形成产业发展的合理梯度，当东部地区进行以技术创新为核心的产业发展模式时，中西部地区可以承接东部地区那些适合自身禀赋结构的产业，从而形成地区之间的产业配套，加强地区间的经济联系；建立有效的区域合作机制避免在中国式分权模式下所形成的地区的重复建设和产业结构同构所带来的浪费，从而有利于地区之间的资源共享与优势互补，为产业结构的进一步调整提供更大的空间。重视资源禀赋特征，必须充分重视市场机制在产业结构调整和升级中的作用。政府应当坚持有所为有所不为的原则，将市场能够有效配置的资源交由市场机制来完成，政府干预的范围应主要局限于为弥补市场失灵而做出必要的决策，具体为提供良好的公共基础设施等私人主体无法完成的领域，为产业的发展做好必要的公共服务。在这一过程中，政府可以通过构建企业间的创新平台，来为企业创新活动的展开提供必要的公共服务；通过对于中小型创新企业的财政补贴和贷款贴息等手段，提升其进行创新性活动的激励。②

中国进行产业结构调整和升级的过程中，应重视各区域自身的资源禀赋特征，构建适合区域特点的产业发展路径。忽视资源禀赋特征的产业结构调整，将无法取得最终的增长绩效。东部沿海地区的经济发展水平较高，其产业结构高度化程度较高，部分产业甚至处于世界前沿，因此东部地区的产业结构进一步调整的重点应是如

---

① 胡荣涛：《产能过剩形成原因与化解的供给侧因素分析》，《现代经济探讨》2016 年第 2 期。

② 黄亮雄、安苑、刘淑琳：《中国的产业结构调整：基于三个维度的测算》，《中国工业经济》2013 年第 10 期。

何淘汰落后产能，提高区域的自主创新能力。东部地区作为产业发展的领头羊，应充分发挥示范作用，从而成为增长方式转变和技术水平向世界技术前沿提升的重要推动力和着力点；在其发展过程中与其他相对落后地区分享经验，引领与带动中西部地区的调整。中西部地区的众多省份，经济发展水平和产业结构高级化的程度仍较为落后，对其产业结构调整的定位不应与东部地区一样，片面要求技术创新能力的提升，而应立足于地区发展现状，以充分利用地区的资源优势为前提，巩固地区的经济增长基础。中西部地区也应主动学习东部地区的先进经验，以明确产业进一步发展的前沿和方向，避免在产业发展过程中经历东部地区曾经走过的不必要的弯路；在产业成长进而经济增长的过程中，逐渐实现资源禀赋的升级，从而最终实现地区产业结构的高级化。

坚持制造业的核心产业地位。调整产业结构，打造具有足够竞争力的新型制造业体系。制造业是经济增长的动力源泉，是技术创新的源泉，也是创造就业机会的源泉，中国过去 30 多年的经济发展奇迹正是依靠制造业的崛起实现的。经过长期的基础设施建设和制度建设，中国制造业已经取得了一定的核心竞争力。在去工业化过程中，如果中国轻易地放弃已有的制造业，将大量产业转移到其他国家，那么在未来的 20 年内，中国极有可能出现产业空心化的困境，这就又会走回到发达国家"工业化—去工业化—再工业化"的老路。对于中国面对去工业化的压力时，应该积极主动地选择结构性去工业化模式，保持制造业在经济发展中的支柱地位。因此在面对去工业化挑战时，中国的制造业企业需要提升产品技术含量，增加产品附加值；同时还需要突出产品的差异性，打造品牌效应，提升中国制造业在国际上的核心竞争力；在应对空心化时，不能光靠引导资本的简单回归，更应着眼于战略性新兴产业的培育与成长，要把产业转移腾出的空间和节省的资源转移到科技含量高、附加值大、市场前景好、产业关联度高、带动性强的战略性新兴产业上去，使工业体系的结构内涵发生革命性的变化，形成创新驱动型工业经济发展模式。

紧密结合"一带一路"倡议，积极推动国际产能合作。政府应该积极鼓励中国工业企业大步走出国门，到海外市场进行跨国投资，尤其应该鼓励处于价值链低端的工业企业的逆向并购行为，向全球价值链高端市场突进，不断提升民族品牌与核心竞争力。把握全球产业格局再调整的机遇，以"一带一路"建设为契机，深化与沿线国家的产业合作，通过优化产业结构实现产能过剩治理。在对外直接投资的区位与行业领域，充分考虑沿线国家经济发展诉求和我国产能过剩实际，融合区位优势与产业特点，既要将那些已丧失成本优势的传统劳动密集型产业通过对外直接投资转移出去，又要通过与"一带一路"沿线国家间的产能合作，为我国优势企业开拓国外市场，推动电子通信、电力、铁路、工程机械等中国装备制造业走向世界，利用海外转移与东道国经济发展相结合的模式，有效激发沿线国家参与合作的积极性。对外直接投资方式上，积极探索开展跨国并购，提高国内企业自主创新能力和国际经营能力。[①]

营造良好的经营环境，减轻土地财政对城市产业结构的扭曲，缓解城市去工业化对产业升级所造成的不利影响。产业空心化虽然形式多样，但就其本质来说绝大多数属于"外迁型"的空心化，即通过产业转移将实体资本迁移出当地，造成制造业总量的"绝对减少"。而当前我国一些地区工业通过资本运作将实体资本转投于资产市场，导致制造业总量的"相对减少"，工业经济发展呈现

---

① 曹秋菊：《对外直接投资与产能过剩化解》，《求索》2016 年第 6 期。

出"过度金融化"的新特征。[①] 导致当前工业空心化的经营困境是成本上升、利润率下降等综合因素带来的整体生存环境恶化。要使企业资本真正回归实体经济，必须为实体经济营造一个良好的生存环境，形成资源配置的激励导向，让企业在实体产业中有利可图，才能真正引导资金回流实体。因此营造良好的经营环境是缓减工业"空心化"的当务之急，在要素成本不断挤压产业利润的情况下，应加大对实体产业的财税支持与优惠力度，减轻企业的经营负担，尤其要切实解决中小企业的融资难题。此外，积极推进各级地方政府建立事权与财权相匹配的公共财政体制，确保地方政府的财力与支出责任处于均衡状态，完善农地征用补偿制度，限制地方政府征地的权力范围，阻断地方政府的卖地取财机制，削弱地方政府作为建设用地经营者的角色，[②] 引导各地政府把注意力从经营土地转到优化本地制度环境和公共服务上来。

[①] 吴海民：《资产价格波动、通货膨胀与产业"空心化"——基于我国沿海地区民营工业面板数据的实证研究》，《中国工业经济》2012 年第 1 期。

[②] 赵祥、谭锐：《土地财政与我国城市"去工业化"》，《江汉论坛》2016 年第 1 期。

第四章 走出"比较优势陷阱"：提升产业在国际分工体系中的地位

一 比较优势与竞争优势

1. 比较优势

比较优势理论（the Theory of Comparative Advantage）又称比较优势法则（the Law of Comparative Advantage）或比较成本说（the Theory of Comparative Costs），是经济学中关于国际分工的最基本的理论。比较优势理论从亚当·斯密的绝对成本论到李嘉图的比较成本论，再到俄林的要素禀赋论，比较优势理论形成了完整的体系。亚当·斯密认为分工能提高效率，有分工必须有交换，国际分工使国际交换成为必需，而国与国之间进行分工的依据是各国在产品成本上的绝对差异。李嘉图继承了亚当·斯密关于分工可以提高生产率的命题，同时提出了比较成本理论，认为不同国家生产不同产品存在劳动生产率的差异或成本的差异，各国分工生产各自具有相对优势的产品，即劳动生产率相对较高或者成本相对较低的产品通过国际贸易可获得利益。比较优势理论认为在各国之间其他条件大致相同的情况下，因为国家间技术水平相对差异而产生的各国生产同一商品的比较成本的差异，构成国际贸易的原因并且决定着国际贸易的模式。按照这种贸易模式进行的自由贸易和国际分工，促进世界范围内资源配置的改善，并为各贸易国带来国内福利水平的增进。

进入 20 世纪，瑞典经济学家赫克歇尔（Heckscher）和俄林（Ohlin）的研究表明，各国之间生产要素相对稀缺性的差异是产生比较成本差异的必要条件，因而也是国际贸易的必要条件，这一理论常常被称为 H-O 理论（即赫克歇尔—俄林定理）。H-O 定理指出，在自由贸易条件下，各国将出口在其生产过程中相对密集地使用本国相对丰裕的要素的产品，进口在其生产过程中相对密集地使用本国相对稀缺的要素的产品。这样的贸易模式使贸易参与国的福利得到改善。这个定理试图说明的是要素禀赋和贸易模式之间的关系以及贸易的利益。由赫克歇尔和俄林开创的要素禀赋理论，经过萨缪尔森（Samuelson）等人的完善，取代了李嘉图的模型成为比较优势理论的现代形式。萨缪尔森在这一理论发展过程中发挥了重要作用，所以这一理论又被称为 H-O-S 理论。因为这一理论用要素禀赋的差异解释了比较优势，因此又叫作要素禀赋理论，但这一理论在很大程度上是对李嘉图基于国际技术差异的比较优势理论的补充而不是替代。①

此外，还有三个与之相关的基本定理：第一个是斯托尔珀—萨缪尔森定理，该定理由斯托尔珀和萨缪尔森两人合作于 1941 年提出，该定理涉及的是商品价格的变动对要素价格的影响，即某一商品国内相对价格的上升会提高在生产该商品的过程中密集使用的生产要素的价格。第二个是要素价格均等化定理。要素价格均等化定理说明的是贸易和收入分配之间的关系。如果要素能够自由地跨国流动，并且忽略交易费用，则在完全竞争条件下要素流

---

① 李辉文：《现代比较优势理论的动态性质——兼评"比较优势陷阱"》，《经济评论》2004 年第 1 期。

动会使各国同种要素的价格趋于一致。要素价格均等化定理则说明即使生产要素只能在国内各部门之间自由流动而不能跨国流动，只要允许自由贸易，则在一定的条件下各国之间相同要素的价格也会趋于一致；商品流动替代了要素跨国流动对要素价格产生影响。第三个是雷布津斯基定理。该定理阐述，如果商品价格保持不变，则一种要素存量的增加不仅会导致生产中密集地使用该要素的产品在产品产量中的份额增加，而且会导致这种产品产出的绝对量增加，另一种产品的产出则绝对量减少。雷布津斯基定理表明要素禀赋的变化决定着资源配置的变化。

在发展中国家，产业升级是否应该遵循比较优势战略一直以来是经济学家们争论的问题。20 世纪 70 年代以后，进口替代战略的失败促使经济学家们更多地思考通过比较优势来实现产业结构升级。林毅夫等人从比较优势角度，认为产业结构和技术结构的升级都是经济发展过程中的内生变量，是一个经济中资源禀赋结构变化的结果。[①] 林毅夫和孙希芳认为一国产业的比较优势取决于该国的要素禀赋结构，随着要素禀赋结构和比较优势的动态变化，一个经济的产业和技术结构也会自然而然地升级。遵循比较优势发展战略不但不会减少，相反能够增加落后国家赶上发达国家的机会。这一方面是因为遵循比较优势的产业发展能给发展中国家创造最大的剩余，促进资本积累，进而推进要素禀赋结构的升级；另一方面则是因为发展中国家具有引进技术、加快技术变迁的优势。[②]

金融危机后，国际经济形势复杂多变，新一轮技术进步带动全

---

① 林毅夫、蔡昉、李周：《比较优势与发展战略——对"东亚奇迹"的再解释》，《中国社会科学》1999 年第 5 期。

② 林毅夫、孙希芳：《经济发展的比较优势战略理论——兼评〈对中国外贸战略与贸易政策的评论〉》，《国际经济评论》2003 年第 6 期。

球生产方式和分工格局加速调整。2012 年 4 月英国《经济学人》杂志刊出"第三次工业革命"的专题，认为制造业"数字化"和"个性化"将改变世界经济格局。新一轮国际竞争中，比较优势依然是国际分工的基础，如何制造产品，以及在哪里制造产品，离不开一国的要素禀赋条件、技术进步情况和经济发展总体水平。未来一段时间，制造业争夺战将成为国与国之间在劳动力素质和成本、技术创新能力、资本充裕程度、经济发展水平和市场完善程度等软硬件的全方位竞争。[①]

2. 比较优势陷阱

比较优势理论的核心在于各国应按照比较优势原则加入国际分工，从而形成对外贸易的比较优势结构：资本和技术密集的发达国家应出口资本和技术密集型产品，进口劳动和资源密集型产品。而发展中国家可以出口劳动和资源密集型的产品，进口资本和技术密集的产品，这样各国都可以在国际贸易中获得利益，从而提高国家福利。但在现实的国际贸易中，这一理论一直受到各种批评，因为以比较优势理论做指导执行比较优势战略的一些发展中国家出现了贸易条件恶化和贫困化增长的现象，因此有人认为按照比较优势原则进行的国际分工可能会使某些国家，尤其是发展中国家陷入"比较优势陷阱"。所谓"比较优势陷阱"（the Trap of Comparative Advantage）是指一国（尤其是发展中国家）完全按照其以自然条件形成的比较优势，生产并出口初级产品和劳动密集型产品。虽然这些国家在与技术和资本密集型产品出口为主的经济发达国家的国际贸易中也能获得利益，但因其贸易结构的缺陷，

---

① 冯梅：《上海制造业比较优势演化与转型升级的路径研究》，《上海经济研究》2013 年第 5 期。

这些国家总是处于不利地位。发展中国家具有比较优势的产业往往是次级产业，是规模报酬递增效应缺乏或较弱的产业。在动态条件下，如果一国专业化在规模报酬递增较小的产业，则因为在规模报酬递增较快的产业中规模小而丧失了较高的增长潜力，于是就落入了"比较利益陷阱"。

"比较优势陷阱"可以分为两种类型：第一种是初级产品"比较优势陷阱"。此种类型的陷阱指一些国家在执行比较优势战略时，完全按照机会成本的大小来确定本国在国际分工中的位置，运用劳动力资源和自然资源优势参与国际分工，从而只能获得相对较低的附加值。并且比较优势战略的实施还会强化这种国际分工形式，使这些国家长期陷入低附加值环节。由于初级产品的需求弹性小，加上国际市场上大多数初级产品价格不断下跌，使得发展中国家的贸易条件不断恶化，甚至导致出现贫困化增长的现象。第二种类型是制成品"比较优势陷阱"。在世界市场上由于大多数初级产品出口的形势呈逐渐恶化的趋势，某些发展中国家开始以制成品来替代初级产品的出口，即实行出口替代战略（Export Substitution Strategy），希望利用技术进步来促进产业升级。但由于这些国家本身经济基础薄弱，缺乏技术创新能力，所以主要依靠大量引进、模仿先进技术，或接受技术外溢和改进型技术等作为手段来改善在国际分工中的地位，进而进入高附加值生产环节。但是这种改良型的比较优势战略由于过度地依赖技术引进，使自主创新能力长期得不到提高而无法发挥后发优势，形成了对发达国家技术进步的依赖现象，此种现象被称为落入制成品"比较优势陷阱"。①

---

① 王佃凯：《比较优势陷阱与中国贸易战略选择》，《经济评论》2002年第2期。

3. 竞争优势

"比较优势陷阱"为发展中国家的长期可持续增长蒙上了一层阴影，因为发展中国家具有比较优势的产业往往是次级产业，是规模报酬递增效应缺乏或较弱的产业。随着全球自由贸易的深入发展，这意味着发展中国家永远也无法追赶上发达国家，甚至差距会越拉越大。对比较优势最多的批评是，比较优势战略不能改变发展中国家经济落后面貌，也无法改变国际贸易利益分配中的不公平现象。首先，由于发展中国家的比较优势战略侧重于发挥资源和劳动力的优势，可能会不重视甚至是排斥与强化资源和劳动力优势关系不大的先进技术，特别是劳动替代技术或资源替代技术，这会使发展中国家享受不到现代高新技术进步带来的利益。其次，长期执行比较优势战略还会使国内的要素所有者收入发生分化，产生一批既得利益者，在现有贸易制度下的既得利益者会采用各种方法阻止对制度的创新，使发展中国家无法突破贫困制度陷阱。

此外，由于比较优势战略过分地强调静态的贸易利益而忽略了贸易的动态利益，[1] 当存在规模报酬递增时，动态和静态下的结果有了本质的不同，在静态条件下，国际贸易导致的依据比较优势进行分工确实能促进贸易双方的福利；但在动态条件下，如果一国专业化在规模报酬递增较小的产业，则因为在规模报酬递增较快的产业中规模小而丧失了较高的增长潜力。[2] 因此发展中国家必须要调整自己的贸易发展战略，突破比较优势战略的束缚，实行

---

① 李辉文：《现代比较优势理论的动态性质——兼评"比较优势陷阱"》，《经济评论》2004 年第 1 期。

② 刘涛雄、周碧华：《我们能避免"比较优势陷阱"吗》，《宏观经济研究》2012 年第 6 期。

竞争优势战略。所谓竞争优势战略是指以技术进步和制度创新为动力，以产业结构升级为特征，全面提高本国产业的国际竞争力，以具有竞争优势的产品参与国际竞争，分享国际贸易利益的一种强调贸易动态利益的贸易发展战略。竞争优势战略注重产业内部的交换关系和产业的生产率以及产业替代的因果关系，它强调贸易利益的动态性和长期性，它所关心的是如何将一国的潜在优势转变成现实的竞争优势，为了获得稳定的、长期的贸易利益，甚至可以牺牲一些中短期的比较优势。①

随着经济全球化进程加快，资本、劳动力、资源等生产要素可以在国际流动，再加上技术的进步和对人力资本投资的增加，推动了资本对劳动力的替代、新材料对资源的替代以及劳动力素质的提高对数量不足的弥补，使得大部分发展中国家所具有的自然资源和劳动力的比较优势，在国际竞争中已不再具有垄断优势。所以根据本国拥有的比较优势来参与国际分工，虽然可以获得一定的贸易利益，但却不能缩小与发达国家的经济差距，按照比较优势理论指导开展国际贸易的发展中国家极有可能陷入"比较优势陷阱"。因而竞争优势战略是发展中国家改变在国际贸易中不利地位、充分发挥对外贸易作用的一个必然选择。

二　中国贸易面临的新问题

1. 对外贸易增长放缓成为我国对外贸易发展的新常态

自 2008 年国际金融危机发生以来，世界贸易经历了严重衰退，而且贸易衰退的程度要大于收入衰退的程度。贸易出口量增长率

---

① 韩媛媛、赵金亮、聂元贞：《比较优势与比较优势陷阱论》，《首都经济贸易大学学报》2008 年第 2 期。

从 2010 年第二季度后一直呈下降趋势，从 2011 年第四季度后贸易出口量增长率在 5% 以下。在危机以后的调整恢复期，国际市场需求增长减速，国际市场供求关系中的"买方市场"特征明显，世界主要经济体的贸易额下降幅度均高于总体经济下降幅度。从世界贸易出口量指数来看（见图 4 - 1），发达经济体的出口贸易增长一直低于发展中经济体，且差距呈扩大趋势。随着信息技术推动的生产领域自动化进程不断加快，制造业活动回流到发达国家，国际贸易在全球 GDP 中的占比不断降低，全球贸易增长放缓可能无法避免，贸易自由化对世界经济增长的促进作用正在减弱。[1]

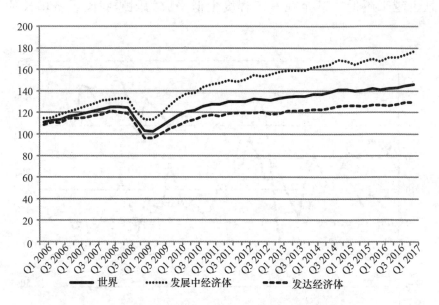

图 4 - 1 世界贸易出口量指数（经过季节调整，2005 年 = 100）

（2006 年第 1 季度—2017 年第 1 季度）

数据来源：UNCTAD 数据库。

在全球贸易增长急剧衰退之时，中国贸易增长也不乐观，无论

---

[1] 曹晓蕾：《中国对外贸易增长放缓问题研究》，《世界经济与政治论坛》2016 年第 1 期。

是全球还是中国都面临贸易停滞问题。与全球贸易增长趋势一致，国际金融危机以后，我国对外贸易增长速度持续下降，对外贸易增长显著放缓（见图4-2），从2011年开始我国进出口贸易均出现了严重的放缓现象，2015年第二季度到2016年第一季度还出现负增长；而且进口贸易增长放缓问题更为突出。贸易快速增长曾对世界经济增长发挥至关重要的作用。在危机之前，全球贸易增速通常是全球经济增速的两倍，现在贸易增速却低于产出增长速度。中国自改革开放以来，也通过贸易拉动经济快速增长，但金融危机后贸易对GDP增长的拉动作用不断减弱，对经济增长的贡献也越来越低，甚至在一定程度上似乎成为阻碍我国经济增长的

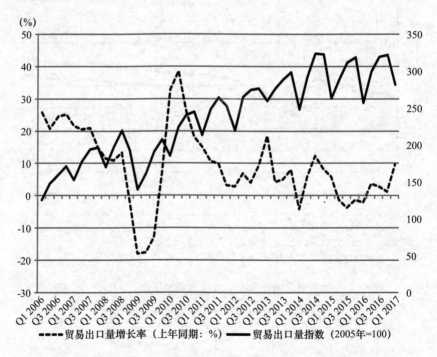

图4-2　中国贸易出口量增长率（上年同期:%）与贸易出口量指数

（2005年=100）（2006年第1季度—2017年第1季度）

数据来源：UNCTAD数据库。右坐标轴表示中国贸易出口量增长率，左坐标轴表示中国贸易出口量指数。

因素。① 2011 年以来，贸易增长对 GDP 的拉动已经转为负值；2013 年，我国贸易每增长 1 个百分点，GDP 增长下降 0.4 个百分点。同样净出口对 GDP 增长的贡献也不断降低，这与快速增长的国内消费贡献形成鲜明的对比。

在经济衰退的冲击下，贸易在世界范围内对冲击的短期反应呈现出超过其长期稳定均衡值的局面，呈现出所谓的"贸易超调"现象，即表现为贸易额的变动幅度显著大于经济总量的变动幅度。王孝松等人将可能影响中国贸易超调的原因归纳为五类，即贸易结构、供应链国际化、经济形势、贸易政策和中国特定因素，其实证分析结果表明"可延迟商品"的出口比重成为中国贸易超调最重要的影响因素。这表明经济危机会对需求产生极大的冲击，但对不同产品需求的冲击有所差异。对于消费者来说，在收入下降的情况下，生活必需品的需求不会有大幅下降，但非生活必需品和资本品都有可延迟消费的特性（因而被称为"可延迟商品"）。"可延迟商品"贸易额在贸易总额中的比重很大，而其增加值在 GDP 中的比重相对较小（由于服务业增加值在 GDP 中的占比越来越大），所以在危机爆发时，对"可延迟商品"需求的锐减会对贸易造成更为显著的负面影响，贸易的变动幅度会大大超过 GDP 变动幅度，产生严重的贸易超调现象。而中国参与国际垂直专业化生产程度、出口退税因素以及游资因素对超调幅度的影响未能获得实际数据的支持。此外主要贸易伙伴从中国进口比重、主要贸易伙伴的 GDP 增长率，以及中国库存占 GDP 比重对中国贸易超调也产生了较为重要的作用。②

另外一些研究从贸易产品的价格因素和结构因素两个方面考察了中国进出口贸易在国际金融危机以后到目前这一阶段增长放缓

---

① 曹晓蕾：《中国对外贸易增长放缓问题研究》，《世界经济与政治论坛》2016 年第 1 期。
② 王孝松、翟光宇、谢申祥：《中国贸易超调：表现、成因与对策》，《管理世界》2014 年第 1 期。

的问题,认为对世界经济下行趋势预期的不断确认,导致了国际供求关系发生了变化。与危机发生以前的全球主要商品的价格快速增长相比,近年来全球主要商品的市场价格普遍下降。其中制成品的价格下降相对平缓,与制成品相比,石油、非燃料初级产品以及农业原材料等初级产品的价格下降幅度较大。国际市场主要商品价格的普遍下降对我国的进出口贸易增长产生了直接的影响。从我国的贸易结构来看,制成品在出口中占绝对主导地位,与出口相比,进口结构中的初级产品占比相对较大,并且保持较为稳定的增长,全球主要商品价格的下滑成为我国对外贸易总体增长放缓的直接原因。但由于制成品的价格下降幅度较小,而初级产品的价格下降幅度较大,工业制成品为主的出口贸易规模调整相对缓和,而初级产品比重较高的进口贸易增速下降较快,这在一定程度上解释了我国的进口增长放缓幅度更大的原因。

从 2016 年第二季度开始,对外贸易增长出现回稳向好的势头,实现较快增长。根据海关统计,2017 年 1—4 月我国外贸进出口总额 8.42 万亿元人民币,同比增长 20.3%;其中出口 4.57 万亿元,增长 14.7%;进口 3.85 万亿元,增长 27.8%;顺差 7150 亿元。从商品结构看,机电产品出口 2.64 万亿元,增长 14.1%,占比 57.7%,与 2016 年同期基本持平,其中汽车、船舶、手机和自动数据处理设备及其部件等分别增长 27.5%、20.0%、17.9% 和 13.8%。我国纺织服装等七大类传统劳动密集型行业出口也保持较快增长,增幅达到 12.2%(出口额 9151.6 亿元)。从国际市场看,我国对美国、欧盟、日本等传统市场出口分别增长 17.8%、13.5%、13.2%;对俄罗斯、马来西亚、新加坡、印度尼西亚等"一带一路"沿线国家出口快速增长,1—4 月增幅分别达到 29.4%、32.5%、16.7% 和 15.1%。①

---

① 中华人民共和国商务部:《商务部外贸司负责人谈 2017 年 1—4 月我国对外贸易情况》,2017 年 5 月 10 日,http://wms.mofcom.gov.cn/article/wmyxqk/201705/20170502578256.shtml。

2. 外贸发展的要素禀赋优势正在减弱

我国外贸发展的最大要素禀赋优势就是劳动力，但传统比较优势正在减弱。近年来，中国劳动力成本处于快速上涨期，沿海地区出口产业劳动力成本普遍相当于周边国家的2—3倍甚至更高，劳动密集型出口产业竞争力不断萎缩，制造业利用外资持续下降，出口订单和产能快速向周边国家转移，不仅纺织服装等产品在发达市场份额明显下降，而且低端机电产品对发达市场出口增速也开始落后于部分周边国家，市场份额面临被蚕食的危险。除此以外，原材料价格的上涨和企业较重的税负以及外销转到内销的市场的难以扩大，都令我国外贸企业的比较成本优势开始丧失。图4-3给出了2000—2016年中国进出口贸易占世界进出口贸易的比率，入世

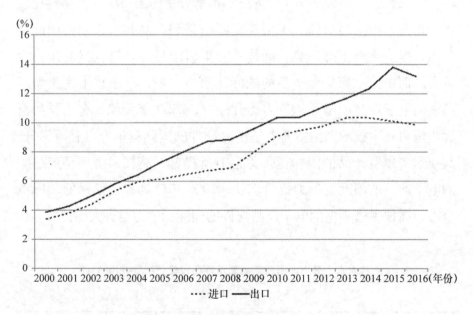

图4-3 中国进出口贸易占世界进出口贸易的比率（2000—2016）

数据来源：UNCTAD 数据库。右坐标轴表示中国贸易出口量增长率，左坐标轴表示中国贸易出口量指数。

后中国商品国际市场占有率在不断提高，对外贸易竞争优势不断增强。中国进口贸易占世界进口贸易的比率从 2000 年的 3.38% 上升到 2014 年的 10.3%，此后有所下降，到 2016 年降低为 9.8%；中国出口贸易占世界出口贸易的比率从 2000 年的 3.86% 上升到 2015 年的 13.79%，但到 2016 年下降为 13.1%。

显示性比较优势指数（RCA）主要描述一个国家内各个产业出口的相对表现，它是指一个国家某种商品出口额占其出口总值的份额与世界出口总额中该类商品出口额所占份额的比率。一般认为，当 RCA > 2.5 时，表明该国该类产品具有很强的国际竞争力；当 1.25 < RCA < 2.5 时，表明该国在该类产品上具有较强的国际竞争力；当 0.8 < RCA < 1.25 时，表明该国在该类产品上具有平均的国际竞争力；当 RCA < 0.8 时，表明该国在该类产品上缺乏国际竞争力。表 4-1 给出了 1995—2016 年按技术水平分中国出口商品显示性比较优势指数，中国出口商品中劳动资源密集型产品具有很强的国际竞争力，但呈逐渐下降态势，低技术密集型产品也具有较强的国际竞争力，而中技术密集型产品的国际竞争力一般，但中技术密集型产品中的电子产品的国际竞争力提升较快，2000 年后就具有很强的国际竞争力；中技术密集型的电子产品配件的国际竞争力也有所提升。高技术密集型产品的国际竞争力也有所提升，高技术密集型产品中的电子产品的国际竞争力提升较快，2005 年后具有了很强的国际竞争力；高技术密集型的电子产品配件的国际竞争力也有大幅提升。

表 4-1　　按技术水平分中国出口商品显示性比较优势指数（RCA）

（1995—2016）

年份 类别	1995	2000	2005	2010	2015	2016
劳动资源密集型	2.91	2.78	2.45	2.58	2.36	2.40

续表

年份 类别	1995	2000	2005	2010	2015	2016
低技术密集型	1.54	1.62	1.37	1.54	1.57	1.42
中技术密集型	0.62	0.80	0.81	0.99	1.01	0.99
中技术密集型：电子产品	1.52	2.68	2.80	2.94	2.69	2.59
中技术密集型：电子产品配件	0.84	0.90	1.08	1.28	1.22	1.18
中技术密集型：其他	0.59	0.74	0.74	0.92	0.95	0.94
高技术密集型	0.73	0.87	1.32	1.39	1.27	1.23
高技术密集型：电子产品	1.19	1.75	3.64	3.76	2.89	2.94
高技术密集型：电子产品配件	0.59	0.88	1.67	1.91	1.96	1.82
高技术密集型：其他	0.68	0.61	0.54	0.63	0.63	0.64

数据来源：UNCTAD 数据库。

中国在开展对外贸易中主要采取比较优势的贸易发展战略。在这一战略指导下，中国的对外贸易取得了巨大的成就，但随着对外贸易规模的扩大和国际、国内经济形势的变化，比较优势战略呈现出不适性。经过了20多年的发展，中国的出口商品结构已经摆脱了低收入国家常有的特征，由以初级产品为主导产品的出口商品结构完成了向工业制成品为主的转变。通过对不同技术含量制成品贸易竞争力的分析发现，我国低技术含量制成品的竞争力在不断增强，具有较为明显的竞争优势，中等技术含量制成品中工程类制成品、加工类制成品及电子和电力类高科技含量制成品竞争力逐渐显现。表明我国目前工业技术发展水平还较低，自主创新能力弱，缺乏核心技术、尖端技术，只在低技术含量和部分中高技术含量产品上依靠劳动力成本优势和生产规模优势获得一定市场优势，而在高技术含量产品上缺乏优势。

王恩胡和杜婷运用市场占有率、显示性比较优势指数等指标对我国进出口商品的数据进行分析，结果发现我国对外贸易整体竞争优势不断增强。特别是劳动密集型产品第六类商品（轻纺产品、橡胶产品、矿冶产品及其制品）和第八类商品（杂项制品），我国一直具有较强的市场竞争优势，但上述两类商品的 RCA 指数近年有转弱迹象，这与经济发展、劳动力成本上升、人口红利消失密切相关。我国资源密集型产品的国际竞争力越来越弱，资源密集型的第一类商品（饮料及烟类）、第二类商品（非食用原料）、第三类商品（矿物燃料、润滑油及有关原料）、第四类商品（动植物油脂及蜡）呈现明显劣势；我国在经济发展人均能源资源消费量加大的形势下，难以支持资源密集型产品大量出口。随着我国经济的发展，资本积累的增加，资本和技术密集型的产品竞争优势逐渐增强，资本密集型产品第七类商品（机械及运输设备）已经开始具有明显的竞争优势，然而同属资本密集型产品的第五类商品（化学品及有关产品）竞争力虽有所增强，但目前还未形成明显竞争优势；第五类化学品生产流程决定了其对劳动力需求较第七类商品少，国内劳动力成本优势得不到发挥，而国内企业技术水平也和国外有不少差距，所以缺乏竞争优势。[①]

图 4-4 给出了 1980—2015 年中国的贸易条件。1986—1998 年我国贸易条件有改善的趋势，但 1999—2011 年，贸易条件指数总体上逐年下降，贸易条件不断恶化。基于比较优势战略的选择，我国主要是利用廉价劳动力来出口劳动密集型产品。伴随着第五次国际产业转移的浪潮，外资企业看中的是我国廉价劳动力的区位优势而大量涌入劳动密集型产业，促使加工贸易迅速发展并成为对外贸易的主要方式。在加工贸易的整个过程中，我国进口的是国外价格相对较高的中、低技术的中间产品，经过低附加值的

---

① 王恩胡、杜婷：《加入 WTO 以来中国出口商品竞争优势的演变》，《西安财经学院学报》2015 年第 1 期。

加工后出口，出口价格必然相对较低，其结果将是价格贸易条件的恶化。[1]

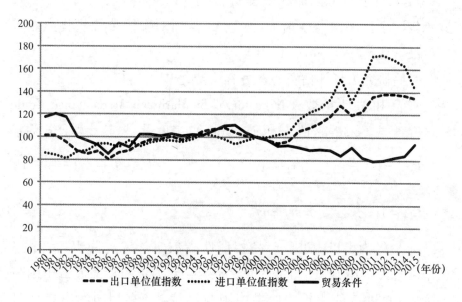

图4-4 中国出口单位值指数、进口单位值指数以及贸易条件

(1980—2015)

数据来源：UNCTAD 数据库。

3. 中国贸易方面与不同类型国家的竞争加剧，导致对外贸易中的贸易摩擦增多

尽管世界经济增长有所起色，但国际市场竞争更加激烈。从发达国家看，美、欧等实行"再工业化"战略、回归实体经济战略，在国内市场需求乏力的背景下，美欧国家高度重视开拓国际市场，通过增加出口带动经济增长，并积极采取相应政策措施。随着产业结构加快升级，中国逐步缩小与发达工业国在许多领域的差距，

---

[1] 韩媛媛、赵金亮、聂元贞：《比较优势与比较优势陷阱论》，《首都经济贸易大学学报》2008 年第 2 期。

对发达国家带来的竞争威胁加剧。从发展中国家看，后起的发展中国家和地区凭借更低的成本优势融入全球经济，参与国际分工；新兴市场国家与中国的比较优势雷同，这些国家学习中国经验，并承接中国优势减弱或渐失的产业，从而对中国传统优势产业带来挑战。

一些研究为了评估贸易双方在世界范围内出口贸易上的竞争，采用产品相似性指数（Indicator of Similarity in Merchandise Trade Structures 或 Coefficient of Specialization）来度量。[①] 其计算公式为：

$$ES_{ci} = 1 - \frac{1}{2} \sum_{k=1}^{n} \mid x_{kc} - x_{ki} \mid \qquad （式4-1）$$

$$IS_{ci} = 1 - \frac{1}{2} \sum_{k=1}^{n} \mid m_{kc} - m_{ki} \mid \qquad （式4-2）$$

ES、IS 为出口、进口产品相似性指数，x_{kc} 与 x_{ki} 为出口产品 k 占中国与经济体 j 总出口的比重，m_{kc} 与 m_{ki} 为进口产品 k 占中国与经济体 j 总进口的比重。如果中国与经济体 j 有相同的出口（进口）结构，ES、IS 指数取值为1，表明中国与经济体 j 在出口（进口）上存在激烈的竞争；如果中国与经济体 j 具有完全不相同的出口（进口）结构，则该指数取值为0。图4-5、图4-6分别给出了1995—2013年中国出口商品和进口商品相似性指数。

中国近些年的主要贸易商品中，包括汽车及其零部件、有机化学品、装备制造业等所占份额越来越高，产业结构调整和升级使得中国和美国等发达国家在一定程度上产业结构趋同，造成了激烈的市场竞争，成为国家之间易摩擦产生的直接原因。同时东南亚一些国家近年来重点发展的纺织业、加工制造业等，也构成与我国初级产品的竞争。因此中国的贸易摩擦不仅由初级产品向工业

---

① Qureshi, Mahvash Saeed, Guanghua Wan, Trade Expansion of China and India: Threat or Opportunity? *The World Economy*, Vol. 31, No. 10, 2008, pp. 1327 – 1350.

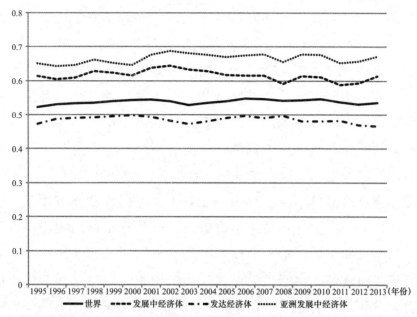

图 4 - 5 中国出口商品相似性指数（1995—2013）

数据来源：UNCTAD 数据库。

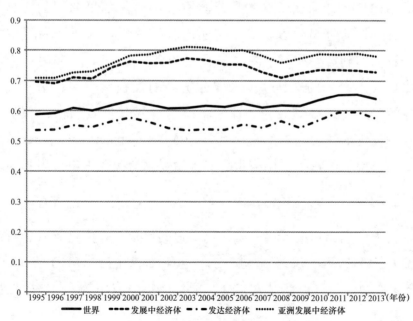

图 4 - 6 中国进口商品相似性指数（1995—2013）

数据来源：UNCTAD 数据库。

业制成品和高新技术产品转移，还在纺织等劳动密集产品上有所增加。① 中国的对外贸易存在着因贸易顺差导致的不平衡问题，贸易顺差集中于某些国家和地区，顺差的高度集中使得矛盾也高度集中。贸易摩擦与贸易逆差紧密相关，贸易逆差较多，各国就有较强的保护本国贸易的动力。中国对外贸易领域的商品进出口市场呈现不对称而且集中的局面，中国的原材料与零部件贸易多数来自周边国家地区，以中国香港、台湾、澳门地区和日本、韩国、东盟等为主；出口市场主要集中在日本、美国和欧盟等发达工业化国家地区。我国外贸的进出口市场的这种分布格局成为引发国际贸易摩擦的诱因，贸易摩擦争执点逐渐从原来的法律层面向政策制度层面延伸。由于贸易摩擦发生的国家、产品呈现多样化的态势，对我国相关优势产品的出口造成了较大的影响。

如果一国进口（出口）的产品结构与另一国出口（进口）的产品结构吻合，那么两国的贸易具有互补性。如果两国的贸易具有互补性，通过消除贸易壁垒与实现规模化生产可以给贸易双方带来较大的利益。相反，一方进口（出口）的产品并非另一方集中出口（进口）的产品，那么双方贸易的互补性较小，两国贸易发展潜力将受到限制。为了评估中国与世界其他贸易伙伴在贸易上互相促进的潜力，本书采用互补指数（Complementary Index）来度量，该指数度量了中国与世界其他贸易伙伴 i 在进出口贸易结构上的匹配程度，其计算公式为：$ECI_{ci} = 1 - \frac{1}{2} \sum_{k=1}^{n} \mid x_{kc} = x_{ki} \mid$，其中，$x_{kc}$ 为中国出口的产品 k 占其总出口的比重，x_{ki} 为世界其他贸易伙伴 i 进口的产品 k 占其总进口的比重。如果中国出口的产品 k 与其贸易伙伴 i 的进口产品 k 完全匹配，该指数取值为 1，即中国出

———————

① 陈思萌：《出口模式与贸易摩擦：基于引力模型的中德比较分析》，《世界经济与政治论坛》2015 年第 2 期。

口与其贸易伙伴 i 的进口贸易存在完美的互补；如果中国出口与其贸易伙伴 i 的产品进口完全不匹配，该指数取值为0。图4-7给出了1995—2013年中国商品贸易互补性指数。图4-8给出了我国1995—2013年的制成品、初级品进、出口商品的相似性指数。图4-9给出了我国在1995—2013年的制成品和初级品互补性指数。

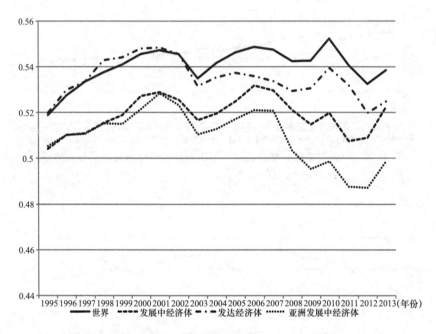

图4-7 中国商品贸易互补性指数（1995—2013）

数据来源：UNCTAD 数据库。

全球贸易摩擦依然高发，贸易摩擦形势依然严峻复杂。在国际贸易保护主义回潮的背景下，针对中国产品的贸易摩擦有增无减。中国是全球遭遇贸易摩擦的最大受害国之一，根据世界贸易组织统计，我国已连续21年成为遭遇反倾销调查最多的国家，连续10年成为遭遇反补贴调查最多的国家，近期全球有三分之一的调查针对中国。2016年我国共遭遇来自27个国家（地区）发起的119

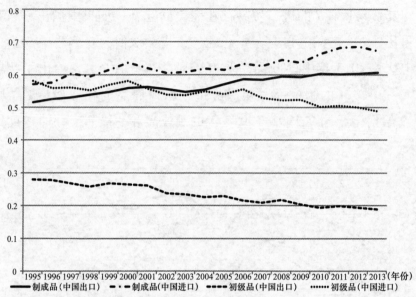

图 4-8　中国制成品、初级品进、出口商品相似性指数（1995—2013）

数据来源：UNCTAD 数据库。

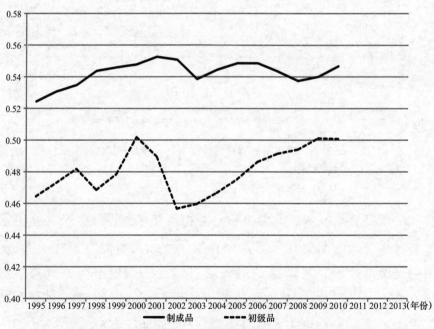

图 4-9　中国制成品、初级品互补性指数（1995—2013）

数据来源：UNCTAD 数据库。

起贸易救济调查案件，其中反倾销91起，反补贴19起，保障措施9起；涉案金额143.4亿美元。其中立案数量最多的国家为印度、美国，案件数量分别为21、20起。与2015年全年相比（22个国家和地区87起案件，金额81.5亿美元），数量上升了36.8%，金额上升了76%。增加的贸易摩擦主要集中在钢铁领域。2016年我国共遭遇21个国家和地区发起的钢铁贸易救济调查案件49起，其中反倾销案件32起，反补贴案件10起，保障措施案件7起，涉案金额78.95亿美元，占2017年同期全部贸易救济案件数量和金额的41.2%和55.1%，与2015年全年相比（15个国家和地区37起案件，金额48.4亿美元），数量上升了32.4%，金额上升了63.1%。其他贸易摩擦较多的领域主要是化工产品和轻工产品。此外，2017年以来美国企业还对我国提起24起337个调查申请，其中已发起调查22起，同比上升120%。[①]因此贸易摩擦将伴随中国从贸易大国向贸易强国转变的全过程，并呈现出长期性、必然性和复杂性的特点，贸易摩擦的严峻形势给我们巩固现有市场份额、深度开拓既有市场加大了难度。

目前我国对外贸易摩擦预警机制已经形成了一定基础，例如实现了重点敏感商品进出口异常预警监测，初步构建了钢铁、汽车等重点行业产业损害预警机制等。在当前贸易摩擦预警机制的运作中，商务、海关等很多政府管理部门已经参与其中，浙江、上海、天津等地还专门设置了相关部门，组织监测和分析对外贸易数据，编制预警报告。但是贸易摩擦预警的管理工作还没有形成统一的规则和模式，缺乏宏观层面的协调统一的组织保障，导致贸易摩擦信息监测范围不够广泛，信息流动与回应机制不畅通，

---

① 商务部贸易救济调查局：《2016年贸易摩擦案件统计》，商务部网站，2017年3月17日，http://gpj.mofcom.gov.cn/article/zt_mymcyd/subjectdd/201703/20170302536150.shtml.

区域和部门的横向沟通协调能力不强，制约着预警机制作用的进一步发挥。企业是对外贸易的主体，也是贸易摩擦预警机制最直接的受益人，因此对外贸易摩擦机制需要企业的深度参与。我国企业目前参与对外贸易摩擦预警的积极性在逐步提高。但是总体上而言，我国外贸企业参与对外贸易摩擦预警的积极性还不高，基本上是政府管理部门和行业协会在单方面宣传和推动，与国外同行企业的交流和磋商不多，很多重点行业的大型外贸企业没有建立起企业内部的贸易摩擦机构。在 WTO 确立的对外贸易框架下，贸易摩擦已经演变为不同国家或地区之间同一产业或行业之间的博弈和竞争，不再是某些企业之间的单独博弈。但在我国当前的对外贸易摩擦预警机制中，行业协会的应有功能还没有凸显出来，大部分行业协会仅仅是负责某一行业贸易摩擦信息的收集、整理和传递，以及对本行业会员企业的简单培训，未能形成立足于本行业的贸易摩擦预警机制。在对外贸易摩擦问题的解决与预防中，存在一些非常专业的经济、法律问题，但是国内目前专业化服务机构很少，特别是缺乏专业化的公益性法律服务机构，不能为对外贸易摩擦预警提供专业化的咨询和建议。

三　如何提升中国产业在国际分工体系中的地位：观点综述及理论思考

1. 中国会落入"比较优势陷阱"吗？

中国经过改革开放 30 多年的高速发展，经济增长令人瞩目。一方面，中国作为发展中的大国，在开展对外贸易中也主要采取比较优势的贸易发展战略，在这一战略指导下，中国的对外贸易取得了巨大成就，说明我国按照比较优势的原则参与国际分工是符合国情需要的。韩媛媛等人认为比较优势理论在中国实践所取得了显著的成果，如我国参与加工贸易使之成为充分发挥比较优势的重要途径，遵循比较优势理论明显优化了我国出口商品的结构，不断增加资本要素的积累，创造了更多的就业机会，我国按照比较优势原则参与国际分工是长期的必然选择。[1] 但另一方面，随着对外贸易规模的扩大和国际、国内经济形势的变化，近年来比较优势战略呈现出不适性，中国经济结构面临的诸多问题也反映出"比较优势陷阱"正在显现，对中国的长期增长潜力提出了挑战。支撑中国对外贸易规模和速度的要素是以低廉的要素成本（尤其是劳动力）和资源环境代价为基础的"比较优势"，长期而言不具有可持续性。由于"中国制造"的产品低端，利润微薄，在全球价值链分工中处于劣势地位，其低成本优势会因为汇率上升、原材料价格上涨、环保成本提高、劳动力成本上升等因素而受到冲击。蔡昉认为如果逐渐失去在劳动密集型产业中的比较优势，而尚未获得在技术和资本密集型产业中的比较优势，则中国将面临"比较优势真空"的挑战，亦即面临落入"比较优势陷阱"的风险。[2]

那么我们能避免"比较优势陷阱"吗？回答这个问题需要深入分析"比较优势陷阱"在什么条件下会出现。各国经济发展落后与否的一个重要原因在于产业结构转换升级是否成功。为什么有的国家成功实现了产业结构的升级转换，而有的国家却没有做到？自由贸易条件下产生的"比较优势陷阱"被认为是一个重要原因。对外贸易对产业结构的演进、技术的进步以及制度的创新的推动作用，长期执行单纯的比较优势战略可能会造成一国的产业结构不能得到升级，而且具有固化原有产业分工的作用，使发

---

[1]　韩媛媛、赵金亮、聂元贞：《比较优势与比较优势陷阱论》，《首都经济贸易大学学报》2008 年第 2 期。

[2]　蔡昉：《"中等收入陷阱"的理论、经验与针对性》，《经济学动态》2011 年第 12 期。

展中国家处在国际分工的不利地位。

中国是否落入了生产低技术产品的"比较优势陷阱"？陆文聪和许为采用 Lafay 指数、PRODY 指数和引入条件密度核估计的分布动态法，分析了中国出口产品比较优势及技术复杂度的变化趋势，结果显示中国在低技术含量产品上逐渐失去原有的比较优势，在中等技术含量产品上形成了新的比较优势，但在高技术复杂度产品上尚未形成明显的比较优势。中国按照动态比较优势原则，积极参与国际竞争，参与国际贸易，实现了一定程度的产业结构升级。从比较优势演变的长期趋势来看，不具有比较优势的产品比重大幅下降，中等程度比较优势的产品比重增加，这使得中国对外贸易的产品结构呈现多样化趋势。中国已跨越"比较优势陷阱"，其原因是中国的比较优势呈现很强的流动性，比较优势已实现从低技术复杂度产品向中等技术复杂度产品的转换，原本不具比较优势的产品以较高的概率获得了比较优势，原本具有比较优势的产品则在优势程度上以较高的概率弱化。同时，中国比较优势流动性显著高于发达国家、新兴工业化国家和其他新兴市场国家。但是中国的比较优势并没有明显转向高技术产品，这说明中国高技术产品出口增加还主要依赖于加工贸易和产业内贸易的发展，仍然处于高技术制造业国际生产分工的低端环节。[①] 杨高举和黄先海运用基于 RHO 理论的综合体现一国技术水平、要素禀赋、投入成本的生产率指标进行跨国跨期的比较分析，结果表明中国与新兴工业化经济体的经历相似，比较优势正从低等技术产业转向高等技术产业，如果这一进程能够持续，则中国能够避免落入"比较优势陷阱"，而持续的技术创新可能是避免陷阱的重要推

① 陆文聪、许为：《中国落入"比较优势陷阱"了吗?》，《数量经济技术经济研究》2015年第 5 期。

动力。[1]

2. 新型国际分工条件下中国产业的竞争优势

20 世纪 90 年代以来，随着经济全球化和信息技术革命的发展，国际分工也步入了基于价值链进行拆分的产品内国际分工阶段，传统国际分工格局已被新型国际分工形式所替代。这种新型国际分工最突出的特征是各个国家按照其制造业竞争力的强弱分布于价值链的不同增值环节。具体来说，制造业竞争力强的国家处于产品价值链的高利润环节，如研发和销售阶段；制造业国际竞争力弱的国家则处于产品价值链较低利润的环节，如原材料加工、生产组装环节等。积极参与国际产业分工是提升我国产业国际竞争力的基本途径。我国现阶段参与国际分工的主要是劳动密集型产业，且主要处于国际价值链的生产加工环节。在新型国际产业分工格局下，如何迅速提升中国制造业的国际竞争力，已成为目前我国经济理论界和政府及企业共同关注的热点问题。

中国劳动力成本的上升，全球经济和需求的疲软，压缩了劳动密集型制造行业的利润空间，我国主要以劳动密集型产品参与国际产业分工的模式比较优势日益削弱，获利空间越来越小。自 2004 年开始，中国东部沿海地区出现不同程度的"民工荒"，这是中国劳动力成本上升的重要转折点；同时中国资源能源的进口规模不断增加，进口成本不断上升，传统要素的比较优势逐渐减弱。我国劳动密集型产业虽然也能在参与新型国际分工过程中获得一定收益，但竞争优势越来越不明显，竞争力提升的空间越来越小。这与劳动密集型产业产品的国际市场竞争日益激烈且需求的收入弹性较低，进口国市场对这些产品的需求量增加远低于其国民收

---

[1] 杨高举、黄先海：《中国会陷入比较优势陷阱吗？》，《管理世界》2014 年第 5 期。

入提高的比例等因素有关。当我国这类产品的出口量达到一定的规模后,市场进一步扩张的空间将变得很有限。[①]

唐铁球比较研究了全球价值链下中国制造业 22 个细分行业进出口贸易结构及其在价值链中不同生产环节的竞争力,结果显示传统的出口总量统计法高估了中国制造业的国际分工地位,尤其是高技术制造业存在出口与实际竞争力相背离的"统计假象"。在全球价值链分工体系中,中国低技术制造业有较强的国际竞争力,而在中高技术和高技术制造业中,由于高素质人才的缺乏和科技创新能力的薄弱,中国更多地专注于最终产品的加工组装等劳动密集型生产阶段,以及技术含量较低的部分资本密集型生产阶段,进而只能处于这些制造业全球价值链分工体系的低端位置。[②]

随着中国经济的迅速发展,其出口贸易总量不断上升,出口贸易结构也得到了很大改善,但中国在国际分工中的地位是否得以提升却是一个仍存争议的问题。钟熙维和陈小惠计算了中国1996—2010 年出口品的技术含量,在此基础上利用出口贸易的整体技术水平指标和出口贸易的技术结构高度指数,对我国和其他国家的技术水平进行了跨国比较,结果发现 1996 年以来中国出口贸易的整体技术水平得到了很大提高,但仍然处于较低水平,一直低于美韩日等发达国家以及世界的整体水平,并且仅仅表现出微弱地向世界整体水平收敛的趋势。样本期内,我国出口贸易的技术结构高度并没有显著提高,甚至表现出微弱下降的趋势,相对于其他国家而言,中国出口贸易的技术结构呈现出相当温和的变化趋势,我国在国际分工中还处于相对靠下的地位,并且未表

① 杜传忠、李梦洋:《新型国际分工条件下中国制造业竞争力影响因素分析》,《中国地质大学学报》(社会科学版)2011 年第 5 期。
② 唐铁球:《全球价值链下中国制造业国际分工地位研究》,《财经问题研究》2015 年第 6 期。

现出明显的追超迹象；我国出口贸易在质上的提高，远远逊色于其在量上的增加。[①]

刘力和杨萌通过完全比较劳动生产率指标（完全比较劳动生产率指标测度了单位高技术产业对国内全行业增加值与全行业就业的拉动效应两者相比的劳动生产率），测算我国高技术产业的国际分工地位，结果表明世界高技术产业国际分工格局依然没有太大改变，仍旧保持两极分化状况；我国等后发国家与发达国家差距还很大，且这种差距并没有因为高技术产业出口规模扩大而缩小，这是由于我国高技术出口中包含较高的中间品进口率（这部分增加值是在国外实现的），进口高技术中间品虽然能够促进本国高技术及相关产业发展，但并不会提升国际分工地位；我国高技术产业完全比较劳动生产率一直处于上升趋势，并没有因为出现国际金融危机而改变，反而呈现更强烈的上升势头，说明我国对国际市场的依赖在减小，抵抗金融危机冲击的能力在增加。[②]

王岚运用附加值贸易框架分析我国制造业各行业融入全球价值链分工的路径，发现加入世界贸易组织以来，我国国际分工地位出现了先下降后上升的"V"形发展轨迹，但与其他国家相比我国制造业整体仍处在下游地位，这主要体现在国内价值增值比例在我国出口中占比较低。对于纺织、鞋类等技术水平低的行业，融入全球价值链分工带来的间接附加值出口提升，导致我国在上述行业国际分工中的地位逐渐提升，而对于机械、电子、运输设备等资本和技术密集型行业，我国参与国际分工的方式以加工贸易为主，且明显处在下游环节，并存在被锁定在低端环节的风险。

----

① 钟熙维、陈小惠：《中国的国际分工地位提升了吗——基于出口品技术含量视角》，《国际商务——对外经济贸易大学学报》2013 年第 1 期。

② 刘力、杨萌：《我国高技术产业国际分工地位演变——基于完全比较劳动生产率的研判》，《国际贸易问题》2015 年第 4 期。

参与国际分工模式的差异是导致不同行业融入全球价值链路径出现分化的根本原因。对于纺织服装、鞋类等劳动密集型行业，我国凭借劳动力优势完成了大部分价值增值，导致我国该行业的国际分工地位逐渐上升。对于国际生产分割程度较高的高技术行业（如机械、电子和运输行业），在外资企业主导下，我国以加工贸易方式融入全球价值链，被锁定在加工装配等下游环节。因此融入全球价值链在使我国对外贸易迅猛发展的同时，也使我国制造业尤其是中高技术部门面临被边缘化的风险。①

调整出口结构和提升国内增加值率是提升中国国际分工地位的两种重要方式，发展中国家追赶发达国家分工地位的方式是优化出口结构和提升国内增加值率。中国的国际分工地位落后于主要经济体的主要原因是出口结构的问题，而自身国内增加值率的降低也在发挥越来越重要的影响。因此中国在提升制造业国内增加值率的同时，也需要通过发展服务业出口来优化出口结构。② 产业升级一直是中国经济发展中的长期任务，且随着资源能源瓶颈不断凸显、环境问题日益严峻，资本技术密集型高端产业逐渐受到重视；我国传统的劳动密集型产业（如纺织、服装等）的竞争力呈下降趋势，而资本和技术密集型产业的国际竞争力呈逐步增强趋势，资本、技术密集型产业参与新型国际分工、进行垂直专业化生产获得的竞争力提升比劳动密集型产业更显著。

但是中国高端产业起步较晚，技术相对落后，对外国中间品的进口仍较多，且由于这些中间品的技术密集型特点，价格更高。例如，相对于轻制造业，重制造业的中间品投入更多，尤其是对

---

① 王岚：《融入全球价值链对中国制造业国际分工地位的影响》，《统计研究》2014 年第 5 期。

② 苏庆义：《中国国际分工地位的再评估——基于出口技术复杂度与国内增加值双重视角的分析》，《财经研究》2016 年第 6 期。

能源资源和技术设备的投入，这其中包含很多国内无法自给自足的高端中间品进口，而发达经济体在这些中间品上具有较强竞争力和议价能力，中国进口价格往往过高，使得重制造业生产成本上升。同时，这里的重制造业绝大部分属于本书对制造业划分中的资本密集型行业，国内重复投资使其产能过剩现象严重，降低了生产效率，并进一步导致国内企业的恶性竞争，压缩了利润空间。总之，重工业相对较高的发展速度和过剩产能，弱化了中国制造业出口附加值的提升，不利于产业内升级。而在高端要素上，中国的自主供给能力仍旧不足，尤其是中间投入中的部分核心技术和关键设备，对发达国家（地区）有着较大依赖。这不仅使进口中间品在国内初次和循环加工后作为投入品使用的成本上升，而且国内劳动力和资源能源成本的上升，进一步压缩了各制造行业在各价值环节的附加值，导致各制造行业产业内升级受阻。

张彬和桑百川通过实证检验国际分工对制造业升级的影响，结果显示中国制造业参与国际分工促进了产业间升级，各制造行业参与国际分工程度与产业内升级同向变化，且对劳动密集型行业产业内升级作用最大，对资本密集型的作用次之，对资本技术密集型的作用最小。对中国制造业出口垂直专业化水平的测算结果显示，中国制造业整体上参与国际分工程度提高，但趋势在弱化；中国产业升级的任务、技术相对落后的现实以及外资对技术的控制，使得资本技术密集型产业的垂直专业化水平较高。[①] 孟猛研究发现尽管中国出口最终品所含的全部技术含量与国内技术含量不断增加，但国内技术含量的增长速度低于全部技术含量的增长速度；尽管中国正在出口更多的高技术

---

① 张彬、桑百川：《中国制造业参与国际分工对升级的影响与升级路径选择——基于出口垂直专业化视角的研究》，《产业经济研究》2015 年第 5 期。

产品，中国出口最终品的国内技术含量增长速度慢于其他国家和地区；中国出口最终品的国内技术含量低于全部技术含量，中国出口的高技术最终品的国内技术含量相对于世界先进水平并没有提高。[①] 杨高举和黄先海将增加值率和生产率作为跨国可比的国际分工地位度量指标，引入产品内分工分析框架中，分析发展中国家产业的国际分工地位受国内技术创新、劳动力投入、资本投入以及 FDI 溢出效应等因素的影响机理。以中国高技术产业和企业层面的数据进行的实证检验表明，国内的技术创新以及物质资本和人力资本等要素的协同性提升是提高中国高技术产业国际分工地位的关键性内部动力，而 FDI 溢出效应的作用相对有限。因而中国产业升级的关键是要挖掘和培育内部动力，而非依赖于 FDI 的溢出效应。[②]

四　政策建议

1. 继续发挥比较优势的作用

继续扶持和大力发展已经具有比较优势的行业，但为了保持其竞争力，这些行业必须走新型工业化道路。实行竞争优势战略不能全面地否定比较优势的发挥，而是要特别注意发挥比较优势的作用。实际上具有竞争优势的产品一定具有比较优势，良好的要素禀赋条件是形成竞争优势的基础；在科学技术和社会资源一定的条件下，世界各国只有按照比较优势的原则参与国际分工，才能得到国际贸易的利益。因此在短期和静态的条件下，我国应

---

① 孟猛：《中国在国际分工中的地位：基于出口最终品全部技术含量与国内技术含量的跨国比较》，《世界经济研究》2012 年第 3 期。

② 杨高举、黄先海：《内部动力与后发国分工地位升级——来自中国高技术产业的证据》，《中国社会科学》2013 年第 2 期。

该按照比较优势的原则参与国际分工，发挥本国社会资源的特点，争取在国际贸易中获得更多的利益，争取通过国际贸易加快本国经济的发展。比较优势产业是我国一直具有比较优势的产业，这类产品和行业却是我国对外贸易稳定发展的根本保证，如服装、纺织、通信及其他电子设备、仪器仪表及办公机械等行业，短期内这类产业的贸易收益可能不是很大，但是可以为我国解决一部分就业。因此对于已经具有比较优势的产业，要紧密跟踪比较优势的变化，关注整个世界市场竞争格局的变化特别是主要竞争对手的新变化，稳定以及逐渐提高已经具有比较优势行业的竞争力，防止比较优势行业的衰落。

我国的低层次的劳动密集型产品出口在世界市场已经处于饱和状态，要继续扩大这类产业规模势必造成出口的"贫困化增长"，所以继续发展劳动密集型产业必须要重新进行市场定位，着力于新型化、精细化产品开发以提高传统劳动密集型产业的质量和技术层次，使出口商品从初加工到精加工转变，提高其附加值。目前我国具有比较优势的行业面临的国际市场竞争越来越激烈，为了保持竞争力，这些行业必须走新型工业化道路，用新技术来改造传统生产工序，使这些产业赋予更多的技术含量，从而使这些产业的竞争力从依靠资源转向依靠技术。此外，通过加工贸易方式来实现劳动力价格优势与外来资本、技术结合是继续发挥我国比较优势的一条有效途径。加工贸易不仅可以实现静态的比较利益，我国通过参与国际分工，通过加工贸易与跨国公司合作成为其生产链中的一环，这样既能发挥垂直分工中劳动力价格低的优势，又得到水平分工中跨国公司技术外溢、管理经验等好处，为我国产业结构和出口商品结构优化和升级积累必要的人力和技术，避免陷入"比较优势陷阱"。

2. 突破全球价值链低端锁定，走"高端"嵌入道路

长期以来，我国的经济和对外贸易发展是建立在资源、环境、廉价劳动力等所谓"比较优势"基础之上，这些要素都是低级生产要素。中国企业要突破全球价值链低端锁定，就必须培育动态的高级生产要素来参与全球价值链分工，走"高端"嵌入道路。因此我国企业如何成功向价值链条的高端攀升，是关系到中国能否从贸易大国向贸易强国转化的关键。中国制造业要向高端创造环节攀升，迫切需要政府、市场和企业共同努力，积极创造条件，加快中国对外贸易发展方式由粗放型的数量扩张向集约型的质量增长转变，促进加工贸易转型升级，实现中国制造业在全球价值链分工中的层次提升。[①]

首先，立足于自主创新和高级生产要素的培育，驱动中国制造业向价值链高端攀升。全球价值链分工本质上是各国比较优势的分工。高级生产要素包括：技术、管理、信息科技、市场势力、品牌运营、渠道开发及高素质的人力资本等经济要素。加大产业技术和工艺水平创新，推动企业向产业链条的研发设计、品牌营销等环节延伸，以提高企业在国际分工链条中的地位和增值能力，充分发挥垂直专业化生产的技术溢出效应和产业关联效应，提升劳动密集型产业的竞争效率。进一步调整资本、技术密集型产品出口产品结构，着力增强这些产业的自主创新能力，切实掌握一批行业关键技术、核心技术和专利，培育产业知名品牌，扩大高附加值产品出口比重，提升产业竞争力，提升资本、技术密集型产业在国际分工链条中的地位，更好地参与国际产业分工以带动

---

① 熊珍琴、辛娜：《中国制造业突破全球价值链低端锁定的战略选择》，《福建论坛》（人文社会科学版）2015 年第 2 期。

中国整体产业竞争力的提高。

其次，增强本土制造业自主创新能力，降低对外技术依存度。自主技术创新能力的高低，决定着企业的生存和毁灭，决定着企业的成长路径，决定着企业竞争力的强弱。我国在短期内按照比较优势的原则参与国际分工的同时，必须注重自主的技术创新，以在一定程度上改变长期的比较优势格局。中国本土企业为了在激烈的国际竞争中生存和发展下来，必须突破传统低要素使用成本的发展思路，转向依靠科学技术进步、高素质人力资源和管理创新，必须不断地培养自身的比较优势，实现企业核心竞争力的成长。对于我国这样一个发展中的大国，如果停留在一般意义上的比较优势来制定经济发展战略，将使我国永远落在发达国家的后面，始终在国际贸易中处于不利地位。我国要改变不利的国际贸易格局，实现我国经济和贸易向质量和效益并进发展，关键是提升企业的自主创新能力。

最后，积极培育具有动态比较优势的产品和行业。通过技术创新将比较优势转化成竞争优势，从短期的、局部的非比较优势走向长期的、动态的比较优势。由于我国不同产业间的要素密集度极不相同，造成产业之间的发展差别很大，因此各产业的发展战略不能一概而论，应实施差异化的产业发展战略，循序渐进，梯度发展。如对于高能耗高污染的产业，政府要理性规划，采取行政手段适当限制，提高市场准入门槛，合理适度开发；对传统优势产业，如机械设备、化工产品，需要政府帮助创建有利的市场竞争和市场需求环境，鼓励竞争，良性发展；对国民经济具有长远和重要影响的产业，如航空航天产业、先进制造技术产业，政府应采取扶持政策和措施；对战略性新兴产业，如高端装备制造业、新能源、新材料等，政府应采取适宜的政策和措施，来培育这些产业。加快培育发展节能环保、新一代信息技术、生物、高端装备制造、新能源、新材料、新能源汽车产业等战略性新兴产业，使其逐渐成为国民经济的先导产业乃至主导产业，并成为未来我国参与国际产业分工的重要力量。

3. 打造以我国为主的国际价值链，加速传统优势产业转型升级

随着中国产业与经济结构调整以及"一带一路"各项活动的进一步活跃展开，"一带一路"区域的贸易投资活动具有长期持续较快增长潜力，"一带一路"倡议将为我国经济增长和结构调整提供持久动力。以"一带一路"建设为统领，统筹规划我国的国际产能合作，选择重点国家，建立产业园区，推进劳动密集型产业有序对外转移。孙楚仁等人实证检验发现，"一带一路"倡议的提出显著地促进了中国对"一带一路"国家的出口增长，相对于同质性产品，倡议的提出对强异质的产品的出口增长更明显；而且随着"一带一路"倡议的实施，我国对非邻国的出口增长效应要高于我国对邻国的出口增长效应，表明"一带一路"倡议的出口贸易增长主要集中在远距离贸易上；倡议的提出对出口产品数量的促进作用要大于对出口产品的价格的影响。[1] 因此，我国在"一带一路"框架下有序推进劳动密集型加工出口业的对外转移，倒逼国内产业结构升级，从依靠低成本转向依靠质量、技术、品牌和服务参与国际竞争，在上游价值环节形成国际竞争力，从而形成以我国为主的区域生产网络；我国在巩固传统优势产品出口的同时也要在国际经济体系中尝试承担大国责任，顺应沿线国家的产业结构转型升级趋势，充分发挥不同国家的优势，增强生产网络的整体国际竞争力，在帮助东道国扩大出口的同时，带动我国

---

[1] 孙楚仁、张楠、刘雅莹：《"一带一路"倡议与中国对沿线国家的贸易增长》，《国际贸易问题》2017 年第 2 期。

上游产业的出口。

中间产品进口的大幅下降以及中国出口中所包含的进口零部件比重的显著下降，表明我国对全球产业价值链的中上游环节的获取能力进一步增强。然而，与美国、德国等创新能力和制造能力"双高"的发达国家相比，我国亟须加快自主创新以及创新成果产业化进程，向世界高端制造业进军。为此应以国内相对完整的产业集群为依托，结合"中国制造2025"计划加快实施自主创新，构建以本土企业为主的国内产业价值链，切实提高"中国制造"的国际竞争力。与劳动密集型产品的国际竞争不同，资本与技术密集产业要参与国际竞争，更多地要依靠具有国际竞争力的本土大企业；资本与技术密集的制造业与服务业要能够参与国际竞争，关键在于打造具有国际竞争力的龙头企业，不断增强其整合全球资源和国际化经营的能力。随着中国国际影响力的逐步提高，中国有必要加强跨国公司的发展，加快构建海外竞争优势，打造具有国际竞争力的跨国公司。探讨中国跨国企业的发展模式，提高国际市场经营开拓能力，制造业向下游延伸，流通业向上游渗透，最终将中国的加工优势转变为生产经营优势。

4. 积极参与全球化及区域经济合作，为对外贸易营造良好的环境

第一，区域经济合作是消除贸易壁垒、促进贸易发展的有效方式。在许多重大国际和地区问题上的共同利益为各国开展深层次合作提供了基础，中国要抓住金融危机后国际政治经济秩序调整契机，发扬"开放、包容、合作、共赢"合作伙伴精神，深化与其他国家间的合作机制。但在推动新一轮高水平开放的同时必须建立相应保障机制，高水平的新一轮对外开放意味着中国将有更多的企业"走出去"，也意味着国内市场将更进一步向世界开放，从而带来更

大的国内收入分配效应和更大的风险，需要在减少政策扭曲、规范产业支持政策的基础上，借鉴有关国家实践经验，探索建立贸易调整援助保障机制和相应的风险保障机制，促进产业调整、社会公平和维护国民利益。由于具有地缘优势，中国与周边国家间具有很多相似性，更容易展开交流与合作，政府要积极加强与周边国家和地区的经济合作，探索建立新的区域经济合作方式。中国要抓住经济全球化契机，积极参与全球经济合作，敦促国际组织提高对国际贸易的管理协调能力，争取成为规则的制定者。

第二，以合作式理念推进国际争端解决机制调整。现行世贸贸易摩擦解决方式根源于西方的对抗式法庭诉讼，这一方式存在成本高、耗时长、方式简单、难以解决矛盾根源等固有劣势。近年来中国作为世贸主要成员和贸易摩擦的首要受害国，在贸易摩擦的处理上积极运用或应对反倾销、反补贴调查等现行方式的同时，在现行方式的法律框架中甚至框架外，树立合作式国际贸易摩擦解决机制的新理念，积极探索平等协商、互利共赢的中国合作式争端解决方式。推行新的解决方式，中国要先从自身着手建立相关工作机制，提高政府或行业协会的政策水平和国内外利益认知、平衡和救济能力，从而在对外磋商中更高效、灵活地提出和推动解决方案，实现贸易摩擦各方利益最大化。中国积极倡导全球利益共同体的理念，平衡在美欧等地日益抬头的保护主义和孤立主义等倾向，倡导互利共赢的贸易摩擦解决理念，探索合作式国际贸易摩擦解决方式的中国方案，强调进出口成员双方或多方的积极介入、平等协商，从更广阔的经济维度找出有利于双方产业发展的解决方案，有针对性地采取包括产业政策、贸易政策、行业自律在内的综合措施予以解决，促进行业调结构、促转型、增效益，扭转以价格竞争、同质化竞争为主的传统竞争方式，从根本上化解和预防贸易摩擦。

第五章 超越"塔西佗陷阱": 提高政府公信力和执政能力

一 "塔西佗陷阱": 亟须解决执政公信力的难题

1. "塔西佗陷阱": 是谁在透支政府公信力?

古罗马历史学家普布里乌斯·克耐力乌斯·塔西佗在《历史》一书中指出: "一旦皇帝成了人们憎恨的对象, 他做的好事和坏事会同样引起人们的厌恶。"① 因此政府一旦丧失公信力将会产生不可逆转的恶性循环继而跌入"塔西佗陷阱": 无论政府说的话是真是假, 做的事情是好是坏, 都会被认为是在说假话、做坏事, 都会遭到社会公众的质疑和批评。"塔西佗陷阱"从本质上讲是政府公信力丧失导致的政治信任缺失, 政府公信力是政府与社会公众在互动交往中产生的一种社会关系, 显示了国家政府与社会民众之间的信任关系与合作关系。这种关系能够带来普遍服从和普遍尊重的公共性力量, 也反映政府在社会公众中的权威性和影响力, 其表现为政府具有赢得社会公众信任和信赖的能力。而政治信任是一个国家或政府的政治价值与信仰、施政方略与执政方式等得到广大民众的信任、理解和支持。

---

① 普布里乌斯·克奈力乌斯·塔西佗:《历史》, 王以铸等译, 商务印书馆 1987 年版。

自改革开放以来，我国逐渐步入深刻的变革和社会转型时期。我国社会既处于从计划经济向社会主义市场经济的历史转型，又处于从传统社会向现代社会的转型。在这种"双重转型"过程中，社会问题呈现几何级数的增长态势，而且错综复杂。这些日益增多的社会问题本身就对政府的治理能力构成了极大的挑战，这时候公众对政府的信任处于一个极其脆弱的状态，政府的不恰当行为，哪怕在平时看来极为微小的不当行为，在危机状态下其负面效应被显著放大，容易使政府的信任资源瞬间流失。① "塔西佗陷阱"虽然是一个外来概念，但是在中国社会中却也有一定的基础，并有其自身的生成逻辑：公众对政府尤其是基层政府在应对突发事件中的所作所为，产生了越来越多的怀疑和指责，人们开始把屡屡出现的食品安全、医疗药品安全、环境污染、交通安全等问题，都习惯性地归因于政府。每当"事"起，舆论一边倒地质疑政府的应对方式和诚意，即使对官方发布的信息，也往往进行反方向解读。政府的公信力更是面临着新的复杂挑战，在不同程度上限制了社会管理的有效性。

2. "塔西佗陷阱"带来的危害

第一，"塔西佗陷阱"造成的"信任危机"，会严重削弱民众的信心。从政府在信任关系中扮演的角色及其与社会公众的关系来看，政府公信力是一种公共信任。社会个体的信任关系即便受到损害，其影响力及成本较小；但政府的信任关系一旦受到损害，其影响力及成本将是巨大的。影响政府公信力的要件复杂多样，政府的执政理念取向、政策制度状态、政府执行能力、政府道德形象等要素相互影响，都与政府公信力联系在一起。市场经济发

---

① 陈华：《转型期社会管理困境与政府公信力》，《南京政治学院学报》2013年第4期。

展进程中出现的利益多元、城乡分化与贫富不均等不公平现象，政府提供公共产品和公共服务时出现的执行缺位或越位、公共决策失误问题，都会影响民众对政府的信心；行政腐败问题则更多地会损害政府形象，对腐败和渎职现象的痛恨，加重了民众对某些公共部门或资源部门的"不信任"权重。信任是社会关系运转和谐有序的基础，社会处于"低度信任"结构中，社会冲突会加剧，社会运行和治理成本会增加。如果政府公信力面临挑战，每每"事"起，公众就会质疑政府的应对方式和诚意，官方发布信息的权威性也受到质疑，个别地区的事件甚至还出现了管治危机。对政府信任关系的破裂，在社会公众与传媒的渲染之下，可能会引发整个社会信任体系缺失的"多米诺骨牌效应"。

第二，"塔西佗陷阱"造成紧张错位的政民关系。政府公信力的提升，对社会公众的言行举止会有很大的影响，这种影响在权力属性上体现为一种社会软权力，其不是通过强制和被迫的命令，而是通过政府公信力释放出来的自愿和自觉的服从，这种影响力和吸引力会随着社会公众对政府信任的增加而不断传播，形成明显的"晕轮效应"。① 显然作为为社会公众贡献福祉的政府，提升自身公信力是其赢得权威和信任的基础和保障。而强制性的权力压迫不能换来政府的持久维系，如果政府对民众的不信任与民众对政府的不信任叠加在一起，可能会引发大规模的群体性事件，掉入一个恶性循环的怪圈。可以说每一起群体性事件的背后，在很大程度上，政府官员都没有处理好政民关系。紧张的政民关系，对于政府公信力的戕害是致命的。

---

① "晕轮效应"是指日、月的光辉在云雾的作用下扩大到四周的自然现象。在社会中，借指人际关系交流过程中相互形成的一种不断扩张的社会关系。

二 政府遭遇"塔西佗陷阱"的原因：观点综述

1. 政府管理理念、运行机制等自身缺陷是导致政府公信力缺失的重要根源

第一，传统"官本位"思想是导致当今政府公信力缺失的思想根源。由于官本位思想在部分政府官员思想中有根深蒂固的影响，所以使政府官员没有真正树立以人为本的思想和为民服务的宗旨意思，导致政府在政务活动过于注重自身利益的追求，以政府为中心，从而不能摆正政府自身位置，无法正确认清和处理好政府与市场、政府与社会的关系。在当下中国转型期，一些政府领导干部理想信念滑坡，宗旨意识淡薄，把自己与群众隔离开来，视人民赋予的权力为谋取私利的工具，以权谋私、权钱交易；一些政府及其官员，认为权力掌握在自己手中，可以肆意发挥。正是浓厚的官本位意识和畸形裂变的权力观，使得权力扭曲、诚信缺乏、腐败横行无忌并不断蔓延，随之带来了政府权威及其权力合法性的危机与衰落。政府权力的每一次正当行使，都会成为公众对其信任的基石；而政府权力的一次扭曲和裂变，都有可能导致政府整个信任体系的崩塌。正是由于形式主义、官僚主义、享乐主义和奢靡之风等歪风邪气盛行，极大地破坏了政府在人民心目中的形象，消减了政府在广大人民中的公信力，使得原本能够正常顺利进行的政府工作受到严重的阻碍，同时也降低了政府在公众心目中的形象和信誉度，严重损害了政府的公信力。

第二，政府公信力制度建设不完善。政府公信力的本质是社会公众对政府公权力的一种政治认同，政治认同是社会公众在政治生活中产生的对国家政治权力的认可与支持，并自愿置身于这种政治权力的领导之下，自觉地按照其要求和规范来约束自己言行的一种政治心态。[①] 但是一个政府是否诚信不能仅依靠自身的道德来约束和维护，政府诚信建设需要用完善的诚信制度、规范以及法律来进行保障。近些年来，我国虽然先后出台了一系列规范政府行为及行政权力的法律，但是对于许多政府具体行为没有起到实质性的约束和规范。这就使得政府在诚信建设过程中缺乏动力源泉和压力，没有紧迫性，最终导致政府失信于民，政府形象受损，政府公信力逐步缺失。由于缺乏严格的政府诚信立法和诚信缺失的惩罚机制，政府部门及公务人员执法行为随意性增大，不严格依法行政，最终导致政府诚信危机。

第三，政府公信力监督制约机制不健全。不受监督、约束和限制的权力是导致腐败行为屡屡发生的根源之一，因而政府公信力机制的建立与运行离不开有效的监督管理机制。一直以来人大监督存在许多不健全的地方，严重影响了人大监督作用的充分发挥。政府内部的监督主要依靠行政监察机关的监督和上级机关的监督，而要监督的行政行为往往是上级政府下达的，形成一种自我监督的现象。再加上下级政府为完成任务忽视人民群众的需求，有时甚至弄虚作假，逐级欺瞒，从而失信于民，导致上级监督机关掌握不了真实信息与情况，但问题出现在面前时又常常予以回避和不追究。政府诚信行为大多是一种抽象的行为，有时确实不在司法审查的范围之内，这也造成了司法监督的空白区，使司法监督流于形式。社会公众对政府行为的监督无论从地位上讲，还是从掌握的信息以及资源上讲，都存在明显的不平等和不对称，公众在对政府进行监督时难以得到政府的回应，在追究其失责时又难以支付巨大的物质和精神成本，从而使得公众根本无法有力地及

① 韩宏伟：《超越"塔西佗陷阱"：政府公信力的困境与救赎》，《湖北社会科学》2015 年第 7 期。

时监督制止政府的失信行为。①

第四，政府执政能力欠缺。在治理过程中的角色失范、功能紊乱，直接削弱公众的公信力基础。由于体制运行、思维观念和行为方式具有很强的路径依赖性，一些政府部门和党员干部还不能从传统的重管制、轻权利、滥用强制手段的思维意识和模式中转变过来，在应对民意勃发时首先想到的是运用技术手段实现管制，或者迟滞于原有环境下处理问题的方式方法，使一些小事件在网络发酵和推波助澜下演化为群体性事件，造成了不必要的冲突和恶性循环，严重损害了政府的公信力。此外，一些政府机关及其工作人员所表现出的角色失范、言行不一，又致使政府公信力雪上加霜。政府在处理危机事件中的一些令人失望的表现，更加剧了这种公信力的"负向心理沉淀"，增加"负向沉淀资本"，从而使政府公信力陷入"塔西佗陷阱"的死循环。

2. "话语权"缺失是政府公信力下降的主要成因

第一，政府自身施政理念滞后，应对公共危机事件的宣传策略欠佳。政府没能充分利用和整合社会资源，发挥舆论领袖的作用，形成有公信力的"话语权"。公共危机事件发生后，面对各种媒体的众多报道和公众的质疑，一些政府缺乏科学媒介观的指导，缺乏对媒介运作机制的宏观把握和管理对策。认为危机事件发生，不愿或不敢面对媒体，不主动回应，只是被动接受采访，或采用非对称性、排斥性传播，不能及时跟进公众舆论，忽略对网络媒体舆论的重视与监控，回应言辞不到位。应对突发事件，一些政府部门最得心应手的就是"拖"字诀，拖时间，熬热点，等待事件平息，等待公众遗忘。这给谣言的产生腾出了空间，造

---

① 张艳：《政府公信力缺失的深层原因分析》，《山西财经大学学报》2016年第S1期。

成难以控制的不良后果。近些年来的热点舆情事件，很多是由于拖的时间太长才导致了舆情的一发不可收拾，越拖对政府的公信力损耗越大。相反，2015 年 6 月发生的东方之星沉船事件，政府及时做好新闻发布，然后主流媒体跟进，做突发事件报道，还专门邀请一些外国媒体到湖北监利来现场采访救援情况的进展，信息上做到了公开透明，因而整个事件的舆情处置就比较平稳、和缓。

第二，公众责任感的缺失，漠视公众利益，不能充分利用媒体为公众排忧解难。国家对突发性事件的界定和对相关责任人的处罚规定，使相当一部分官员在面临危机时习惯"撇责任"。很多突发事件尤其对安全生产事故的信息报送，一些政府部门及干部不敢担责，先"拖"再"撇"，最好把责任撇少撇清。为保住"乌纱帽"，甚至错误地认为是新闻媒体的报道将政府拖进了危机边缘，于是干涉采访，剥夺公众的知情权、表达权。危机发生后出于政府信息公开制度的落实，尽管也披露了真实信息，但往往考虑的是自身利益，对危机信息内容进行选择性的过滤或屏蔽。有些政府工作人员为了达到引导舆论和左右视听的目的，在公布真相中故意添加"水分"，更有甚者为了转移公众视线，习惯性隐瞒负面消息，采用与事实完全相反的虚假信息遮掩真相，欺骗和愚弄民众，有意回避和隐瞒真实情况，尤以责任事故为多。一些地方政府辟谣之所以出现信任危机，一个重要原因就是他们为达到某种目的而在辟谣过程中以"谎言"掩盖真相。对于公众关心的重大突发事件和社会热点，一些政府部门为了不伤害自己形象，希望一瞒了之。所公开的信息往往围绕如何维持权威，推诿责任、逃避质询，过多地为自身辩解，对危机给民众生活以及心理带来的不良后果熟视无睹。有的则在第一时间以不实信息制止"谣言"传播，受到公众质疑和连续追问，无法继续应对舆论时，才不得不公布真相，然后再修补式回应，甚至推翻之前答案。"谎言"一旦被识破，相关调查表明一些地方政府是以虚假信息掩盖真相，则会直接导致公众对政府公信力的怀疑、指责，从而形成不信任心理。

第三，新闻媒体的公信力与责任心淡化，带来噪音、干扰及谣言的泛滥。互联网的迅速发展和普及催生了网络民意表达的蓬勃发展，深刻地改变着中国的政治生态环境。网络公共领域的开放性、包容性、非排他性在为政府公信力重塑带来希望的同时，也使政府面临更严峻的挑战，特别是 Facebook、Twitter、微博等自媒体平台的普及，为信息的加速流动提供最有力的技术支撑。对广大民众来说，政府公共政策的制定和执行都已经逐渐变得透明化，通过网络实现了民意表达的畅通、利益诉求的体现和社会责任意识的提升。随着民众更多地追求知情权、参与权、表达权和监督权，各级政府部门必须面对社会舆论的考验和拷问。[①] 在互联网时代，信息的发布、获取、传播难以有效追溯和控制，从而增加了监管的难度，因而各种不实消息未经"把关"就出现在网络上。特别是伴随着网络社会的兴起，民间"草根力量"以前所未有的参与热情活跃于公共话语领域，成为社会治理格局的新生力量，加剧了与政府权威主体间的话语权竞争。

在信息不对称的情形下，传媒为吸引眼球获得关注，运用群体极化的道德力量对政府施加压力，正是传媒对一些"失真信息"的鼓噪，带来了社会公众对政府的"首因效应"。[②] 特别是网络对诸如报纸、广播、电视等传统媒介形成"引导作用"，对于一些热点事

---

① 王君君：《当政府公信力遭遇塔西佗陷阱：当下中国网络社会的公信力反思》，《广州大学学报》（社会科学版）2014 年第 3 期。

② "首因效应"是指在社会认知过程中，通过第一印象最先输入的信息对人们以后的认知具有极其重要的影响。

件，在政府没有将真相公布之前，在公众急于知道事件真相的情况下，各种媒体为追求围观效应和眼球效应，过分追求新闻的趣味性、刺激性，在没有调查的情况下，制造、转发和传播有损政府权威形象的不实消息，以"意见领袖"的身份统领社会公众。而且只是提供"碎片式"传言和谣言，缺少深入的阐释和说明，这意味着，人们通过网络接触到的质疑政府辟谣信息未必是真实的，特别是在网络"把关人"缺位情境下更是如此。"失真信息"可能会误导社会公众对行政行为的评价，诱发对政府公信力的"妖魔化"。人们通过网络接受的对政府不信任的或不真实信息必然影响公众判断，从而形成对政府信息的"不信任"心理。加上某些政府在辟谣过程中的消极态度，"拖累"了习惯于依靠传统媒体的政府机构，在所有真相浮出水面之后，对自身的权威和公信力都是极大的损害，继而引发政府公权力的信任危机。

3. 利益多元化是弱化政府公信力的重要因素

第一，公平缺失影响了政府公信力的提升。经济体制的改革给我国经济的发展注入了活力，由于市场经济的效率优先性，以及政府在注重发展经济时未能处理好社会公平的问题，导致贫富差距拉大的社会现实。同时由于政府公共服务建设做得很不到位，导致人们在社会文化、教育、医疗、卫生、保障等方面实际上的不平等，在社会分层上出现了弱势群体和强势群体的对立。社会平衡感和不公正感在弱势群体中不断积聚放大，"仇官仇富"心态不断强化，社会矛盾冲突不断加深，从而销蚀了政府公信力营建的社会信任基础，影响了政府公信力的提升。"塔西佗陷阱"的发生不仅会影响日常工作，还可能在群众中造成一种惯性思维，当他们再次遇到类似的危机事件，他们会习惯性地对政府产生不信任，抵制和抗拒政府的正常执法。① 有时危机表面上似乎已经被解决，但由于缺乏公共关系危机事后处理和追踪机制，持续的负面效应和公信力危机会给社会带来很大程度的混乱，一旦遇上诱因就会爆发。突发危机事件往往参与人员多，可能是一个地区的群众团体或组织，对象具有极大的不确定性，有时伴有一定的组织性，处置起来难度大。

第二，社会利益日趋多元化，利益分配之争降低了政府公信力。伴随我国改革的不断深化，也出现了城乡发展不平衡、行业发展不均衡和产业发展不协调等新的矛盾和问题。我国传统的利益分配格局出现重大变革，新的利益团体不断涌现，新的社会阶层不断诞生，不同利益阶层都要尽自己最大的努力争取和维护自身的利益，随着其势力与能力的不断增强开始和政府进行角力，企图主导政府的行为以达到自身利益的最大化，由此引发了一些领域利益分配的不公平、不协调和不均衡。而处于社会底层的弱势群体，一旦其最基本的生存生活条件被侵犯，他们最容易丧失对政府的信任。如果他们的生存状况没有得到改善和保障，他们对政府的信任度也会很低。由于我国的政治体制改革明显滞后于经济发展速度，于是在面对各种由于利益分配不公而导致的现实性群体事件时，管理当局缺乏科学的服务理念和有效的应对措施，很容易出现处理方式的不科学、协调时机不到位、服务结果不公正等问题。在这种情况下，政府需要权衡各阶层的利益需求，稍有疏忽和不公平就有可能触及某一阶层利益。政府的决策与管理行为以及效能无法得到民众的认可和理解，就会出现各种抵制政府的情绪和行为，导致政府公信力的急剧下降和信任危机。

---

① 洪世坤：《塔西佗陷阱的消解与避免——基层公安机关公共关系危机应对的调查研究》，《法治与社会》2015 年第 5 期。

第三，信用缺失状况不断恶化，公众期望过高和认识不准影响了对政府公信力的评价。目前信用已成为社会各领域最稀缺的资源，如我国的许多领域造假、贩假行为还没有得到根本治愈。一些领域的诚信缺失问题只是目前我国诸多诚信问题的冰山一角，在这样的社会信用普遍缺失的大环境下，政府信用必然会受之影响，呈现下降趋势。社会公众往往从自身角度出发，要求政府承担更多的责任，服务更多的领域，有些甚至超越了政府职责范围。而政府一旦无法做到，就会让社会公众失望，并对其公信力产生怀疑。当人们的不满情绪无法得到合理释放和排解的时候，就会将问题的根源和矛头指向管理当局，于是便会对当局的监管能力和服务产生不信任。如果这种情况一时得不到妥善解决，政府的管理、服务和规制不到位，就会出现恶性循环，长此以往政府的公信力必然大幅度下降。① 此外，公众评价政府往往是依据自己所看到的政府绩效，因而存在很多偏差，公众很难全面客观准确地认识政府，更多的公众是把目光聚焦在政府的负面行为上，以偏概全。这些对政府绩效认识的不准确和偏差，也降低了政府的公信力。

三 超越"塔西佗陷阱"的建议

1. 树立政府公共服务理念，重塑政府公信力和健康的权力观

第一，重视公务员行政伦理建设，提升其职业道德，建构友善互信的政民关系。政府公共性要求政府及其工作人员树立正确的价值观，作为公信力载体的政府官员，正确使用权力，消除畸

① 杨静：《网络群体性事件频发背景下的政府公信力建设》，《中共福建省委党校学报》2013 年第 5 期。

形的权力观，实现社会民众对政府权力的合法性认同。开展伦理教育和伦理培训，加强公务员伦理能力建设，以法律和制度作为规范服务伦理的基本途径，让行政人员坚守道德底线，严格遵守纪律法规，目的在于塑造公务员正直的人格。在政府组织内部营造积极向上和高效廉洁的行政文化氛围，帮助他们树立正确的权力观、政绩观和发展观，不断增强政府服务意识、责任意识和法律意识，以公共利益和社会福利的最优化为行使公共权力的落脚点。政府工作人员应当真正将自己视为人民利益的服务者，确立人民至上的行政理念，以人民群众的需求作为服务的出发点，形成以服务为核心的政府行为导向，提供多样化和人性化的社会公众服务，加快我国服务型政府建设的步伐。重建政府公信力，修复被政府自身破坏的官民关系，是中国政府在一个较长时期里需要优先处理的课题之一。紧张错位的政民关系使得政民矛盾频发，严重影响了政府公信力的提升。本质上讲，它没有捷径可走，唯有民众可以切实监督政府。公职人员作风的好转，谦卑地行使人民赋予他们的权力，将会带动社会风气的根本好转，政府才能慢慢地重新获得人民对其执政行为的认可。

第二，建设法治政府，实现权力的义务性归位。政府公信力陷入"塔西佗陷阱"的根本原因在于政府权力的不当行使，没有遵循健康、生态、正确的权力观。法律赋予了政府管理各项社会事务的职责，同时也规定了政府相应的权限，为权力画出了清晰的边界。只有当权力在法律所规定的轨道上运行，才能保证行政行为不出轨。用制度来管人、管权、管事，保障政府各项工作在法定框架内合理有序稳定地运行，也就从源头上杜绝了滥用权力、以权谋私、权力寻租的可能性。政府公信力提升的关键是要将权力和义务联系在一起，在依法行使权力的范围内，凸显权力的义务性。因此要建立健全多元的政府绩效管理和评估机制，提高政府绩效评估的公民参与度与社会公信度，拓宽民众参与监督与评估政府绩效的形式与渠道。政府要重建权力的价值观体系，培育权力的义务本位与合法性认同，通过法治思维和法治方式规范政府权力的行使，彰显"法治秩序"下的社会软权力。

第三，提高政府决策过程的开放透明度。政府决策过程公开透明将在很大程度上影响公众对政府公信力的感知和评价，有利于从程序上获取公众的支持与认同，打消公众的疑惑和猜测，有利于塑造良好的政府形象，提高政府公信力，从而使其更加信任和依赖政府。促进政府过程公开透明，主要包括促进政务公开和扩大公众参与两个方面：一是政务信息公开是政府开放的第一步，即政府主动向社会、公民公布非保密的相关政务资料和信息，包括预算公开、重大事项公开、重大决策公开以及公民依法提出的公开事项等。二是尊重公众的知情权和参与权，政府要主动创设平台和渠道，扩大公众参与公共治理的空间，健全民意咨询的制度安排和配套机制，让公众更多地参与公共服务的决策、监督和反馈过程，有利于增强公众对政府的信任，提高政府公信力。[1]

第四，建立严格的责任追究机制，增强对政府信用行为的监督和约束。政府官员所做出的每一项决定都将对社会公众产生影响，没有监督制约的权力必将导致滥用职权、失职渎职、行政违法等问题的出现。建立完善的行政问责机制，让行政决策的责任人不会因人、因事、因地而发生变化，设定明确依据和裁判尺度，只有这样才能督促政府官员在行政行为中严格依法行使职权、履职尽责。[2] 政府必须严格实行行政问责，建立严格的责任追究机制，

---

① 薛瑞汉：《西方国家政府公信力提升的经验及其启示》，《河南社会科学》2016年第1期。

② 《廉洁政府公信力的基石》，人民网，2013年4月3日，http://fanfu.people.com.cn/n/2013/0403/c64371-21011142.html。

增强对政府信用行为的监督和约束,整治官员不作为、乱作为的现象。完善相应的监督机制,提高监督主体的相对独立性,增强舆论监督。加快推进政务信息公开,提高政府透明度,打造阳光政府,减少政治腐败和提升政府公信力。加快完善考核、奖惩等制度体系,对行政人员职、责、权的实际落实情况进行考核,从而保证行政人员各尽其职、各负其责。

2. 建构政府公信力"话语权"

话语权就是控制舆论的权力,掌握话语权能够决定社会舆论的走向。建构有公信力的政府"话语权",有助于加强公众对政府的认同感和信任感,是政府实施社会管理改革创新和提升政府执政能力的前提,也是促进政府与公众有效沟通、化解社会矛盾、维护社会秩序、实现社会良性运行的重要渠道。[①]

第一,主动融入"公共话语流",营造正常的舆论氛围。权力意识驱动下的话语霸权,话语垄断心态作祟,是公信力"脱轨"的重要原因。缺乏互动意识、沟通心态的政府,只会徘徊于公共话语场的边缘,而无从进入核心领域,更无法主导话语走向。政府要想重返公共话语轨道,把握主动权,放下权力身架,打破"话语壁垒",融入"公共话语流"。谣言止于真相,真相源于公开。政府应当及时主动公开信息,正确引导和回应传媒与公众,拓宽社会公众参与决策的渠道,使其参与社会管理,实现民意有效表达。善于利用真相祛除谣言,利用舆论化解民愤,在政府与民众之间建立信息交流平台,使政府与公众或传媒之间能够形成良性互动,营造正常的舆论氛围,建设透明政府。对于一些社会

---

① 刘绍芹:《危机传播管理中政府公信力"话语权"的建构》,《东岳论丛》2013 年第 5 期。

关注度较高的热点事件，政府在第一时间通过多种信息平台向社会公布事件真相，引导公众和传媒对事件的客观评价，营造舆论的正常导向，以此增强政民之间的互信关系。2016 年 10 月 31 日，国务院常务会议再次把政府信息公开和舆情回应提上国务议程。会议讨论了《关于全面推开政务公开工作的意见实施细则》，规定了政务舆情的回应时限。其中指出，特别重大、重大突发事件发生后，应在几个小时内发布权威信息，并在 24 小时内举行新闻发布会。①

第二，建立和完善政府辟谣机制，提升政府公信力。化解政府辟谣困境，首先，政府要对各种传言、谣言产生的舆论情况进行正确研判，要建立多层次、宽渠道的舆情信息采集与筛选机制，对涉及百姓生活和政府本身情况的各种传言、谣言进行重点关注和充分调查，特别是对于初露端倪的不实消息可能引起的舆论情况进行数据挖掘、监测及对比分析整理，能够围绕谣言的发生、发展变化，从而提升舆情掌控能力，为政府科学辟谣提供信息支持。其次，完善政府辟谣回应机制。因为政府辟谣不单是政府澄清事实、告知信息的简单过程，政府在辟谣之前，必须对辟谣所面临的各种问题与辟谣可能产生的后果进行全面预测和评估，尽量避免不必要的损失和负面影响。政府辟谣过程中还要加强动态监测，全方位、多渠道掌控阶段性辟谣效果，并将遇到的各种问题进行及时反馈，以便迅速调整辟谣策略。

第三，强化媒体信息发布与传播监管，提高其公信力。首先，在制度"把关"层面，要从法律、法规上硬性保障新闻信息的客观真实性，特别是应该制定有关新闻信息发布与传播的条例，对

---

① 《做好舆情回应提升政府公信力》，中国政府网，2016 年 11 月 1 日，http：//www. gov. cn/zhengce/2016 – 11/01/content_ 5127015. htm。

扰乱社会秩序、诋毁政府形象以及故意质疑、指责政府辟谣的消息进行处理，并建立恶意发布、传播"不实"消息的事后惩戒制度，追究相关当事人的责任，从而为提升政府辟谣公信力提供良好的媒体环境。其次，在技术"把关"层面，利用现代技术手段对一些故意损害政府公信力和消解政府辟谣效果的新闻等进行监测、识别和追踪，查找其来源与传播主体。再次，加强新闻工作者的职业道德素质建设，增强其社会责任感。新闻工作者必须坚持实事求是精神，注重调查研究，不"道听途说、弄虚作假"。最后，政府部门应健全监管问责体系，对那些恶意制造混乱、传播谣言、引发舆论危机的人或媒体坚决查处，并第一时间向民众公开；加强对网络舆论背后利益链或保护伞的法律追究，形成强有力的法律问责。

第四，完善网络舆情监测机制，积极回应网络民意诉求。随着网络媒介发展和公民权利意识增强，大量网民通过网络参与社会舆论。面对通常由公共事件、群体性事件、敏感问题等引发的网络舆论，政府部门应改变管理思维，尊重民意，畅通民意表达渠道，本着为民服务、坦诚相待的行政伦理，搭建政府、公众、媒体良性互动的平台。理论研究和实践表明，各种网络群体性事件尤其是恶性网络群体性事件爆发的一个主要原因是政府的网络信息平台建设不到位，没有及时做到网络舆情的检测及处理，没有针对广大网民的诉求做出积极回应。[①] 因此在具体实践中，各级政府要加强和改进网络舆论监测机制建设，政府一旦遭遇突发事件舆论危机，就应尽快与民众沟通交流，通过权威网站收集民众建议，发挥社会舆情汇集和分析机制的作用；畅通社情民意表达渠

---

① 杨静：《网络群体性事件频发背景下的政府公信力建设》，《中共福建省委党校学报》2013 年第 5 期。

道，及时、积极和主动地回应广大网民的诉求，从维护公民知情权出发，主动深入舆论发生的现场开展调查，使民众尽快得知真相，得到正确引导，避免政府自身陷入舆论旋涡而不能自拔。[①] 通过政府、媒体、民众真诚互动和良性对话，从源头治理和控制各种负面网络群体性事件，政府才能在网络舆论引导中赢得民众信任，不断提升政府的公信力。

第五，从规制上推动政府的信息公开，构建信息共享机制。2013 年 10 月国务院办公厅发布了《关于进一步加强政府信息公开回应社会关切提升政府公信力的意见》，指出：为进一步做好政府信息公开工作，增强公开实效，提升政府公信力，首先要进一步加强平台建设，如进一步加强新闻发言人制度建设，充分发挥政府网站在信息公开中的平台作用，着力建设基于新媒体的政务信息发布和与公众互动交流新渠道；其次要加强机制建设，健全舆情收集和回应机制，完善主动发布机制，建立专家解读机制，建立沟通协调机制；最后要完善保障措施，加强组织领导、业务培训和督查指导。加大问责力度，定期通报有关情况，切实解决存在的突出问题，确保平台建设和机制建设的各项工作落实到位。[②] 现代社会，公众获取信息的渠道和方式很多，对公共事务的参与能力和影响力显著增强，社会群体之间已经不存在绝对的信息差。从信息公开来看，现代社会的发展，使得社会期待与政府信息共享。如果政府不能认识到这一点，仍然通过信息控制的方式来对抗社会对政府信息的获取与了解，那么政府与社会期待之间就会出现较大的冲突。为此政府必须逐渐认可社会的角色期待，并在

---

① 田旭明、陈延斌：《在引导网络舆论中提升政府公信力》，人民网，2015 年 12 月 16 日，http://theory.people.com.cn/n1/2015/1216/c40531-27933794.html。

② 国务院办公厅：《加强政府信息公开回应社会关切提升政府公信力》，人民网，2013 年 10 月 15 日，http://politics.people.com.cn/n/2013/1015/c1001-23204203.html。

其行为中通过多种措施进一步加强政府信息公开以回应社会关切。

3. 通过多元协同治理重塑政府公信力

第一，培育多元治理主体，让政府、市场、公众成为公共事务的治理主体和共同责任承担者。现代政治文明摒弃了传统的威权和管制，更多地注重扩大民众的政治参与并确保民众政治权利的实现。要实现对社会的良好治理，首先要理顺政府与市场之间的关系，在发挥市场配置资源基础性作用的前提下，发挥政府的调控作用，努力弥补市场缺陷。其次，理顺政府与社会公众之间的关系，改变政府与公民的单向统御关系。政府要主动创设平台和渠道，扩大公众参与公共治理的空间。政府拓展公众参与，在给予公众社会归属感的同时，也体现了政府对公众社会主体身份的承认与肯定。改变政治生态主体权力唯一性的传统统治理念，加强政府治理与公民治理合作互动，能够提升多元治理的协同有效性，形成地方政府与公民的双向互动关系，形成官民互信、共治与互利共赢的政治生态体系。在创新公众参与制度方面，政府应当有所作为，健全"民意咨询"的制度安排和配套机制；在政府决策过程中，建立"民众质询"的双声道机制；在政策执行过程中，对涉及群众利益较多和较突出的问题，通过召开民众质询会的方式，集中进行政府与公众之间的双向沟通。最后，只有培育多元治理主体，构建立体式、网络化的治理体系，充分尊重和发挥社会各治理主体的地位和作用，才能在提升治理整体绩效的同时，不断增强政府的公信力。

第二，提升公民理性判断力，促进情绪的理性表达。政府的公信力是管理当局和广大民众在服务与被服务的过程中逐步体现出来的，具有一定的稳定性、持续性和制度依赖性。为了切实提高广大公众对管理当局的信任度和欢迎度，各级政府还必须高度重视加大制度、平台建设力度，以便各种情绪的理性表达。例如，辟谣不仅与澄清事实的信息有关，而且与公众是否接受这样的信息紧密相连，因而政府辟谣就不能简单公布事实，还必须不断提升公众理性判断能力，破除"先入为主"的思维定式，避免因固化思维、自身情感偏见因素盲目对待政府辟谣信息，因此要培育健康的网络发展环境，引领社会公众合理使用网络。特别是突发公共事件直接而明显地涉及公众利益，而公众尤其是利益相关者对参与事件的处理存在着较高期望，如果这一期望得到满足，那么对政府的满意度与信任度也就自然增强。

第三，为了有效应对各种群体性事件，各级政府要拓宽公民参与治理的渠道。实现多元协同治理，提升政府公信力，必须健全公民参与治理的各种机制。首先，健全公民参与治理的制度性机制。通过政府主导公民参与的方式，让来自基层社会各阶层的利益相关者充分表达意见，积极影响政府决策；但制度性的参与机制离不开现代公民意识的培育，政府要培养公众权利意识、公共理性、法治精神及参与、表达、合作、包容意识等，全面促进合作治理与合作型信任的成长。其次，规范公民参与治理的非制度性机制。网络是当前公民政治参与的重要非制度性机制，越来越多的信息通过网络进行交流和传播，公民在网络上提出自己的观点，对政府决策带来影响；在正常利益表达渠道之外，群体性事件也是比较普遍的公民非制度性参与治理的形式。政府规范公民参与治理的非制度性机制，帮助公民有序表达其利益诉求，不仅可以最大限度减少非制度性参与带来的负面效应，而且能够起到规制政府行政权力、提升政府公信力的作用。①

---

① 王国红、马瑞：《地方政府公信力的流失与重塑——多元协同治理的视角》，《湖南师范大学社会科学学报》2013 年第 2 期。

第六章 打破"修昔底德陷阱"谶言：构建中美新型大国关系

一 "修昔底德陷阱"的由来

1. 伯罗奔尼撒战争

公元前5世纪中期，雅典在基本控制爱琴海地区之后开始在希腊本土扩张。雅典在兴起的过程中，与科林斯的关系首先紧张起来。科林斯是希腊世界传统的强邦，它利用科林斯地峡的便利条件发展工商业，在公元前8世纪后期就富裕起来，控制了萨罗尼克海湾经科林斯地峡到科林斯湾，再到亚得里亚海、西西里岛、亚平宁半岛的商业。雅典扩张的区域主要是在科林斯控制的传统区域，尤其是公元前460年，雅典接纳麦伽拉加入提洛同盟直接导致了雅典与科林斯及其盟友之间的战争，这次战争又称"第一次伯罗奔尼撒战争"。实际上，斯巴达对雅典的兴起采取了容忍的态度。希波战争结束初期，斯巴达主动让出希腊同盟指挥权。第一次伯罗奔尼撒战争的初期，斯巴达并没有参与，直到雅典支持佛西斯占领多利斯后才出兵，出兵之后又很快撤回，最后佛西斯还是在雅典支持下占领了多利斯。公元前451年，雅典在成功袭扰伯罗奔尼撒半岛沿海地区之后与斯巴达签署五年停战协定。公元前446年斯巴达大军直抵雅典中心区域却主动撤军，次年又签署《三十年和约》，这一时期，雅典和斯巴达都在竭力管控双方之间的矛盾。

公元前435年，在亚得里亚海东岸、科林斯的传统势力范围之内的埃庇丹努斯（Epidamnus）城邦内部发生政变。埃庇丹努斯是阿尔巴尼亚港口城市都拉斯的前身，是科西拉（Corcyra）（位于现在的科孚岛）的殖民城邦，城内掌权的平民派则向科西拉求助，但科西拉暗中支持贵族派，拒绝提供援助。于是埃庇丹努斯的平民派再向科林斯求助，科西拉本来是科林斯的殖民地，但实力强盛起来之后排挤了科林斯的势力。科林斯为了威慑科西拉，欣然答应出兵援助，于是两国开战。迫于战争的压力，科西拉派使节来到雅典，希望能与雅典结盟；科林斯也派人前来阻止两国结盟，但最终没能成功；雅典为了拓展自己在中部地中海的影响，答应对科西拉予以援助，并接纳科西拉加入提洛同盟。为了防止科林斯与爱琴海北面的殖民地波提迪亚（Potidaea）联合反对雅典，危害雅典在爱琴海的海上利益，雅典要求波提迪亚驱逐科林斯的官员（波提迪亚原本已经加入了提洛同盟，但并没有完全接受雅典的控制，科林斯依然在这里派有官员）。科林斯则暗中支持波提迪亚设法摆脱雅典的控制，同时科林斯向斯巴达求助，强烈要求斯巴达出兵相助。最终公元前431年，斯巴达决定同雅典开战，伯罗奔尼撒战争正式爆发，直到公元前422年，雅典和斯巴达最好战的两位将军——克勒翁和巴拉西达斯双双战死，双方签订和约，战争暂告结束。

公元前415年战争再度爆发，战争的导火线在西西里最西端的艾格斯塔（Egesta）。艾格斯塔西边是迦太基人建立的若干小殖民地，南边是麦加拉人建立的殖民地塞林努斯（Selinus）。在公元前5世纪中后期，西西里岛已经存在很多希腊人的城邦，其中最大的城邦是科林斯人建立的殖民城邦叙拉古（Syracuse）。由于艾格斯塔和塞林努斯交恶，塞林努斯向叙拉古寻求帮助一起进攻艾格斯塔，艾格斯塔人则请求雅典人出兵帮助自己，声称如果雅典人再不出手，整个西西里都要被叙拉古人霸占。同时他们还欺骗雅典人，称自己有很多钱，可以给雅典人充足的报酬，于是雅典人派出史无前例的巨大舰队前往西西里。但不久后，斯巴达派来援军打破了雅典人的包围，反将雅典人包围了起来，雅典军队最终全军覆灭。

雅典和斯巴达本来并不希望打仗，为什么会发展到最后兵戎相见？这其中的主要原因是当时希腊世界的特殊国际政治格局——同盟政治。同盟是认识古希腊外交不可忽视的环节。在当时的地中海世界，城邦数量成百上千，斯巴达和雅典是其中最为强大的两个；希腊世界除了极少数大城邦，几乎没有一个城邦能独自站在国际政治舞台上，大多数的外交行为是在同盟的基础上实施的。同盟的价值在于它能给所有的成员国带来额外的利益，即"同盟红利"。在同盟红利的诱惑下，几乎每个成员都会自觉不自觉地维护同盟的存在和发展。具体到斯巴达和科林斯，科林斯本来属于伯罗奔尼撒同盟，科林斯自己又组建了一个不甚严密的同盟，它的盟友也属于伯罗奔尼撒同盟。当科林斯威胁要退出同盟时，斯巴达看到的不仅是科林斯一个城邦，而是处于伯罗奔尼撒半岛北部的一批城邦集体退出。这对斯巴达的利益构成了严重的威胁。科林斯是斯巴达的北部邻居，麦伽拉又是科林斯的北部邻居。一旦它们投靠雅典，那么雅典的势力将直抵斯巴达边境，因此斯巴达对科林斯退出伯罗奔尼撒同盟极为担忧。同盟政治不断抵消雅典和斯巴达对矛盾的管控，并最终导致矛盾失控，引发了战争。①

修昔底德在《伯罗奔尼撒战争史》第 1 卷第 23 章总结伯罗奔

---

① 祝宏俊：《"修昔底德陷阱"的陷阱》，《江海学刊》2016 年第 4 期。

尼撒战争爆发的原因时，认为"雅典势力日益增长引起斯巴达人的恐惧，使得战争不可避免"。雅典兴起之后首先在希腊本土开始谋取霸权，其势力不断崛起的一个表现就是强化对已有城邦的控制，拉拢新的势力入伙。但在这些纠纷中，小城邦扮演的角色也非常重要，小城邦并非只是大城邦的棋子。以雅典与科林斯的矛盾为例，雅典与科林斯的冲突是导致雅典和斯巴达冲突的直接原因，而伯罗奔尼撒战争是该直接原因的结果。但雅典与科林斯之间的矛盾、雅典与斯巴达之间的矛盾在很长一段时间内是并存的，不同的是雅典和斯巴达在一段时间内很好地管控了矛盾，而雅典和科林斯却没有能管控好矛盾。于是后者不断发酵，促使前一矛盾不断加剧。艾格斯塔更是为了自己的利益，不惜将整个地中海世界拖入战火。雅典远征军在西西里惨败之后，艾格斯塔人转头向西边的迦太基人寻求帮助，迦太基人出兵西西里岛将该岛西部收入囊中，但在接下来的世纪中，希腊人和迦太基人之间的战火从未真正停息，直到罗马人和迦太基人之间的布匿战争结束后，地中海世界才迎来了久违的和平。

2. 关于"修昔底德陷阱"的争论

第二次世界大战期间曾在美国海军服役的美国作家赫尔曼·沃克（Herman Wouk）在 1980 年美国海军军事学院演讲的《悲伤与希望：对现代战争的一些思考》中首先提出了"修昔底德陷阱"的概念："雅典、斯巴达是两大对手……二千多年后的我们怎么才能摆脱这个令世界窒息的修昔底德陷阱（Thucydides's Trap）呢？"① 哈佛大学贝尔福科学与国际事务中心主任格拉汉姆·艾利

---

① Herman Wouk, "Sadness and Hope: Some Thoughts on Modern Warfare", *Naval War College Review*, Sep. – Oct. 1980, pp. 4 – 12. https://www.usnwc.edu/Publications/Naval-War-College-Review/ArchivedIssues/1980s/1980-September-October.aspx.

森（Graham T. Allison）2012 年在英国《金融时报》上发表的文章《修昔底德陷阱已凸显于太平洋》（Thucydides's Trap Has Been Sprung in the Pacific）中说道："未来数十年全球秩序的关键问题是：中国和美国能够避开'修昔底德陷阱'吗？这位历史学家的隐喻提醒我们，当一个崛起的大国与既有的统治霸主竞争时，双方面临何等危险——正如公元前 5 世纪希腊人和 19 世纪末德国人面临的情况一样。这种挑战多数以战争告终。维系和平要求双方政府和社会大力调整各自的态度和行动。"① 艾利森指出中美两国在世界局势尤其在亚太地区的博弈凸显了两国如同古希腊时代的雅典与斯巴达的那种关系，"从来没有哪个国家方方面面的国际排名像中国一样攀升得如此之高，如此之快。仅仅一代人的时间，一个国内生产总值曾经不及西班牙的国家成了世界第二大经济体"。中国的迅速发展改变了亚太秩序，极有可能导致与美国现存统治力量的战争。艾利森的这种论点一经抛出便引起了西方政界和学界的极大关注，哈佛大学美国国家利益委员会（Harvard University's Commission on American National Interests）就表示：21 世纪中国是"大主角，登上国际舞台不会没有动静"。"修昔底德陷阱"似乎就是一个无法破解的魔咒，任何一个新兴大国的迅速崛起都会打破现状。"自 1500 年以来，大国崛起挑战统治霸主的 15 起案例中，11 起爆发了战争。想想统一后的德国吧，它取代了英国成为欧洲最大的经济体。在 1914 年和 1939 年，德国的侵略和英国的回应引发了两次世界大战。"

"修昔底德陷阱"更引起了极大的争论，持相同观点的还有进攻现实主义的著名代表人物约翰·米尔斯海默（John

① 格拉汉姆·艾利森：《美国应接纳中国的崛起》，《金融时报》2012 年 8 月 28 日，http：//www.ftchinese.com/story/001046228？full = y。

J. Mearsheimer)，他认为在无政府国际体系下，国家首要的目标就是为了生存而不断争夺权力。他在《大国政治的悲剧》一书中说道："取得地区霸权的国家常常试图阻止其他地区的大国续写他们的辉煌。换句话说，地区霸主不需要与之匹敌的对手。如果遇到这种可与之匹敌的对手，那么它就不再是维持现状的国家，无疑，它一定会竭尽全力削弱甚至消灭它的远方对手。"前世界银行行长佐利克在《国家利益》杂志上发表了《美国、中国和修昔底德：北京和华盛顿如何避免典型的不信任与恐惧模式》，新加坡国立大学东亚研究所所长郑永年也发表了《中美如何避免"修昔底德陷阱"?》。这些文章与提出"修昔底德陷阱"的立意基本一致，重点在于政策建议，即如何避免中美重蹈历史上大国争衡的覆辙。

近年来"修昔底德陷阱"这个概念被各界广泛使用，但是这个概念是否正确表达了修昔底德的原意？"修昔底德陷阱"究竟是不是一条铁的定律？学术界对"修昔底德陷阱"概念的质疑一直存在。

首先，"修昔底德陷阱"这一提法本身在学术上是否严谨？"修昔底德陷阱"概念，换个提法其实就是"国强必霸必战"，即一国强大必然称霸并与守成霸权发生不可避免的战争。"修昔底德陷阱"的概念无非想表达"国强必霸必战"的逻辑，但为了显示其深厚的思想渊源而贴上修昔底德的标签，无非假借修昔底德的名义给这一发现增加可信度。这个命题虽然借用了修昔底德的名义，但却曲解了修昔底德的观点。"修昔底德陷阱"的提法，是对修昔底德的精简概括再次做了断章取义的曲解。例如，雅典兴起只是伯罗奔尼撒战争爆发的原因之一，忽略了斯巴达的恐惧以及引起恐惧的复杂多样的原因，将战争的责任完全归咎于雅典，从而彻底改变了修昔底德的思维方式。美国海军战争学院的詹姆斯·霍尔姆斯在《当心"修昔底德陷阱"的陷阱》一文中则认为不能将"修昔底德陷阱"看成一种历史铁律，历史发展应充分考虑人的能动性；现实中中美之间发生冲突的可能性存在，但可能性不是必然性，最终的结果取决于两国的决策者。当前对于"修昔底德陷阱"的解读过于简单化，如果硬要从修昔底德思想中提炼出一个"修昔底德陷阱"概念以警示后人的话，那么它更多的是警告雅典式民主帝国主义不可避免的扩张及覆灭的命运。①

其次，"修昔底德陷阱"是否适用于当今时代？今天的世界与2000 多年前的修昔底德时代有很大不同，崛起大国与守成大国很可能走向冲突的"修昔底德陷阱"说法已经不适用于当代。柯庆生在《中国挑战》一书中指出，核武器出现、全球化进程、国际机制的发展、国际金融、跨国生产链等因素在很大程度上改变了世界的面貌，中美面临着与1914 年第一次世界大战爆发前完全不同的国际环境。在艾利森简略研究的一些案例中，似乎不太符合"修昔底德陷阱"模式。例如，把冷战理解为新兴大国与守成大国对抗的说法明显不成立，美国和苏联均是第二次世界大战战胜国并在两极格局中建立了各自的意识形态体系和势力范围。而且核武器时代两次权力转移（另一个例子是统一后的德国崛起）均不是以战争告终，这一事实引出了一个显而易见的问题：是不是核武器的发明使得新兴大国与守成大国开战变得异常危险，从而终结了"修昔底德陷阱"？但艾利森无法给出确凿答案。②

最后，谁应为"修昔底德陷阱"负责。其中美国学者大多认为崛起大国应更多负责，也应更多自我控制，而中国学者则强调守成大国应负起更多责任，认为所谓"修昔底德陷阱"命题其实

① 彭成义：《被颠倒的"修昔底德陷阱"及其战略启示》，《上海交通大学学报》（哲学社会科学版）2015 年第 1 期。

② 《注定一战？中国、美国与"修昔底德陷阱"》，《金融时报》2017 年 4 月 6 日，http：//www. ftchinese. com/story/001072089？ full = y。

是现代西方的部分学者立足于欧洲近现代史，站在传统强国立场上提出的，使得这个命题成为强势国家推卸责任的借口。它将战争的责任完全推给了另一方，隐含着维护传统的霸权主义、帝国主义既得利益者的利益成分，剥夺了发展中国家的发展权。在修昔底德看来，雅典、斯巴达均有责任，但现在却变成"单向问责"，历时 27 年的伯罗奔尼撒战争完全成为由雅典单方面导致的。这样做看起来把一个错综复杂的问题变得简单明了，但却使我们误读了修昔底德的分析和总结。①

二　"修昔底德陷阱"与中美关系：观点综述与理论思考

1. 中美关系会陷入"修昔底德陷阱"吗？

目前不少学者就中美是否会落入"修昔底德陷阱"而争论，对中美关系本身而言，"修昔底德陷阱"话语容易引起双方的攻击性政策倾向，借古喻今能够形象直观地给世人启发，然而，过于简单化的历史类比会误导人们对当今世界的观察和理解。② 实际上，不少中国学者也质疑"修昔底德陷阱"在当今时代的适用性。但是艾利森特别强调中美对抗的可能性："美国与中国在未来十年内发生战争的可能性要高于目前大家所认识到的"，"当今时代首要的地缘战略挑战既不是暴力的伊斯兰极端主义者也不是复兴的俄罗斯，而是中国崛起带来的冲击"。面对质疑，艾利森开始将"修昔底德陷阱"作为严格意义上的学术概念来论证，将历史上崛起—守成大国的关系进行了系统的案例研究。2015 年艾利森再次

---

① 祝宏俊：《"修昔底德陷阱"的陷阱》，《江海学刊》2016 年第 4 期。
② 蔡翠红：《中美关系中的"修昔底德陷阱"话语》，《国际问题研究》2016 年第 3 期。

撰文《修昔底德陷阱：中美会走向战争吗？》（Destined for War：Can China and the United States Escape Thucydides's Trap?），将着眼点放在正在崛起的大国（Rising Power）和主导性大国（Ruling Power）之间的关系上：雅典和斯巴达的关系、德国和英国的关系、中国和美国的关系等。艾利森在文中指出：迄今 16 个新兴国家崛起的案例中 12 个的结局是战争。[①] 艾利森认为中美关系也可能如出一辙："中国和美国目前正处于触发战争的碰撞轨道上——除非双方采取艰难而痛苦的行动来避免碰撞。"在艾利森所写的关于美中关系的新书《注定一战：美国和中国能避免落入修昔底德陷阱吗？》[②] 中，他详尽研究了两个历史案例——最早雅典和斯巴达的冲突以及一战前的英、德对抗，并总结称"随之而来的结构性压力使得暴力冲突成为规律，而非个案"。

傅好文（Howard French）在《天下万物》（*Everything Under the Heavens*）一书中则认为，中国政治力图寻求恢复其传统上在亚洲享有的地位——支配性的地区大国，其他国家都必须服从或向中国朝贡。"在过去两千年大部分时间内，从中国自己的角度来看，常态就是它天生统治着天下万物。"这里的天下意味着，"包括邻近的中亚、东南亚以及东亚在内的庞大而熟悉的地理版图"。在追赶时期，中国寻求与资本主义邻国建立友好关系，包括日本。但"随着中国自尊心的膨胀，再加上其新具备的实力，日本回到了中国瞄准的靶心"。而美国与日本的紧密联盟意味着美国不可避免地

---

① Graham Allison, "The Thucydides Trap: Are the U. S. and China Headed for War?", *The Atlantic*, September 24, 2015. http://www. theatlantic. com/international/archive/2015/09/united-states-china-war-thucydides-trap/406756/.

② 格拉汉姆·艾利森：《注定一战：美国和中国能避免落入修昔底德陷阱吗？》（*Destined For War: Can America and China Escape Thucydides's Trap?*），Houghton Mifflin Harcourt。

要被牵涉进中日之间一再升温的紧张局势之中。① 汤姆·米勒
(Tom Miller) 在其《中国的亚洲梦：沿新丝绸之路的帝国建设》
(*China's Asian Dream*：*Empire Building along the New Silk Road*) 一书
中持有与傅好文一样的观点，认为眼下中国想要让自己恢复到
"亚洲最大强国这一它认为自然、合理的历史地位"，由中国主导
的基础设施建设在实现这一战略方面将会发挥重要作用，因为
"所有的路都通往北京，这创造了现代朝贡体系"。②

　　华盛顿国际战略研究中心 (Center for Strategic and International
Studies) 的研究员迈克尔·格林 (Michael Green) 在《不只是天
意》(*By More than Providence*) 一书中，认为一些中国民族主义者
可能希望美国将最终撤出西太平洋，让中国得以毫无阻碍地走向
一条恢复其传统势力范围的道路。但 "如果美国的战略文化有一
个中心主题的话（它长期适用于远东地区），那就是美国不会容忍
任何其他强国单独在亚洲和太平洋地区实施霸权控制"。格林认为
美国撤出西太平洋的可能性微乎其微，美国反复陷入的一个困境
是如何定义美国的 "前沿防线"。在应对接连出现的安保困境的过
程中，美国常常扩大它认为对自己的安全至关重要的区域范围，
现在这些区域一路延伸到了朝鲜半岛和中国南海。"美国人发现，
如果美国不把防线建在西太平洋上，那太平洋就无法成为抵御来
自亚欧大陆中心地带的威胁的庇护所。" 因此随着中国崛起，美国
对亚洲的关注会越来越强烈。此外，格林还指出了几个世纪以来
美国大战略中一些反复出现的难题，其中包括是将中国还是日本
视为更重要的合作伙伴，是强调对美国市场的保护还是亚洲市场

---

① 傅好文：《天下万物：历史如何帮助中国力争成为全球强国》（*Everything Under The Heavens*：*How the Past Helps Shape China's Push for Global Power*），Scribe。

② 吉迪恩·拉赫曼：《注定一战？中国、美国与 "修昔底德陷阱"》，《金融时报》2017 年 4 月 6 日，http://www.ftchinese.com/story/001072089? full = y。

的开放等。①

但从对"修昔底德陷阱"的反应和争论来看，政界更多地将其当作一种警示性的抽象概念，而不是历史规律的总结。政界特别是决策层对"修昔底德陷阱"的反馈总体上比较正面。例如，中国国家主席习近平一再提及"修昔底德陷阱"这一概念，在2014年接受美国《世界邮报》专访时就公开使用"修昔底德陷阱"一词，提出中美两国"都应该努力避免陷入'修昔底德陷阱'"。针对中国迅速崛起后，必将与美国、日本等旧霸权国家发生冲突的担忧，习近平在专访中强调我们都应该努力避免陷入"修昔底德陷阱"，强国只能追求霸权的主张不适用于中国，中国没有实施这种行动的基因。② 在2015年9月习奥会上，习近平率先提出世上本无"修昔底德陷阱"，奥巴马也表示他不认同"修昔底德陷阱"，这表明中美领导人向世界宣布中美两大国绝不会走向"修昔底德陷阱"所指的战略冲突。③

中国如何能够实现自己所希望的国际和平？郑永年认为就中美关系而言，问题的核心在于中美能否避免"修昔底德陷阱"。虽然亚太局势的急剧变化，但中国一直相信其能够和平崛起，相信既然自己的崛起会给周边国家甚至整个世界带来莫大的好处，从一定意义上说，中国针对与美国关系所发展出来的种种政治话语，就是为了避免陷入这个陷阱。在亚太地区，美国最为担心的就是中国是否会像当年美国把英国赶出美洲那样，把美国赶出亚洲，

---

① 迈克尔·格林：《不只是天意：1783 年以来美国在亚太地区大战略及影响力》（*By More than Providence：Grand Strategy and American Power in the Asia Pacific Since 1783*），Columbia University Press。

② 习近平：《中国崛起应避免陷"修昔底德陷阱"》，环球网，2014 年 1 月 24 日，http://military. china. com/important/11132797/20140124/18313947. html? bsh_ bid = 3430843245 32721748。

③ 《社评：拒绝"修昔底德陷阱"，习奥共划底线》，环球网，2015 年 9 月 26 日，http://opinion. huanqiu. com/editorial/2015 – 09/7648937. html。

但中国并没有这样的意图，也不相信中国本身的崛起会有损于美国的利益。尽管中国的影响力在提高，但美国的存在合乎中国的利益，因此需要中美合作的空间还是巨大的。在美国力量急剧衰落的中东、非洲，甚至是美国传统势力范围的欧洲，中国也具有更大的发展空间。不仅太平洋两岸能够容得下中美两国，这个地球更是容得下中美两国。①

将"修昔底德陷阱"话语与中美关系相关联对中美关系、地区形势以及世界局势都有危害，应全力避免。但如果照搬西方处理大国关系的逻辑思维方法，掉进"修昔底德陷阱"的概率还是较高的。一些西方学者频繁使用"修昔底德陷阱"描述中美关系的性质和发展方向，对"修昔底德陷阱"概念有扩大化使用的倾向：将普通的国际关系竞争与冲突扩大为"修昔底德陷阱"；将现实主义观点中的"安全困境"，甚至是普遍存在于国际体系中的权力结构再分配所引发的国家间力量对比变化扩大为"修昔底德陷阱"；将西方的"中国威胁论"话语扩大为"修昔底德陷阱"等。但这些历史类比忽视了一些保障中美能够绕开"修昔底德陷阱"的重要因素：在全球层面，复合相互依赖的国际环境、集体安全机制的日益刚性化、历史上战争的苦难经验；在双边层面，中美在经济相互依赖和全球治理议题等方面的"结构性共同利益"、战略竞争的"社会进化式"发展以及核威慑条件下的国家理性。当前网络时代伴随的整体思维、外交透明度，以及危机预防和沟通的便利也是中美能避免"修昔底德陷阱"的重要保障。② 因此讨论"修昔底德陷阱"的真正意义在于提出一种警示，提醒精英阶层和大众清醒认识中美关系面临的挑战。但其警示意义不应过分夸大，

① 郑永年：《中美如何避免"修昔底德陷阱"？》，环球网，2012 年 9 月 4 日，http://opinion.huanqiu.com/1152/2012-09/3096922.html。
② 蔡翠红：《中美关系中的"修昔底德陷阱"话语》，《国际问题研究》2016 年第 3 期。

因其无法覆盖当今世界的一些重要变化。① 美国不需要在战略上畏惧中国，但需要在战略上尊重中国。让中国在地区和全球事务中扮演更为积极的角色，让中国以既符合第二次世界大战后亚洲历史的演变逻辑又符合国际规则的方式追求自己的合理利益，是中美关系应该追求的新的共同点。中美既合作又竞争的关系性质，需要正确合理引导和发展未来的中美关系。只有这样，世界才能看到两国关系更为稳定与合作性的未来。

2. 中美避免"修昔底德陷阱"的现实基础

第一，经济全球化和世界多极化趋势使得"复合相互依赖"的世界各国经济你中有我、我中有你，联系更加紧密；任何国家之间的军事对抗不仅损害当事国的根本利益，也损害了整个世界的和平与发展。如今世界进入了全球化时代，出现了在修昔底德时代所没有的不同体制、不同国家之间经济社会的深度融合，如体量巨大的相互投资和规模性贸易，以及全球化环境下的国际产业链分工，全球在某种程度上成为一个复合相互依赖的命运共同体，已经将大国利益深度捆绑。同时非传统安全问题愈加突出，各国面临的共同挑战日益增多，国际恐怖主义、生态失衡、环境污染、资源短缺等任何一个非传统安全问题的治理都超出任何一个国家的能力范围，需要全球共同应对。在国家间复合相互依赖的背景下，新兴大国与守成大国的对抗意愿大大弱化，彼此发生冲突和战争的风险亦显著降低。艾利森所举的四个最终未发生战争的案例中有三个是离现在最近的，也说明全球化时代对传统国际关系的重新塑造。② 中国作为继美国之后的世界第二大经济体，

---

① 徐弃郁：《"修昔底德陷阱"与中美关系》，《当代世界》2016 年第 5 期。
② 蔡翠红：《中美关系中的"修昔底德陷阱"话语》，《国际问题研究》2016 年第 3 期。

对世界经济的影响更是举足轻重。特别是 2008 年全球金融危机之后，中国成为世界经济前进的新动力。作为世界第一和第二大经济体的中国和美国，其国际地位显而易见，倘若中美之间由正常的竞争演化到运用武力解决问题，对于世界经济的发展会是一个沉重的打击。

历史经验使人们对战争的态度发生了巨大变化，有关战争不可避免的观念，往往是战争的重要原因。第二次世界大战使得各国经济遭受巨大损失，战争造成的后果使我们现在不得不去思考战争的后果和发动战争的代价。战场有胜负，战争无赢家，这些战争记忆使国际社会更多地倡导竞争而不是战争。[①] 第二次世界大战后人们在处理国与国之间的事务时更多地接受了以往历史的教训，防止矛盾与危机激化走向不可收拾的地步。国与国之间的矛盾更多地应该通过协商解决，在协商中寻找各方的利益平衡点，注重采取合法的手段而不是暴力手段获取财富与权力，并强调制定和运用规则的合法性和制约性。2013 年 6 月 7 日，中国国家主席习近平在中美元首会晤时说："这里是离太平洋很近的地方，大洋彼岸就是中国。我去年访美时曾讲过，宽广的太平洋有足够空间容纳中美两个大国，我现在依然这样认为。""修昔底德陷阱"说的是非理性的对抗，国与国之间的正常竞争演变为军事决斗。历次战争的苦难代价换来的是各国政府和人民对战争的深重恐惧和对和平的极度渴望，中美对抗甚至爆发战争是国际社会所不乐见的，中美合作反而会给世界和平带来最大的福音。冷战结束后，随着世界政治经济的发展，多极化趋势越来越明显。只要中美两国能理性看待竞争，不搞霸权主义，建立长效合作机制和危机处理机

---

① 周梦澜：《中美避免"修昔底德陷阱"的现实基础及途径探析》，《阜阳师范学院学报》（社会科学版）2014 年第 1 期。

制，中美之间可以实现共谋世界的和平与发展。

第二，经济的相互依存是稳定中美关系的"压舱石"，中美关系随着双方结构性共同利益的增加而发展为"利益共同体"；中美关系已经不再是简单的双边关系，而是牵涉广大的社会力量，会及时得到来自社会力量的制约、调整和纠偏。历史上相互争霸的国家间从未出现过如当今中美两国在经济和社会上的高度相互依存，从双方经贸紧密联系来看，高度相互依存的两国经济成为构建新型大国关系的根本基础。2013年3月19日，中国国家主席习近平在人民大会堂会见作为美国总统特别代表、财政部长的雅各布·卢时表示："中美联系紧密，利益交融。两国经济关系是两国关系的'压舱石'，其本质是互利共赢。中方愿同美方一道努力，共同努力构建中美合作伙伴关系，走出一条新型大国关系之路。"中美两国目前都以国内政治经济发展作为重点，致力于国内经济发展以及面临就业、民生等一系列问题，相互对抗只会妨碍各自国内的优先考虑和中心任务。在全球化的今天，中美关系不仅重要，而且会对世界局势产生深远影响，两国都在对外方面面对着共同的全球治理问题，两国在民生层面有着相同的目标，中美两国相互依存、不可分割的关系使得中美两国谁也离不开谁。这个世界足够大，容得下两国共同发展。

从两国民众的共同选择来看，中国梦与美国梦中所强调的开拓进取、努力奋斗是一致的，世界和平中也包含着两国相同的利益，世界上没有哪个国家的人民希望战争，渴望和平是中美两国人民的共同目标与选择。规避中美关系中的"修昔底德陷阱"，要避免中美之间的战争，无论是热战还是冷战（围堵中国）。中国和往日的大国不同，无论是大英帝国还是后来的德国和日本或者苏联，都有称霸的国家计划，但中国没有任何挑战美国的国家战略。相反，中美在全球治理议题上存在许多共同利益。作为新兴大国，中国的发展与进步并非通过战争或传统意义上的军事和领土扩张获得，而是强调用和平的方式不断融入国际秩序。此外，中国不走"投降"路线，是在不损害国家利益的前提下和平崛起，中国力图与美国建立的"新型大国关系"就是中国不与美国争霸，但中国能够保护自己的"核心利益"。① 中美两国不仅是推动全球化与全球治理不可分离的双引擎，而且在许多重要问题上，两国合作多于分歧，如在气候变化问题上的合作协议、在核不扩散问题上的共同努力。

中美关系还是社会与社会之间的关系，两国都有鼓吹走向战争或冲突不可避免的利益集团，但是中美普通民众的反战和追求和平的动力可以击碎一切特殊利益集团的小算盘，两国普通民众之间日益频繁深入的人文交流就像一张巨大的网，承载着中美关系的厚重发展，中美关系的根基最终仍然在于"沉默的大多数"。中美两国人民渴望和平，期望能通过不懈努力，以及持之以恒的创新进取来获得更美好的生活，而这种高度认同感也是两国能构建新型大国关系的重要基础。2013 年 4 月 25 日，中国国家主席习近平出席中法商务论坛闭幕式时强调："中国确立了未来发展目标，我们将继续把发展作为第一要务，将坚持对外开放、互利共赢、共同发展，不断提高开放型经济水平，中国经济将继续保持较快发展势头。中国越发展，越能给世界带来发展机遇。"中国虽然成为了世界第二大经济体，但中国现阶段的最大任务仍是以经济建设为中心，转变经济发展方式，把主要精力与投入放在自身建设上。在处理国际关系方面，理性看待国际竞争与威胁，在世界总体和平的大环境下，中国要做的是利用和平的国际环境，抓住机

---

① 郑永年：《中国正在有效规避"修昔底德陷阱"》，参考消息网，2016 年 9 月 27 日，http：//news. 163. com/16/0927/22/C20MOG6I00014JB5_ mobile. html。

遇，创造机遇，发展自己。

三　构建中美新型大国关系

中美关系是当今世界最重要的双边关系之一，其全球性影响早已超越了双边关系范畴。在新的历史起点上，构建一个什么样的中美关系，成为一个具有重大现实意义和深远历史意义的战略性课题。中国在这方面进行了积极的探索，明确提出要构建中美"新型大国关系"。"新型大国关系"的提出意味着对传统大国关系模式的摒弃，是国际关系理论和实践的重大创新。它准确命中了中美关系发展的现实需要，也为中国发展与其他大国关系以及其他大国之间发展关系提供了思路。

1. "新型大国关系"的提出与含义

为了跨越"修昔底德陷阱"，中国提出构建新型大国关系。2011年时任国家主席的胡锦涛访问美国，《中美联合声明》中提出建立"相互尊重、合作共赢"的新型合作伙伴关系。2012年2月，时任国家副主席的习近平访美提出中美应建立一种"前无古人，但后有来者"的新型合作伙伴关系，这不仅符合中美两国人民的利益，也顺应世界发展的时代潮流。2012年5月在第四轮中美战略与经济对话开幕式上，胡锦涛提出了"创新思维，相互信任，平等互谅，积极行动，厚植友谊"的五点构想。中共十八大报告关于中国外交政策的建议中，明确指出："我们将改善和发展同发达国家关系，拓宽合作领域，妥善处理分歧，推动建立长期稳定健康发展的新型大国关系。"新型大国关系由此成为中国外交战略的重要内容。十八大以后，中美关系发展继续呈现积极势头，关于中美新型大国关系的内涵，习近平在2013年6月与奥巴马庄园会晤中用三句话做了精辟概括：一是不冲突、不对抗。就是要客观理性看待彼此战略意图，坚持做伙伴、不做对手；通过对话合作而非对抗冲突的方式，妥善处理矛盾和分歧。二是相互尊重。就是要尊重各自选择的社会制度和发展道路，尊重彼此核心利益和重大关切，求同存异，包容互鉴，共同进步。三是合作共赢。就是要摒弃零和思维，在追求自身利益时兼顾对方利益，在寻求自身发展时促进共同发展，不断深化利益交融格局。[1]

传统的国际关系格局从 1648 年《威斯特法利亚合约》缔结以来，经历了一幕幕大国之间血雨腥风的战争，这些都可归纳为米尔斯海默提出的"大国政治的悲剧"。中国的和平发展是当代国际关系中最大的现实，把"修昔底德陷阱"与中国和平发展联系起来，用"修昔底德陷阱"来形容中国和平发展对美国及其主导的当代国际体系的挑战，其实质就是用传统权势转移理论来看待当今中美关系，但用简单传统权势转移理论判断中美必然要陷入"修昔底德陷阱"并不恰当。[2] 2014 年 11 月，中国国家主席习近平与美国总统奥巴马"瀛台夜话"时指出，中美建交 35 年来的历史充分证明，一个良好的中美关系符合两国人民根本利益，也有利于亚太和世界稳定。我们应该认识到当今的时代条件已经发生了根本变化，第二次世界大战以后特别是 20 世纪 70 年代后，世界经济一体化发展使人类社会相互依存的程度不断加深。基于两次世界大战的战争创伤、核武器的出现以及大国间的核均衡使得大国之间爆发战争的可能性正在降低，和平与发展成为主流；随之而来的是非传统安全与日俱增，大量全球性问题的凸显使国家间

---

① 《如何理解习近平一再强调的中美新型大国关系?》，人民网—中国共产党新闻网，2015年5月19日，http://cpc.people.com.cn/xuexi/n/2015/0519/c385474-27021248.html.

② 陈岳：《以新型大国关系取代对抗性大国关系》，新华网，2016年5月8日，http://news.xinhuanet.com/world/2016-05/08/c_128967135.htm.

的共同利益大量出现。在这种背景下，单凭一国无法有效应对，大国之间应该加强合作、共同应对。中国更是要主动适应世界发展潮流，通过合作来实现共同发展，避免历史上崛起国家与守成国家的零和博弈，这两种零和博弈模式与世界潮流背道而驰。

"新型大国关系"就是超越以"修昔底德陷阱"为历史参照的传统大国关系，建立一种以新兴大国与传统大国有序竞争和合作共赢为特征的新型大国关系。随着国际体制框架的制度化，世界格局在某种程度上有了制约平衡的力量牵制，大国关系可以由传统的对立冲突转化为竞争合作并存。"新型大国关系"提出的"不冲突、不对抗、相互尊重、合作共赢"，表明在相互尊重的前提下，能够避免大国之间围绕权力争夺爆发冲突而陷入"修昔底德陷阱"。① 可以说中美能否跨越"修昔底德陷阱"，取决于新型大国关系建设的成败。

2. 构建中美新型大国关系的挑战与前景

中美对于"新型大国关系"认知差异较大，导致中国方面热情较高，但美国方面态度谨慎。目前美国对新型大国关系的提法很难用接受或否认来概括，美国对于这一提法未置可否，仍处于观察与变化中。美国在考虑中方对这一新概念提供更加翔实的内涵，以及中方的具体行为指向；另外美国对这一提法留有余地，以待今后有变化的可能。中美双方对于"新型大国关系"的内涵存在认知差异，不可避免地会影响到这一新关系模式的构建。从这个角度来说，认知差异是中美构建新型大国关系的第一大障

① 刘文祥、杨小勇：《破解"修昔底德陷阱"魔咒构建中美新型大国关系》，《湖北大学学报》（哲学社会科学版）2015 年第 3 期。

碍。① 美国对于中方所界定的"不冲突、不对抗、相互尊重、合作共赢"这一新型大国关系内涵有着不同的理解。关于"不冲突、不对抗"，美方不持异议，因为这也符合美国的利益与战略构想。然而美方对于中国提出构建中美新型大国关系的意图仍保持很大疑虑。美方虽然赞同中国提出的关于尽可能增加合作、更加坦率地表达分歧等倡议精神，但对于中方强调新型大国关系需"相互尊重"这一内涵表示难以认同。因此在奥巴马政府时期，美国给外界一直留下试图与这一提议"保持距离"的感觉。这主要是因为美国认为中国在核心利益的界定上存在模糊性，尤其是在领土争议问题上，而"相互尊重"包含了美国对中国国家核心利益界定的认同。一旦美国认同了中国的核心利益，美国在亚洲的利益（如盟友关系）可能会受到损害。

在中国崛起以及美国相对衰落的事实下，在美国国内对于新型大国关系的概念认知依旧有着不同的看法，诸多对中国崛起存敌对心态的人将中国的崛起描绘成一种"野心勃勃（Assertive China）的崛起"，认为中国的崛起必将会修正现行国际体系，从而危害美国的国际秩序主导者地位。在美国国内，甚至有很多人表示中美新型大国关系很可能只是一种外交说辞而已，并无太多实践可操作性，因为美国不愿被中国所提出的相互尊重而束缚住手脚，任由一个野心勃勃的中国在亚太地区为所欲为。2017 年 3 月 19 日，中国国家主席习近平会见来访的美国新任国务卿蒂勒森，蒂勒森表达了美方愿与中方共同努力构建"不对抗、不冲突、相互尊重、合作共赢"（Non-conflict, Non-confrontation, Mutual Respect, and Win-win Cooperation）的积极的中美关系。这是美国高级别官员第一次在公开场

---

① 陈积敏：《构建中美新型大国关系，破解"修昔底德陷阱"》，《和平与发展》2015 年第 3 期。

合评论中美关系时正式使用"相互尊重"一词。在奥巴马时代，基本上是中方单方面在强调这 14 个字。尽管双方在内部多有敞开讨论，但美方领导人和官员在公开场合就是不情愿使用"相互尊重"，他们担心引起亚太盟友担心，削弱美国亚太战略的权威。对此，美国智库战略与国际问题研究中心的葛来仪表示，这显示蒂勒森事实上承认了中国提出的"新型大国关系"概念。但她不认可蒂勒森的做法，她发推特表示，40 多年来中美两国关系并没有基于"不冲突、不对抗、互相尊重和互利共赢"。蒂勒森此番表态是一个"大错误"。她还特意用大写的"NOT"对她的看法加以突出强调。

在核心利益的界定上，中美之间的分歧依旧很大，在某种程度上这种利益分歧已经成为影响两国关系发展的最不稳定因素。中美关系近年来正在发生显著的变化。双方发生争论和争执的"问题领域"的范围和程度似乎正在不断扩大，对彼此战略意图判断的敌意似乎也在明显上升。在诸多双边、地区经济、政治和安全议题上，中美之间的争议点似乎越来越多。20 世纪 90 年代中期以来，中美关系一直是一种以"核心利益为导向"的战略磨合关系，中国政府在我国台湾、西藏、新疆等有限议题上明确圈定了美国不应该触碰的"核心利益"。但是近年来，随着旧的"核心利益"，如我国台湾问题，明显降温了；而新的"核心利益"，如主权、安全与发展问题，却不断突出。结果导致中美关系正在从"核心利益导向"的关系，越来越多地演变成为"地缘战略竞争导向"的关系。影响中美关系最为重要的议题，也已经从传统的双边范畴变成区域、全球和安全领域内的议题。[①] 对于中美关系所出现的这一深刻变化，双方学界和政策界仍然缺乏足够的心理准备和长远

---

① 朱锋：《中美关系需警惕"修昔底德陷阱"》，FT 中文网，2015 年 5 月 11 日，http：//www.ftchinese.com/story/001061947? full = y。

的战略应对。结果是，虽然彼此都不愿意看到在亚太地区出现中美对抗的局面，但在一些议题上却危险地演变为中国、美国，甚至包括日本在内的东亚大国地缘战略竞争的主战场。

纵观中美关系发展历程，对抗并不符合双方的根本利益，双方有着合作的广阔空间，只有在竞争中并存合作才能共赢。中国要求美国在涉及中国国内主权问题上给予尊重，但美国认为中国的对外行为和诉求是在挑战美国的全球战略秩序。菲利普·斯蒂芬斯认为冷战后的世界秩序已不切合中国崛起的地缘政治现实，美国应该调整以适应新现实。2007—2008 年的全球金融危机无情地暴露了自由资本主义的缺陷。如今美国虽然还是头号强国，但美国国内的政治冲动已从世界退缩；欧洲正忙着填补自身一体化项目的裂痕，无暇关注其他地方的情况；中国的增长超过所有人的预期，加快了全球体系中的权力重新分配。西方应该认识到旧秩序已经成为历史，现在是与中国接触共同设计新秩序的时候了。[①]但由于美国依旧秉持着冷战思维看待中国，或者可以说在战略上美国并没有将中国看成是与其对等的大国，在中国所提出的"相互尊重"问题上，美国没有正面应对。中国针对美国专门提出的"新型大国关系"既包括在各个层面如何处理中美间复杂的关系，也包括如何管理美国的相对衰落过程。不过对中国来说，美国的衰落是相对的；美国的衰落不是全方位的，现在及今后的很长一段时间内，美国在军事上仍然是世界上最强大的；而且美国的衰落不会很突然，而是要经过很长一段时间。尽管美国不如从前那么强大了，但在今后很长一段时期里，仍然是一个最强大的国家。对中国来说，就是要在这样一种复杂的情况下来定义中美关系，

---

① 菲利普·斯蒂芬斯：《构建新的全球权力均势》，《金融时报》2016 年 10 月 17 日，ht-tp：//www.ftchinese.com/story/001069728？full＝y。

建立"新型大国关系"的确不是一件容易的事情。①

在中美之间战略互疑的主要来源中，除了以上对彼此的决策过程以及政府和其他实体之间关系的理解和认识不够，以及对中美之间实力差距日益缩小的认识外，还体现在中美不同的政治传统、价值体系和文化的意识形态层面。从现阶段来看，这种差异尚难以弥合，这造成了中美间"结构性矛盾"的固化。尤其是美国在全球推广美式民主价值观的冲动不减，这使得中美之间形成了深刻的战略互疑，继而造成两国对对方战略意图的质疑，这成为中美关系顺利发展的巨大羁绊。中国学界认为美国没有尊重中国，对中国的主权、安全、发展等核心利益不够尊重，美国干涉中国内政，在涉台、涉藏、涉疆、网络安全问题上损害中国的利益，破坏中国国内稳定。美国学界认为中国在亚太事务以及全球事务对美国的核心利益构成了挑战，没有尊重美国的核心利益。美国的战略基础由反恐转向防范新兴大国，中美战略合作的基础已经发生了微妙变化，这些都给中美合作带来一定的阻碍。

此外，中美现实利益矛盾不仅体现在两国之间，还间接存在于第三方，甚至这一干扰因素成为影响中美关系发展的关键性变量，如中美在南海问题上的立场差异。实际上，几乎没有盟国支持美国和中国搞新型大国关系。2012 年 2 月，安倍曾在华盛顿表示不应该和中国搞新型大国关系；加拿大、澳大利亚以及欧盟也不赞成，这对美国及当时奥巴马政府带来了沉重的压力。华盛顿智库战略与国际研究中心（CSIS）亚洲与日本问题研究所副所长迈克尔·格林曾直言不讳地表示："美国不接受中国提出的'新型大国关系'的说法是聪明的，因为接受了会削弱美国亚洲盟友的利

---

① 郑永年：《中国正在有效规避"修昔底德陷阱"》，参考消息网，2016 年 9 月 27 日，ht-tp：//news. 163. com/16/0927/22/C20MOG6I00014JB5_ mobile. html。

益。"显然，第三方因素已经深刻嵌入中美关系，成为影响两国关系发展的重要变量。

3. 构建中美新型大国关系的路径选择

尽管今天国际社会上流行的各种国际关系理论都在指向中美不可避免的冲突，但中国决意走出自己的和平崛起道路。中国高层提出要和美国建立"新型大国关系"，要用自己的信念和行为规避"修昔底德陷阱"。[①]"新型大国关系"的提出是对全球化世界下和平与发展这个时代主题的回应，如何走出"修昔底德陷阱"，构建中美"新型大国关系"需要更大的智慧与战略，寻求共同的战略支点与利益汇聚点。

首先，中美要深化合作，加强战略沟通与协调；全面、客观、包容地认识对方的战略诉求。如何在分歧中寻求共识对于构建"新型大国关系"的重要性不言而喻，如果这个层面没有任何共识，那么不仅共同的问题很难解决，更严重的是冲突就会加剧。中美要处理具有全球性的问题，就需要两国具有一定的共识，这就是为什么在气候环境、传统核不扩散、非传统安全等问题上，美国近来越来越要求中国和其保持一致。可以预见，美国的这种要求在今后会越来越多，这就需要两国经常进行对话，通过对话达成共识。因此中美关系的发展离不开双方的沟通，尤其是中美两国高层的交流与协调。构建"新型大国关系"还要认同各自在战略大国中的地位，这种共识源于能够惠及两国自身利益却不损害对方利益为前提，构建这种关系不是单方的责任，而是双方共同的责任。

---

① 陈积敏：《构建中美新型大国关系，破解"修昔底德陷阱"》，《和平与发展》2015 年第 3 期。

第一，中国要理解美国的大国衰落"恐惧症"。中国作为新兴大国正在快速崛起，当新兴大国的实力接近或超过现存大国的时候，往往是双方关系最不稳定的时期，这个时候双方可能会感受到来自对方的压力，各自保持高度的警惕。美国现在依旧是世界上最强大的国家，中国既尊重也承认美国的世界第一大国地位；但尊重是相互的，而且要落实到具体的行动上，用切实行动表达尊重。双方要切实理性认知两国分歧，管控分歧，做好对话交流磋商机制的建设，充分利用好现有对话交流平台，落实好对话效果，在分歧较大暂时无法短时期消除的方面可以采取淡化处理的方式，或者通过合作转移分歧，从而加强互信。

第二，中美要构建"新型大国关系"，就需要超越现实主义理论的过多掣肘。在国际上有些人对中国持有偏见，一些美国人不了解中国，认为中国的发展是建立在牺牲美国的利益基础之上的，于是出现了制裁中国、围堵中国的声音。中国的崛起是和平的崛起，是对中美双方双赢的崛起，中方在与周边国家处理关系时体现出的"亲、诚、惠、容"理念正是对美国这种"中国崛起忧虑症"的一个合理回答。因此在具体行动上，中方的外交政策尤其是在与亚太周边国家关系处理上，既要体现原则又要注重灵活，减少美方不必要的猜测，避免美国陷入中国版"门罗主义"的误区。构建中美新型大国关系不是一蹴而就的，需要很长一段时间建设，短时期内双方随着大外交行动可能会出现摩擦与矛盾，而且这种结构性矛盾很长一段时期不会化解，因此必须通过其他方式管控双方在现实问题上的矛盾，切实坚持好对话协商机制，以经贸交流合作淡化政治摩擦。

第三，中美关系不应仅仅停留在官方的层面上，也要注重民间的交流。在非政府层面，如媒体、智库等方面，两国要加强沟通，尤其媒体是舆论的风向标，双方国内媒体及舆论应当营造两国关系健康发展的正能量氛围，尤其要倡导理性主义，不能渲染民族主义情绪，传递双方互相冲突甚至不怀好意的悲观观点，共同创造一个良好的舆论氛围。崛起国与守成国不可避免存在矛盾，双方应多一点宽容互谅，在沟通中加强相互包容，中美两国有着不同的政治制度、价值观等，任何一方都不应将自身价值强加给另一方，以此作为哪种制度优劣的标准。

其次，寻求中美长期稳定的利益汇聚点。美国需要加强同中方合作，不仅在于中国对于全球的巨大影响，也在于中美两国之间的密不可分，这种相互依赖关系非常重要，使得美国难以把中国作为"敌人"来对付：如果把中国作为"敌人"来打击，就会直接损害到其自身的利益。中美两国在经贸基础下有着广阔的合作空间与前景，在全球公域如网络安全、太空空间、全球气候等方面两国可以加强合作，在合作中可以寻求互信，通过合作构建新型关系，只有这样中美新型大国关系的构建才可能有出路。但美国已经主导全球经济治理体系 70 多年，自然不希望在合作中导致自身话语权的下降。在此背景下，如何管控中美双方分歧，避免双方战略误判乃至冲突，是实现中方所提出的构建基于相互尊重、合作共赢的中美"新型大国关系"的关键。从中美双方的诉求来看，未来中美合作可能率先在以下几个方面取得突破。

第一，中美合作议题不仅仅局限于金融、投资等传统双边领域，而且要将全球经济治理体系建设置于更突出的位置。在全球规则方面，推动构建国际高水平投资协定，促进世界各国国际投资合作。重点加快中美投资协定（BIT），倡导负面清单管理模式，推动外资的国家安全审查制度透明化、规范化，形成影响全球投资规则的高水平投资协定。这既有助于满足中国对外投资需求持续大幅增长及美国对外投资高位运行的诉求，也有助于推动全球投资规则创新，促进国际投资拉动全球经济增长。当前全球经济治理体系由美国等发达大国主导，但中国等新兴大国的发展推动了世界格局的调整，客观上要求提升中国等新兴国家在全球经济治理体系的话语权。因此全球经济治理体系主导权是大国竞争的重要内容，谁拥有主导权，谁就可能在国际货币金融体系、国际贸易规则等领域拥有较高的话语权。中美之间虽然在全球经济治理体系建设中有着竞争的压力，但双方的密切联系又客观上需要通过合作来推动既有规则的调整优化。在全球治理平台建设方面，着力推动二十国集团（G20）在全球发挥更重要的作用。G20 是中国参与全球治理的重要平台，从长时期来看，G20 治理平台的效率提升及治理机制的完善等方面都将逐步成为中美合作的重要内容。虽然上述合作难以改变美国等发达大国主导全球治理体系的局面，但这为当代社会传递了重要的信息，即全球经济治理体系是大国竞争的重要领域，大国有可能通过国际协调而不是诉诸战争等极端手段在全球经济治理体系建设中进行合作。

第二，增强中国承担国际公共产品的能力。全球经济治理体系的实质性演变可能需要经历几十年甚至更长的时间，中国需要更多的耐心。在当今全球经济治理进程中，国际公共产品的供给方面存在严重不足。中国作为世界经济贸易大国应在这方面贡献力量，加快实现从经济全球化的受益者向全球财富增长的贡献者的身份转换，在与世界的互动中向外界持续传递中国"正能量"，为持续推动全球经济治理体系调整做好长期准备。中国主导成立了金砖国家开发银行和亚洲基础设施投资银行，开创了发展中国家牵头组建多边金融机构的先河，是中国寻求与其能力相适应的国际空间的努力开端，对全球经济治理体系改革完善具有重大意义。多元化的全球金融治理机构有助于改变以往以美欧等发达国家为主导的"一超独大"的全球经济治理体系。中国的做法和现行国际或者区域秩序更多的是互补关系，而非竞争关系，有利于推动全球经济治理体系朝着更加

公正、合理、有效的方向发展，

第三，以"一带一路"建设为契机，大力推进中美在基础设施建设领域的合作。"一带一路"倡议作为新的经济制度安排和治理体系的创新，能够有效促进要素的跨境有序流动，促进各种资源的高效配置，创造经济增长的新动力。"一带一路"倡议不仅可以为周边区域和中国自身经济发展注入新动力，还为全球治理体系的多元发展提供了新思路。与奥巴马有所不同，美国现任总统特朗普以其商人的务实性格，追求现实主义的利益，这并非特朗普缺乏远见的功利主义，而是与他一以贯之的美国优先有着密切的逻辑关系。在2017年5月14—15日举行的"一带一路"国际合作高峰论坛上，美国代表团参与本次论坛，释放出了积极的信号。"一带一路"倡议以资本和产能项目作为载体，允许中国资本直接投资美国，对特朗普政府而言无疑是解决资金不足和实施大规模基础设施建设的关键一步。特朗普政府派代表参与论坛绝不是所谓给不给中国面子的问题，而恰恰是美国需要"一带一路"为其带来巨大的收益。

第四，确保中国自身的发展是构建新型大国关系的重要前提。中美关系能有今天合作竞争的局面，主要得益于中国几十年来的快速发展。未来构建中美"新型大国关系"的关键是在于中国能否抓住战略机遇期，进一步提升综合国力，在真正平等的基础上建立起合作共赢的大国关系。中国的发展需要和平稳定的国内、国际环境，任何动荡和战争都不符合中国利益。只有全面统筹国内、国际两个大局，保持我国经济快速发展与国内大局长期稳定，才能增加我们在国际舞台上的话语权和影响力，这也是构建新型大国关系、跨越"修昔底德陷阱"的最终力量源泉。中美的"新型大国关系"既是一种合作关系，也是一种竞争关系。两国可以从合作中获取巨大的利益，但国际政治的本质也决定了两国之间的关系是竞争关系，即各自竞争更大的国际空间，以此求得安全。因此中国在全球范围内和美国互动，并通过合作来处理全球性事务，但中国必须发展自己的国际空间来消解和抵御美国有可能对中国所构成的威胁，对美国有损中国国家利益的做法，中国应当具有足够的信心和能力来予以反制。①

① 郑永年：《中国正在有效规避"修昔底德陷阱"》，参考消息网，2016 年 9 月 27 日，http：//news. 163. com/16/0927/22/C20MOG6I00014JB5_ mobile. html。

第七章　化解"金德尔伯格陷阱"责难：避免"中国责任论圈套"的羁縻

一　"国际公共产品"与"金德尔伯格陷阱"

1. 谁会陷入"金德尔伯格陷阱"？

哈佛大学教授约瑟夫·奈（Joseph Nye）2017 年 1 月在法国新闻网刊文，认为美国在制定对华政策的时候应该当心有前车之鉴的陷阱和难题，必须同时避免"金德尔伯格难题"和"修昔底德陷阱"。但更要注意"金德尔伯格陷阱"（Kindleberger Trap）：中国在国际上不是展示强大，而是示弱。① 美国麻省理工学院自由派经济学家查尔斯·金德尔伯格（Charles Kindleberger）是国际政治经济学的先驱者，他在《1929—1939 世界经济萧条》一书对 1929 年大萧条的解释中认为大危机之所以成为世界性的，是因为没有一个大国有能力或愿意承担制止危机的责任，"这次萧条波及面这么宽、程度这么深、持续时间这么长，是由于英国没有能力、美国又不愿在三个方面承担责任以稳定国际经济体系，致使该体

---

① 约瑟夫·奈：《警惕中美关系中的两大陷阱》，《中国经济报告》2017 年第 3 期。

系处于不稳定的状况"。① 奉行孤立主义的美国在超过英国成为全球第一大国后未能在提供全球公共产品方面取代英国的角色，在全球合作体系中继续搭便车，陷入"金德尔伯格陷阱"的结果是全球体系崩溃、经济萧条和世界大战。因此金德尔伯格认为世界经济必须有一个"稳定者"（Stabilizer），② 它的责任在于为剩余的产品提供一个市场，在金融危机银行倒闭的紧要关头，作为重新启动金融的最终借贷者而发挥作用。"两次世界大战之间历史的主要教训是，世界经济想要稳定，就必须有个'稳定者'，有一个'稳定者'。"约瑟夫·奈质疑随着中国综合实力的不断壮大，是否会为提供全球公共产品贡献自己的力量，暗示美国新政府应该让中国承担更多的世界责任，以避免美国由于承担太多责任而陷入难以自拔的困境。

实际上，早在 2013 年美国智库彼得森国际经济研究所举行的一个政策报告发布会上，该所研究员阿文德·萨勃拉曼尼亚（Arvind Subramanian）就将奥巴马和习近平在经济方面面临的挑战称作"金德尔伯格难题"（Kindleberger Conundrum）：参照历史上的强权更迭，如今国力上升的中国或许不愿意维持战后美国建立起来的开放型、建立在规则基础上的多边经济体系；而当今的强权国家美国则难以独自支撑这个体系。萨勃拉曼尼亚认为中国是这个开放型全球经济体系最大的受益者，但一直对美国自第二次世界大战后建立起来的现有体系心存不满。在美国看来，中国是开放体系的受益者，但同时又在一定程度上不愿开放自己，因此无法承担全球领导者的角色。就此萨勃拉曼尼亚开出了一剂以权

---

① 查尔斯·P.金德尔伯格（Charles P. Kindleberger）：《1929—1939 年世界经济萧条》，宋承先、洪文达译，上海译文出版社 1986 年版。

② 金德尔伯格不喜欢政治学家用霸主来称呼这种领导国。在他看来，霸主（hegemon）是"随心所欲地去干"，而领导者则是"基于道义的熏陶和所处的地位不得不而为之"。

力交换维系现有体系的"药方"：美国是否能与中国达成一个以权力换取目的的交易（Power-for-Purpose Bargain）？即美国在现有的多边体系和多边机构中放弃部分权力，中国则增加在其中的利益，以此维系和加强现有的开放型体系。萨勃拉曼尼亚的提议具体包括：在 IMF 和世界银行等多边机构中增加中国的话语权；而美欧则不应在这些机构继续享有否决权；美欧即便继续享有否决权，也应该赋予中国同样的权力；在贸易方面，美国应该停止推动 TPP，而将精力转向推动由世贸组织牵头的自由贸易协定。当时约瑟夫·奈对于萨勃拉曼尼亚提出的"大交易"（Grand Bargain）中有关提升中国在国际货币基金和世界银行等多边机构中的地位，以及让人民币成为国际储备货币的看法基本赞同。但约瑟夫·奈认为鉴于美国在实力上仍具有优势，这个强权不必急于割让权力："我们不必在放弃权力方面操之过急，或让步过多。要看到两方面的事实：一是美国并没有衰退，至少我不相信有这回事；二是谈及将其纳入多边机构，其实中国正在朝向与我们的利益相符的方向走。"

今天随着中国的实力增长，其会推诿承担大国责任来协助提供全球公共产品吗？从中国的行为来看，中国正在承担大国责任，不寻求推翻其从中受益的世界秩序，而是增加在该秩序内的影响力。中国一直是现行国际体系的参与者、建设者、贡献者，一方面受益于国际经济合作和联合国体系，另一方面也在积极做出自己的贡献，例如，中国是联合国的创始国之一，也是对维护世界和平负有最大责任的安全理事会五大常任理事国之一。中华人民共和国恢复联合国合法席位以来，与联合国在各个层面都展开了卓有成效的战略沟通与务实合作，中国对联合国事业的支持也不断增强。中国不但按时足额缴纳会费，而且目前已经成为仅次于美国和日本的第三大会费缴纳国。虽然中国的实力距离美国还有很大差距，但依然愿意为世界和平与秩序稳定做出贡献，提供与自身实力相匹配的公共产品。作为广大的发展中国家代表，中国已经事实上成为维护以联合国为代表的世界秩序的中流砥柱。

毋庸置疑，美国在第二次世界大战后成为世界上最为强大的国家，并在西方世界建立起以美国为主导的资本主义世界体系——布雷顿森林体系，发挥了世界领导者的作用。马歇尔计划、联合国、国际货币基金组织、世界贸易组织等援助项目的实施和国际组织的建立，对于战后恢复世界经济、稳定世界秩序起到了关键的作用。国际制度、机制和国际法的不断发展与进步，逐渐规范和塑造了各民族国家交往之间的行为方式和价值观，也削弱了安全困境，并且提供了文明且和平的争端解决机制。但是随着苏联解体和冷战结束，美国成为唯一的超级大国，却越来越凸显出单边主义和霸权主义。目前全球面临的诸多严重挑战，比如叙利亚难民、国际恐怖主义、朝核危机等，都与美国错误的政策实施息息相关。奥巴马政府时期的"亚太再平衡"以及配套的TPP，都致力于打造一个将中国孤立而分裂的世界，而不是一个合作共赢的世界。在某种意义上说，美国已经不再是世界问题的解决者，而是问题本身。尽管中国政府一再倡议构建"命运共同体"，但如果美国的对华政策是逼迫和孤立，将可能把世界推入"金德尔伯格难题"，而这也终将损害美国和世界的利益，因此约瑟夫·奈所担心的"金德尔伯格陷阱"是有可能的，但唯一能够导致这结果的变量是美国，而不是中国。

极具讽刺意味的是，特朗普早在2016年在竞选期间就曾表示气候变化是一场"骗局"，损害了美国经济，并誓言如果当选总统将退出《巴黎协定》。在当选总统后，特朗普就发布行政令要求美国环保局评估修改前总统奥巴马执政时期制定的旨在减少发电厂碳排放的《清洁电力计划》；特朗普政府提出的2018财年联邦政府预算也提议停止向一些联合国应对气候变化项目拨款，并大幅削减美国环境保护局的预算。[①] 2017 年 6 月 1 日下午，美国总统特朗普在白宫宣布退出《巴黎协定》。特朗普认为巴黎协定是"一项对美国企业不利的协定"，对美国经济增长产生了负面影响，"使美国处于不利竞争地位"。特朗普在讲话中称，他深切关注环境议题，"但无法支持一项惩罚美国的协定"，退出协定是为了维护美国劳工的尊严。他表示美国仍将通过谈判协商重新加入《巴黎协定》的条件，必须有利于美国及其商业、劳工、人民、纳税人，可能将同现有协定大相径庭。[②] 由于美国在国际气候谈判和全球气候治理中所占有的举足轻重的地位，美国的退出将对履约前景产生重大影响；美国的退出将加大实现《巴黎协定》目标的难度，甚至导致其目标无法实现。《巴黎协定》的最大亮点在于普遍性，即发达国家和发展中国家均参加有法律约束力的协定，但美国此举对《巴黎协定》的普遍性构成致命伤害，动摇了以《巴黎协定》为核心的国际气候治理体制的根基。此外，退出《巴黎协定》意味着美国明确宣示彻底放弃追求全球气候治理的领导权，这将使领导力赤字问题显著恶化。《巴黎协定》的达成是由许多原因共同促成的，其中中、美、欧三方所展现的集体领导力至关重要，如果没有强有力的领导和示范，效果难以保证。再者，美国此举将引发不良示范效应，重创国际气候合作

---

① 《巴黎协定》于 2015 年签署，2016 年获美国及 194 个缔约国确认并于 2016 年 11 月正式生效。在 2016 年 11 月 4 日生效的《巴黎协定》中，美国承诺 2025 年前温室气体排放量，比 2005 年的排放量减少 26%—28%，相当于每年减少排放量 16 亿吨。此外，参与协定的发达国家将提供资金帮助发展中国家完成能源转型，承诺在 2020 年之前为此每年出资 1000 亿美元，增强防御气候变化的后果。在奥巴马离任前，美国已经向联合国设立的"绿色气候基金"提供了 10 亿美元，并承诺今后将继续出资 30 亿美元。对此，特朗普认为这是一场想要美国掏钱的骗局，其政府日前提交国会的 2018 财年预算中已取消这项经费。

② 《美国退出巴黎协定，特朗普称气候变化是一场"骗局"》，中国青年网，2017 年 6 月 2 日，http://news.youth.cn/jsxw/201706/t20170602_9944649_1.htm。

信心，导致其他国家采取类似不作为政策。美国政府延迟采取气候行动，还可能导致全球减排错失最佳时间窗口，研究表明未来10年对于实现《巴黎协定》目标至关重要。如果美国不完成目标减排量，将增加其他国家碳减排负担。

特朗普政府在气候问题上的倒退与不作为遭到美国和国际社会的广泛批评，联合国秘书长古特雷斯通过发言人发表声明说，美国宣布退出《巴黎协定》"是一件令人极其失望的事"，他敦促全球执行《巴黎协定》呼吁各国领导人、商界和民间社会为此共同努力。美国前总统奥巴马也针对特朗普的气候行动发布声明称，美国正加入"那些拒绝未来的"国家行列。反观中国为推动《巴黎协定》的达成和生效方面做出了积极努力和贡献，习近平主席2017年1月在联合国日内瓦总部发表演讲时所说，中国将继续采取行动应对气候变化，百分之百承担自己的义务。中国正在积极落实已提出的到2020年控制温室气体排放行动目标，并向联合国提交了到2030年的"国家自主贡献"行动目标。中国外交部发言人华春莹6月1日表示，无论其他国家立场如何变化，中国都将继续贯彻创新、协调、绿色、开放、共享的发展理念，立足自身可持续发展的内在需求，采取切实措施加强国内应对气候变化行动，认真履行《巴黎协定》。华春莹重申气候变化是全球性挑战，没有任何一个国家能够置身事外。中国愿与欧方继续加强在气候变化领域的有效沟通与务实合作，维护和推动气候变化多边治理进程。①

中国经济的高速发展和基础设施建设曾使其成为世界煤炭消耗大户，但目前的数据显示，中国将降低这种对煤炭的高度依

---

① 《特朗普认为气候变暖系中国人捏造：意在削弱美竞争力》，央视网，2017年6月3日，http：//news. cctv. com/2017/06/03/ARTIsy9KhAgi8sPoHGvpUSR3170603. shtml。

赖，中国对能源和工业基地进行清理，有效地解决了削减碳排放的问题，中国的碳排放已经连续三年没有增加。2016 年批准的新煤电厂数量大幅减少，而且中国正以创纪录的速度投资可再生能源，目前在风能和太阳能方面都占据着世界第一的位置。虽然中国表示将坚守《巴黎协定》中的承诺，但美国政府的决定还是令中国感到失望，这将削弱中美两国在气候方面的合作，而气候合作是近年来双方为数不多的合作领域之一。研究气候外交的加州大学圣迭戈分校教授 David Victor 称美国在全球合作中的可信度已经大大降低。[①] 2015 年 9 月习近平主席访美时指出，改革和完善现行国际体系，不意味着另起炉灶，而是要推动它朝着更加公正合理的方向发展。中国有意愿继续参与国际合作，美国是否有意愿呢？因此约瑟夫·奈所担心的"金德尔伯格陷阱"，不应该是担心中国是否会为提供全球公共产品贡献自己的力量，而更应该是担心美国是否还有意愿和正确的手段这样做。[②]

2. "国际公共产品" 的理论探索

国际公共产品是经济学公共产品理论在国际关系领域的延伸和应用，是公共产品理论与国际关系研究相结合的产物，其研究始于奥尔森和查克豪泽（Mancur Olson and Richard Zechhauser）[③] 对美国在北约的角色与作用的研究。奥尔森（Olson）最早使用国际公共产品这个概念，并从国际公共产品的角度分析提高国际合作

---

① 《特朗普将中国推上应对气候变化的全球领导者角色》，《华尔街日报》2017 年 6 月 2 日，http://www.weibo.com/ttarticle/p/show? id＝2309404114261633817144#_ 0。

② 《中美有可能陷入"金德尔伯格陷阱"，但这个锅中国不背》，澎湃新闻网，2017 年 1 月 16 日，http://news.163.com/17/0116/13/CATG2JVP000187VE_ mobile.html。

③ Mancur Olson and Richard Zechhauser: "An Economic Theory of Alliances", *The Review of Economics and Statistics*, Vol. 48, No. 3, 1966, pp. 266 – 279.

的激励问题。[①] 他将国际公共产品分为三类：稳定的国际金融货币体系、完善的国际自由贸易体制、国际宏观经济政策的协调与标准化的度量衡；国际安全保障体系与公海航行自由；国际经济援助体系。金德尔伯格最早把公共产品理论引入国际关系理论中，并在《1929—1939 世界经济萧条》一书中将国际公共产品与霸权联系在一起。他认为国际公共产品是"生产过剩时的市场开放、严重短缺时的资源供给以及严重金融危机作为最后手段的借款人"。金德尔伯格在研究大危机中认识到大国应该承担起维护国际市场的责任，国际经济的真正稳定需要一个世界政府，但在无政府的国际社会中，小国缺少为全球提供公共商品的动力，"小国没有经济实力，同时也不负有维持经济体系的责任，因此没有任何必要行使领导权"。搭便车（Free Riders）对他们而言更为合理；中等大小的国家虽然"足以损害这个体系，但却不足以稳定它"；只有那些大国才有能力提供国际上的公共商品以及获取公共商品所带来的收益，因此大国有理由带头提供公共商品，否则就会产生全球公共商品供应不足的问题。[②]

后来金德尔伯格进一步发展了自己的观点，认为不但危机时期需要一个稳定者，在正常时期也同样需要一个稳定者。在经济学上，金德尔伯格这一观点的理论依据是公众商品论。所谓公众商品是指"个人、家庭或公司在消费这种商品时，不会减少其他潜在的消费者获得这种商品的数量"。[③] 金德尔伯格把世界经济的稳

---

① Mancur Olson, "Increasing the Incentives for International Cooperation", *International Organization*, Vol. 25, No. 4, 1971, pp. 866 – 874.

② Charles P. Kindleberger, "International Public Goods without International Government", *The American Economic Review*, Vol. 76, No. 1, 1986, pp. 11 – 13.

③ 这一概念最早是由亚当·斯密在《国富论》中提出的。他认为一个社会中存在着三种类型的公众商品，即安全、正义和公共工程。后来的一些经济学家发展了这一概念，把社会安定、稳定的国民收入及再分析、政府对企业过度行为的控制政策等都算作公众商品。

定视为全球商品（Cosmopolian Goods），他认为国际公共商品（International Public Goods）的内容首先是和平，其次是开放的贸易体制、统一的度量衡和固定的汇率等。这一思想后经罗伯特·吉尔平（Gilpin）发展成为"霸权稳定论"："只有在霸权存在的情况下，一种特殊类型的国际经济秩序，即自由经济秩序才能繁荣和充分发展。"因此，自由经济制度是霸权的产物，没有霸权就没有自由经济的繁荣和发展。吉尔平认为，在近现代史上只出现过两次霸权保证自由经济发展的具体例子，第一次是从拿破仑战争结束到第一次世界大战爆发，英国把世界经济引入了自由竞争时代（即"英国治下的和平"）；第二次是美国在第二次世界大战之后主导建立了以"关税及贸易总协定"（GATT）和国际货币基金组织（IMF）为主体的国际自由经济秩序（即"美国治下的和平"）。

自吉尔平发展了国际公共产品的"霸权稳定论"之后，由"霸主或领导者"提供公用产品就主导了国际公共产品的供给。吉尔平认为霸权国通过提供国际公共产品实现其主导的国际体系稳定，世界政治中拥有压倒性优势的超强国家即霸权国拥有巨大的经济剩余，从而能够承担供给国际公共产品的巨大成本，成为国际社会的领导者，以实现国际秩序的稳定。霸权国的收益在于取得其他国家对国际秩序的认同，成本则是提供公共产品并容忍"搭便车"。但是因为霸权国在遵循自我利益最大化前提下决定国际公共产品供给偏好，这就会导致国际公共产品的提供程序与方式更多地取决于霸权国的意愿和能力。此外，霸权国基于成本—收益分析及避免"搭便车"现象的无效，使其供给意愿和能力逐渐下降。这都会导致国际公共产品供给不足或不符合除霸权国外的其他国家的偏好。就经济层面来看，战后世界经济的三大支柱（国际贸易组织、国际货币基金、世界银行）所主持的国际贸易规则、国际货币合作与稳定机制、国际消除贫穷和发展机制，均是在美国操持和主导下的全球公共产品。这些全球公共产品构造了第二次世界大战后的国际经济秩序，对于战后国际贸易和投资的顺利进展发挥了积极的作用，促进了经济的全球化和国际分工，带来了相对持久的战后经济繁荣。①

但是随着时间的推移，现存的国际经济秩序逐渐不能适应经济全球化的需要。随着经济全球化和区域化的不断深化，环境污染、金融危机、领土争端、民族矛盾、宗教冲突、恐怖主义、跨国犯罪等不断扩散为区域甚至全球性威胁，主权国家和国际社会在全球区域与国内层面面临着更加复杂多样的挑战，但这些问题的解决已经超出了一国的能力，需要各国协力方可能解决。有效应对或化解这些威胁和挑战，迫切呼唤更多行之有效的国际公共治理方略。国际公共产品的供给不足或低效率，给世界经济的发展带来了冲击。随着此起彼伏的金融危机、经济危机和主权债务危机的不断出现，发达经济体和发展中经济体都承受着国际公共产品供给不足或低效率的影响。出于自身利益和国际经济秩序的双重考虑，发达经济体和发展中经济体转向更深层次的国际公共产品的生产，代表发达经济体的更高层次的国际公共产品以及符合新兴经济体和发展中国家的国际公共产品应运而生，世界进入国际公共产品多样化、破碎化时期。

新自由制度主义在批判霸权稳定论的基础上提出了国际规制论，认为当各国相互交流发展到形成复合相互依赖时，可通过建立一定的国际规制来管理这种依赖关系，以促进国际秩序稳定。基欧汉明确指出国家间共同利益的存在是这种规制建立的前提，也表明国家对此类公共产品的偏好。国际规制通过明确法律责任、

---

① 陈明宝、陈平：《国际公共产品供给视角下"一带一路"的合作机制构建》，《广东社会科学》2015 年第 5 期。

提供有效信息减少不确定性、降低交易成本等促进国家间合作供给所需公共产品。但在国际政治现实中，由于国际社会缺乏一致认可的公共权威，更不存在一个具有中央权威的世界政府。国际公共产品的"公共性"是相对的，要提供哪些国际公共产品用多少资源来生产公共产品，不同行为体在公共产品生产过程中承担何种责任，收益分配的机制如何等，这些问题都关系到国际公共产品能否提供及其供应的水平和效率。国际环境纷繁复杂和国际公共产品需求多样，增加了国际规制创设过程中的谈判难度，国际规制数量的增加还可能引发规制竞争或有关国家对领导权的争夺。

美国经济实力相对衰败，使其无力主导对现有经济秩序做重大的调整变革，或提供新的替代性的全球公共产品，甚者出现了美国将国际公共产品"私物化"的趋向。例如，2008年次贷危机后美国的量化宽松政策带来了进一步的全球流动性泛滥，促成了欧债危机，同时也为其他地区蕴埋了更大的金融不稳定性。此外，公共产品的非中性和非排他性，也带来了"集体行动的困境"和"搭便车"行为，这在国际层面表现得尤为明显。金德尔伯格曾指出，世界经济体系的运行，无法完全依靠市场自发的力量，或者说不能指望各国自觉、自愿地提供确保经济体系稳定所必需的成本，因此必须有一个国家在其中发挥领导作用，提供这种成本。由于国际公共产品中涉及行为体形态多样，利益出发点各不相同，每个行为体都希望追求自身利益最大化，搭其他国家的便车，又不希望过多地承担公共产品供给成本、别的国家搭自己的便车，由此造成国际公共产品供给的集体行动困境，而集体行动困境的存在是导致国际公共产品供给严重不足的主要原因。进入21世纪以来，生产要素在全球范围内的流动进一步加深了各国间的相互依赖，2008年爆发的金融危机席卷全球，已经充分证明了这一点，无论是发达经济体还是发展中国家都无法幸免。同时，地区冲突所导致的人道主义灾难、武器扩散、海盗、非法入境、恐怖主义和极端宗教思想等问题，也使任何国家都不可能独善其身，因此世界对公共产品的需求比历史上任何时代都要强烈。

二 中国提供"国际公共产品"的最新实践

在过去的 40 多年里，中国一直是全球既有治理体系的融入者和参与者，尽管这一体系有着诸多的不公，中国仍然强调以渐进的方式来谋求体系的改革，而不是以一种激进的方式谋求推倒重来。面对当今国际公共产品供给不足的现状和国际社会的共同期待，中国积极参与全球和地区事务在维护世界和平与发展、促进区域互信与合作方面发挥着日益重要的作用，充分展现了负责任世界大国的担当。特别是 2008 年美国爆发金融危机以来，中国以更加积极的方式参与全球治理体系，谋求国际治理体系的变革，并在全球治理中发挥更大的领导作用。从 2008 年开始，中国开始为全球治理贡献更多资金，包括对 IMF 和世界银行的注资，以及"一带一路"倡议的提出。不仅如此，中国也开始在制度建设上为全球治理做出贡献，如 2014 年提出设立亚洲基础设施投资银行、金砖国家新发展银行。而从 2016 年开始，特别是以 G20 杭州峰会为起点，中国开始在全球治理中贡献思想。从资金到制度再到思想，中国一步步走向一个成熟的和负责任的大国。[①]

1. 成立亚投行与新开发银行

根据世行《1994 年世界发展报告》估计，一个国家基础设施

---

① 李巍：《中国如何破除"金德尔伯格陷阱"?》，《中美聚焦》2017 年 2 月 28 日，ht-tp://www.sohu.com/a/127511799_170375。

存量增加1%，将带动该国的 GDP 增加1%。东亚经济增长远远高于撒哈拉以南非洲的一个重要原因是基础设施投资。目前亚洲地区已经形成复杂精密的生产网络，但是偏远地区、内陆国家及孤岛等还一定程度上处于隔绝状态。基础设施项目融资困难较多，特别是区域基础设施项目在开发审批和执行过程中涉及重大风险和不确定因素，面临额外的管理、商业和主权风险，情况更加复杂。即使在区域一体化程度很高的欧盟，区域项目也只占基础设施总投资的很小一部分。当前，亚洲很多国家正处在工业化、城市化的起步或加速阶段，基础设施总体上依然比较落后，基础设施发展依然滞后于其经济增长。且无论在质还是量上均低于国际标准，已经对亚洲经济发展造成了相当严重的制约。特别是对能源、通信、交通等基础设施需求很大，但供给却严重不足，面临建设资金短缺、技术和经验缺乏的困境，亟须改善地区内各国基础设施和实现国家间的互联互通，从而提高亚洲经济增长和全球经济增长的动力。

亚洲地区作为世界上最有经济活力和潜力的地区，需要大量的资金进行基础设施建设。开发规划良好、高质量和可持续的基础设施项目，不仅有助于推动经济增长，提高生产率，促进就业，还可以通过基础设施的互联互通促进商品、服务和人员的跨境自由流动，进而促进亚洲区域经济一体化的发展。[1] 根据亚洲开发银行[2]的测算，2010—2020 年亚洲国家基础设施投资需求为 8 万亿美元（见表 7 - 1），其中新增能力占68%，维护和更新现有基础设施占32%，年均基础设施投资需求将达到 7300 亿美元。电力和公

---

① 《亚洲基础设施投资银行如何创新模式》，南都网，2015 年 4 月 3 日，http：//www. nandu. com/nis/201412/03/301131. html。

② Asian Development Bank，*Infrastructure for a Seamless Asia*，Tokyo：Asian Development Bank Institute，2009.

路分别占总体需求的 51% 和 29%。东亚和太平洋岛的需求总计 4.67 万亿美元，南亚为 2.87 万亿美元，中亚为 4600 亿美元。

表 7 - 1　　按部门统计的 2010—2020 年亚洲国家基础设施投资需求

（2008 年，单位：百万美元）

部门	新增能力	维护和更新	总计
能源（电力）	3176437	912202	4088639
电信	325353	730304	1055657
移动电话	181763	509151	690914
固定电话	143590	221153	364743
运输	1761666	704457	2466123
机场	6533	4728	11261
港口	50275	25416	75691
铁路	2692	35947	38639
公路	1702166	638366	2340532
供水和环卫设备	155493	225797	381290
环卫设备	107925	119573	227498
供水	47568	106224	153792
总计	5418949	2572760	7991709

数据来源：Asian Development Bank, *Infrastructure for a Seamless Asia*, Tokyo：Asian Development Bank Institute, 2009.

世行一直由美国主导，其对发展中国家的金融支持在国别和项目的选择等问题上，常常受到美国政府的左右。世行常常通过提供贷款对发展中国家的经济决策过程施加影响，为了符合世行要求的建立市场经济机制的条件，接受贷款的发展中国家要设置一系列的改革计划，才可以获得贷款，世行甚至还对一些受援国施加政治压力。[①] 世行的贷款方向也并不完全适合发展中国家的需求。很多发展中国家正处在工业化、城市化的起步或加速阶段，对能源、通信、交通等基础设施有很大需求，但是由于供给严重不足，这些国家面临建设资金短缺、技术和经验缺乏的困境。由发达国家主导的世行在融资项目选择上对发展中国家亟待突破的瓶颈问题考虑不够，导致对基础设施建设等开发性投资重视和支持不足。

成立于 1966 年的亚开行一直以来由日美主导，历任行长均由日本人担任。一直以来，亚开行融资门槛较高。亚洲地区的发展中国家要想获得贷款，需要通过政府透明度、意识形态，以及环保、雇佣、招投标等方面的考核要求。这种种考核不仅耗费大量时间、人力、物力、财力，更重要的是有可能延误贷款时间，造成发展中国家不能及时获得所需金融支持。此外，日美联盟甚至把亚开行作为维护自身国家利益和政治利益的途径，通过附加苛刻条件或者减少项目贷款来打压与自己存在价值观和政治冲突的国家。目前亚洲的很多发展中国家还处在工业化、城市化进程中，面临能源、通信、交通等基础设施供给严重不足的问题，需要投入大量建设资金，摆脱目前的发展瓶颈。

世行和亚行等多边开发机构主要致力于全球和区域范围内的减贫，投向亚洲域内基础设施的资金非常有限。现有的世界银行、亚洲开发银行等国际多边机构，都无法满足这样庞大的资金需求。另外由于基础设施投资的资金需求量大、实施的周期很长、收入流不确定等因素，私人部门大量投资于基础设施的项目也有难度，全球私人金融机构的基础设施投资则主要流向发达国

---

① 耿楠：《多边开发金融体系新成员：创新与合作——新开发银行与亚投行机制研究》，《国际经济合作》2016 年第 1 期。

家的成熟资产，包括亚洲在内的广大发展中国家和新兴经济体的基础设施建设需求，始终难以得到真正填补，因此亚洲多数国家在基础设施建设方面常常心有余而力不足。基础设施是公共物品，需要大量资金投入支持，但其投资回报周期长，风险大，融资难度较高，私营部门和企业并不愿意从事和投资基础设施项目和工程的建设工作，大部分基础设施项目工程由政府部门牵头进行支持。由于基础设施投资资金过于巨大，需要金融机构等外部力量的参与共建，但就目前的外部金融而言并不能提供充足的金融服务和支持。其主要原因是功能和定位要求不能紧跟经济形势变化，受意识形态和思维惯性的制约。大多数亚洲国家的外汇储备较为丰富，并不缺少资金，而是缺少一个具有统筹资金、运作资金的区域性组织机构或平台。而且世界银行以及亚洲开发银行不能提供足够规模的资金用于基础设施投资建设领域，不能满足亚洲地区以及其他地区经济发展所需的基础设施建设资金需求，所以需要构建一个以亚洲国家新兴经济体为主导的，其业务范围和资金运营主要是为亚洲国家地区基础设施建设投融资服务的多边开发合作银行，为亚洲地区经济建设发展提供资金支持和服务。

正是在这样的困境和需求之下，为构筑基础设施所必需的资金池，中国积极倡议发起亚投行。作为一种创新的多边投融资平台，它可以促进本地区充裕的储蓄资金直接注入亚洲内部的生产性投资（包括区域基础设施）。新成立的亚投行不仅可以为亚洲经济社会发展提供高效而可靠的中长期的金融支持，有利于夯实作为经济增长动力引擎的基础设施建设，还将提高亚洲资本的利用效率，从而促进区域内全方位的互联互通建设，这对亚洲国家乃至全球经济的可持续发展都具有非常重要的意义。[①] 亚投行主要是以新兴经济体为主导的、为亚洲国家和地区基础设施建设投资而服务的区域性开发银行。亚投行的成立能够有效弥补其他区域性金融机构组织的功能缺失,缓解亚洲地区基础设施建设的资金短缺现状,推动亚洲地区间的互惠共赢。对参与亚投行的亚洲国家来说,在本国资金供给不足以及世界银行和亚洲开发银行等多边金融机构资金使用限制过多的情况下,亚投行作为针对亚洲各国量身打造的金融服务机构,则提供了一种可行的选择。对于亚洲广大资金需求国而言,积极参加亚投行意味着能够获得亚投行给予的基础设施改造升级的金融支持。对于资金供给国而言,亚投行代表着一个新的投资平台,亚洲不少国家(特别是中东地区的石油出口国和东亚部分贸易顺差国)拥有的外汇储备主要通过主权财富基金、对外直接投资以及在既有国际金融体系内流动的方式使用,受到较多的规则约束,亚投行则开辟了新的投资渠道,能够部分容纳资金富裕国的外汇储备。[②]

新开发银行则是金砖五国巴西、俄罗斯、印度、中国和南非倡导成立的跨区域的开发性金融机构,新开发银行成立的主旨是为新兴经济体及发展中国家的基础设施建设和可持续发展项目提供融资支持。根据《全球竞争力报告2014—2015》提供的数据显示,金砖国家仍然需要对基础设施建设进行极大的投入。在144个国家和地区中,金砖国家的基础设施质量总体排名靠后,巴西在总体基础设施质量上的排名更是在一百名开外,而印度则须在总体上加大对基础设施建设的投入。金砖国家中除巴西与南非外,中国、

---

① 《亚洲基础设施投资银行如何创新模式》,南都网,2015年4月3日,http: //www. nandu. com/nis/201412/03/301131. html。

② 宋国友:《亚投行的最大魅力是互利共赢》,参考消息网,2015年4月3日,http: //ihl. cankaoxiaoxi. com/2015/0320/712252. shtml。

印度、俄罗斯三国的总储蓄率均高于世界平均水平，如此规模巨大的储蓄无疑应当善加利用，而新开发银行的成立为新兴经济体的巨额储蓄找到了投资方向，也为基础设施建设找到了融资渠道，嫁接起资金需求方与供给方之间的桥梁。因此同为全球性多边开发银行并致力于为基础设施建设和可持续发展项目提供融资支持的新开发银行，无疑是对世行全球业务的一个很好的补充。如世行对信息和通信部门的投入向来有所忽视，而这也是许多低收入国家在基础设施上尤为薄弱之处。中国和印度在电信基础设施建设方面有着丰富的经验，新开发银行恰恰可以此为重点投入部门，并作为中介引导中印两国的电信公司参与欠发达地区的电信基础设施建设。在初始运营阶段，新开发银行的贷款发放对象将主要为金砖五国。未来新开发银行作为一个开放的机构还将吸收新成员加入，金融支持对象也将扩展到更大范围。作为覆盖拉美、欧洲、亚洲和非洲等多个区域的多边开发金融机构，新开发银行是对世行等机构金融支持不足的补充。

2. "一带一路"倡议

中国作为一个新兴发展经济体，一直愿意在建立新的全球经济治理方面承担更大的责任，为全球经济增长提供新的动力。目前全球经济面临着许多新的挑战：2008 年金融危机后经济复苏缓慢，贫富国家之间、地区之间的发展极不平衡，国际机构在支持恢复和纠正失衡方面发挥的作用不足。中国提出的"一带一路"倡议是在面临复杂的国内国际背景下，应对国内经济改革和对外开放，为经济发展创造良好国际环境的策略。"一带一路"倡议涵盖了亚洲、欧洲和非洲的广大地区及其陆地和海洋之间的联系，包括了基础设施、产业园区、港口网络以及文化交流等综合议程。从所要解决的公共问题看，是要通过"政策沟通、设施联通、贸易畅通、资金融通、民心相通"五大领域发展区域经济，应对危机，推动区域经济一体化进程。因此"一带一路"倡议在本质上不是反对美国的"亚洲支点"战略，而是基于中国自身的需要。大部分中国的邻国是发展中经济体，如果他们通过参与"一带一路"倡议改善其经济环境，将有利于中国的发展。通过为基础设施和工业区建设提供资金，"一带一路"倡议能够为欧元区、非洲地区创造新的增长潜力。"一带一路"作为典型的区域公共产品，是中国向国际社会提供的开放、包容、互利、共赢的公共产品，具备很强的正外部性特征以及互惠的特性。

首先，"一带一路"倡议具有开放性和包容性，不仅沿线国家可以参与，也欢迎世界上其他国家参与建设。"一带一路"建设要在整个沿线内建立的是互惠性的经济合作关系，不设定特别的惠及对象。互联互通并不仅仅局限于这些路线，它应被解读为涵盖了横跨欧亚大陆的多种多样的连接，有意愿的国家和经济体均可参与，其利益惠及沿线的所有国家。"一带一路"倡议旨在促进经济要素的有序自由流动，实现资源的高效配置和市场深度融合，鼓励"一带一路"沿线国家实现经济政策协调，开展更加深入和广泛的高标准区域合作，共同营造一个开放、包容、均衡的区域经济合作架构，以促进各国的发展。"一带一路"建设不排斥沿线国家参与，鼓励相关国家参与完善。在 2016 年 4 月 29 日中共中央政治局就历史上的丝绸之路和海上丝绸之路进行的第三十一次集体学习上（以下简称学习会），习近平总书记强调，"一带一路"建设是中国在新的历史条件下推行互利共赢的重要平台，中国是"一带一路"的倡导者和推动者，但建设"一带一路"不是我们一家的事，而是在汲取和借鉴历史经验的基础上，以创新的理念和创新的思维，使沿线各国人民实实在在分享到"一带一路"给他们带来的好处。"一带一路"不仅是一项经济合作新倡议，也是一项和平发展、共同发展的宣言，具有非对抗性和互利共赢的特点。事实上，"一带一路"倡议的地理覆盖范围非常灵活，包括了那些愿意参与国家基础设施、社会经济发展的互联互通。"一带一路"坚持合作共赢的理念，它本着开放的区域合作精神，以平等互利为特征，寻求互利共赢，在共商、共建、共享的基础上，"对所有国家、国际和地区组织开放和参与"。这与沿线国家渴望和平与发展的诉求高度契合，与团结协作、共同应对全球性挑战的时代要求不谋而合。

其次，"一带一路"建设坚持各国共商、共建、共享，让更多沿线国家搭上我国发展快车，不断有实实在在的获得感。"一带一路"是中国向国际社会提供的开放、包容、互利、共赢的公共产品，具备很强的正外部性特征以及互惠的特性。"一带一路"沿线国家经济发展水平不一，利益诉求复杂，经济联系程度不同，这些国家在开放性和包容性的"一带一路"之下，出现"集体行动困境"不可避免。而"一带一路"的实施，在中短期内主要着眼于提供小范围内的区域公共产品，推动区域经济一体化；坚持合作共赢的理念，强调互利共赢、平等合作、共同发展的理念和原则，尽可能与沿线国家渴望和平与发展的诉求相契合。习近平总书记在座谈会上强调要切实推进思想统一，坚持各国共商、共建、共享，遵循平等，追求互利，牢牢把握重点方向，聚焦重点地区、重点国家、重点项目，切实推进规划落实，研究出台推进"一带一路"建设的具体政策措施，重点支持基础设施互联互通、能源资源开发利用、经贸产业合作区建设、产业核心技术研发支撑等战略性优先项目。中国欢迎各方搭乘中国发展的快车、便车，切实推进关键项目落地，以基础设施互联互通、产能合作、经贸产业合作区为抓手，实施好一批示范性项目，多搞一点早期收获，让有关国家不断地有实实在在的获得感。习近平总书记在学习会上也强调推进"一带一路"建设不应仅仅着眼于我国自身发展，而是要以我国发展为契机，让更多国家搭上我国发展快车，帮助他们实现发展目标。要在发展自身利益的同时，更多地考虑和照顾其他国家利益。

中国鉴于经济发展自身的经验，在帮助发展中国家改善基础设施方面发挥重要作用。"一带一路"倡议主动提供融资和网络设计，为突破国家、跨国家的公路、铁路建设瓶颈提供了重要契机，许多项目已经连接各个次区域，包括高铁、石油和天然气管道以及电信和电力的联结。在当前全球经济复苏形势不明朗的背景下，中国推动"一带一路"建设，促进区域经济融合发展，沿线国家的铁路、公路等基础设施、对外贸易、文化产业、旅游等都会从中受益。2016 年 9 月 3 日习近平主席在二十国集团工商峰会上表示："中国的发展得益于国际社会，也愿为国际社会提供更多公共产品。""中国倡导的新机制新倡议，不是为了另起炉灶，更不是为了针对谁，而是对现有国际机制的有益补充和完善，目标是实现合作共赢、共同发展。中国对外开放，不是要一家唱独角戏，而是要欢迎各方共同参与；不是要谋求势力范围，而是要支持各国共同发展；不是要营造自己的后花园，而是要建设各国共享的百花园。"①

中国希望通过给"一带一路"沿线国家提供更好的互联互通和更大的经济效益，通过"一带一路"建设，中国传播自己的一些发展经验，从而对国际经济体系发展做出贡献。与传统的南北经济关系相比，"一带一路"倡议采取不同的方式共享资源，基于平等的伙伴关系共同发展、共享利益。"一带一路"倡议避免投

---

① 习近平：《中国愿为国际社会提供更多公共产品》，人民网，2016 年 9 月 3 日，http：//politics. people. com. cn/n1/2016/0903/c1001 - 28689064. html。

资、知识共享、培训和技术转让与任何硬的或软的政治条件相挂钩，中国和参与"一带一路"国家是合作伙伴关系，沿线伙伴国家要负责项目的规划、设计和运营，中国投资者也必须与其他国家的投资者在公开、公平的条件下展开竞争。"一带一路"倡议下的合作机制更是一个综合性的公共产品体系，包括了自由开放的贸易投资制度、稳定的货币金融体系、可靠的安全保障机制、有效的国际援助体系等。其中，贸易投资、货币金融等经济领域的合作是"一带一路"建设最重要的内容。就经济层面而言，"一带一路"合作的起点是推进贸易与投资便利化，长远来看，是要实现货物、服务、资本与技术的自由流动，实现商品市场与要素市场一体化。因此以"一带一路"建设为契机，开展跨国互联互通，提高贸易和投资合作水平，推动国际产能和装备制造合作，本质上是通过提高有效供给来催生新的需求，实现世界经济再平衡。

"一带一路"倡议提出三年多来，在国际社会产生了广泛共鸣，得到普遍支持。这是因为"一带一路"倡议和构建人类命运共同体理念与《联合国宪章》及联合国 2030 年可持续发展议程的目标和精神高度契合。从中国角度看，"一带一路"是中华人民共和国成立以来提出的规模最大的对外经济合作倡议，是对中国过去近 40 年来对外经济合作传统的继承、发展和再塑造。从全球角度看，"一带一路"是冷战后单一国家提出的最大规模国际经济合作倡议，"一带一路"倡议涉及四个大洲、超过 100 个国家和国际组织，人口超过 43 亿人，经济总产出逾 21 万亿美元。[①] 中国通过"一带一路"这一公共产品参与全球治理，引领世界发展，得到国际社会的尊重和期待。2016 年中国与沿线国家的进出口总额就达

---

① 韩立群：《"一带一路"开创国际公共产品供给新模式》，中国网，2017 年 4 月 11 日，http://opinion.china.com.cn/opinion_ 68_ 162468. html。

6.3 万亿元人民币，增长 0.6%。其中出口 3.8 万亿元，增长 0.7%；进口 2.4 万亿元，增长 0.5%。在沿线国家新签对外承包工程合同为 1260 亿美元，增长 36%。对沿线国家直接投资 145 亿美元，占我国对外投资总额的 8.5%。中国企业已经在"一带一路"沿线 20 多个国家建设了 56 个经贸合作区，涉及多个领域，累计投资超过 185 亿美元，为东道国创造了近 11 亿美元的税收和 18 万个就业岗位。目前，共建"一带一路"合作开局良好，已经得到超过 100 个国家和地区的积极响应，取得一大批早期收获成果。这一倡议是中国向世界提出的最重要合作设想，也是迄今受到最广泛欢迎的国际公共产品。①

三　中国提供"国际公共产品"面临的挑战与对策

1. 中国提供"国际公共产品"面临的挑战

新加坡国立大学东亚研究所所长郑永年在《中国可以回避"金德尔伯格陷阱"吗?》一文中称，对中国来说，尽管继续引领全球化符合中国的国家利益，但要担负起提供全球公共品的责任并不容易。问题并非在于中国是否有意愿，而在于要回答一系列问题：中国是否有足够的能力提供国际公共品？如果不能单独提供，中国如何可以和其他国家一起提供？即使中国有意愿也有能力，那么其他国家会很容易接受中国的角色吗?② 由于历史和现实的制约，中国参与国际公共产品供给的理念和实践依然面临诸多问题与不足，需要引起高度重视。

---

① 王毅：《"一带一路"是最受欢迎的国际公共产品》，外交部网站，2017 年 1 月 9 日，http：//news. china. com/domestic/945/20170109/30156079. html。

② 郑永年：《"金德尔伯格陷阱"考验中国崛起》，参考消息网，2017 年 5 月 10 日，http：//news. ifeng. com/a/20170510/51070150_ 0. shtml。

　　首先，中国本身仍然是发展中国家，没有足够的能力来单独提供全球公共品，其未来主要的精力仍然需要放在国内的发展上。尽管美国霸权相对衰落，已经没有足够的能力来单独维持世界体系，但它仍然是世界第一大经济体和军事强国。美国自第二次世界大战结束后建立的正式联盟体系仍然相当牢固，通过合理的地缘布局、有序的形态结构和针对性的战略功能，美国实现了对联盟的组织化，美国正是通过这一联盟体系实现了对全球公共产品特别是安全类公共产品的供应垄断权。中国承担必要的国际责任并做出相应的世界贡献是负责任大国建设的应有之义，也是外部世界特别是西方国家"中国责任论"的重点所在。在全球范围内，中国对于国际维和、反恐、救灾、防核扩散、治理气候变化等问题都高度重视并积极行动。中国在实力允许与资源充分的情况下，向国际社会提供足够的公共产品与必要的"集体服务"，为全球治理做出应有的贡献。如在国际维和方面，目前中国是联合国安理会五个常任理事国中派出兵力最多的国家，承担的维和款项在发展中国家中也属第一。

　　在当前国际现实条件下，单纯依靠一国独立承担国际公共产品供给成本的可能性越来越小，虽然中国已经是世界上第二大经济体，但依然是发展不平衡的发展中大国，依然是世界上最大的发展中国家。当前中国国内的改革遇到一系列体制与机制层面的困难，影响中国的进一步发展。因此中国在负责任大国建设道路上，必须统筹兼顾国内责任与国际责任的关系，把内部需求与外部期待、国内责任与国际责任融于中国负责任大国建设的过程之中。未来中国仍将面临"中国责任论"的国际体系压力，这一压力不仅来自发达国家，也来自发展中国家：在政治上希望中国成为制衡国际强权的中坚力量，在国际社会代表和增进发展中国家的利益；在经济上借力与分享中国经济快速发展红利，获得更多发展援助与投资。

其次，美国要继续维持其霸权，会秉持冷战思维遏制中国的崛起。中国经济快速增长及其可持续增长的前景，使中国提供地区乃至全球经济类国际公共产品的能力和意愿都大幅增加。中国已明确宣示将坚定不移地走和平发展道路，同时也不认为自身的经济性崛起和为地区提供经济类公共产品会危及美国的地区作用。1997 年亚洲金融危机期间，中国没有效仿其他亚洲国家让人民币贬值，而且以自身经济的快速发展为基础，大幅增加了对亚洲其他国家商品的进口，从而既帮助亚洲国家稳定了金融形势，又帮助其恢复了经济发展。2008 年全球金融危机爆发之后，中国主要通过国内经济恢复措施较快地走出了危机，使自身成为在全球金融危机中少有的增长力量，并带动了其他国家的经济增长。[①] 以亚太地区为例，中国向该地区供应经济类公共产品，很大程度上是对当前严重缺失的地区经济类公共产品的一种补充，可填补因日本经济停滞而导致的亚太地区经济类公共产品供应能力和意愿的空白。但美国对这一新出现的比较优势格局的认知明显不同，在美国看来，中国的经济性崛起和提供地区经济类公共产品的能力、意愿和接受度的提升，尽管尚未直接威胁其对地区安全类公共产品的供应垄断，但中国为地区提供的经济类公共产品越多，其威胁态势就越明显，因为这不仅意味着中国经济影响力的上升，还可能危及美国在地区内提供安全类公共产品的能力。

最后，一些国家对中国没有足够的信任，而且在回应各种错误认知上，中国本身直到今天仍然处于一个被动的地位。尽管客观上世界经济需要中国扮演新的领头羊和提供公共品的领导者，但

---

① 张春：《国际公共产品的供应竞争及其出路——亚太地区二元格局与中美新型大国关系建构》，《当代亚太》2014 年第 6 期。

很多国家对中国仍持怀疑态度，中国实力增长引起了地区国家和其他大国的猜忌，针对中国的国际舆论形势愈加复杂。2011 年 BBC 的一项调查则显示，对中国的态度在近年越来越趋于不平衡，从 2005 年的有相当部分的肯定到 2009 年的最低点，后有一定反弹，但是整体仍趋于消极，几乎与肯定比例持平。对中国最有好感的国家集中在非洲、拉美地区，而在西方国家，特别是欧洲，对中国态度消极度比例很大，如法国（64%）、德国（62%）、西班牙（57%）、意大利（56%）。中国的近邻韩国（53%）、日本（52%）和印度（52%）对中国的态度消极比例也很大。[①] 中国最常用的一种简单解释是：中国没有领导世界的野心，但这种解释已经远远不足以减少人们对中国和现存国际秩序之间的关系的担忧，其他国家很难相信一个不断崛起的中国，会一直是现状的接受者和维护者。[②] 一些国家由于对中国存在认同障碍，因此对中国主导的公共产品供给也缺乏认同，这给中国的公共产品供给行动带来了极大阻力。一些国家仍无法彻底放下意识形态分歧，将中国奉行的"和平崛起"被一些国家视为对现行国际秩序的威胁和修正，将中国引领体系向更合理的方向转变的努力看作称霸的野心，对中国主导的公共产品供给持有疑虑和防范心理。以亚太地区为例，各国或地区公共产品的消费者并未选择全面加入中美某一供应方或搭便车，而是有意识地强化正在形成的亚太地区公共产品供应的比较优势结构，地区各国事实上更愿意为美国在此类公共产品供应上的比较优势贡献力量，从而主动建构"经济上依赖中国、安全上依赖美国"的亚太二元格局。

---

① 王双：《国际公共产品与中国软实力》，《世界经济与政治论坛》2011 年第 4 期。
② 郑永年：《"金德尔伯格陷阱"考验中国崛起》，参考消息网，2017 年 5 月 10 日，http://news.ifeng.com/a/20170510/51070150_0.shtml。

2. 建议与对策

第一，中国要积极融入和推进现有国际治理机制的调整，实现从参与者到管理者、倡导者和引领者的转变。制度本身就是一种国际公共产品，在现有全球治理的制度安排中，美国主导了世界贸易组织、国际货币基金组织、世界银行等大量国际组织和国际制度的设计，建立了美国主导的国际体系。经过战后几十年的发展，这些制度相对比较成熟，在全球治理中也确实发挥着重要功能。随着经济全球化步伐的加快和国际关系逐步朝着有序化、制度化和机制化方向发展，中国的国家行为越来越多地受到国际机制的影响和约束。近年来，中国在与国际经济秩序接轨方面取得了实质性的进展。与国际经济秩序的深度融合，不仅有助于中国本身的可持续发展与和平崛起，也有助于世界避免"金德尔伯格陷阱"和维护世界经济的稳定发展。但目前诸如 WTO、IMF 和世界银行等国际公共产品供给平台都受到大国或者大国利益集团的控制和影响，从而导致其国际公共产品供给职能未能有效发挥，相关利益主体的诉求未能充分表达。当既有国际制度的有效性降低、公信力缺失时，国际社会就会缺乏维持制度的信心。其中，中国也要承受西方不公平的议题设置、话语主导、规范约束等制约，中国已经意识到全球治理体系出现了很多问题，需要解决，如新兴经济体和发展中国家对世界经济增长的贡献率达到80%以上，但并没有反映到全球治理体制上，世界经济不平衡是因为发达国家和发展中国家在全球治理体系中权力配置上的不公平。

国际规范的塑造过程，实际上就是提升一国隐性权力的过程，尽管中国已经在国际安全组织、国际政治组织、国际经济组织、国际环境组织以及地区组织的规范塑造方面取得巨大进步，但目前国际秩序需要通过改革而加以改善，中国接受国际治理秩序的合理部分，但不会接受和重复不合理的部分。中国必须在进一步加快参与国际公共事务的步伐、接受国际普遍规范、信守承诺的同时，以"负责任大国"的姿态积极参与制定新的国际规范，逐步改变少数国家把持规则制定、利用规则"损人利己"的现状，使游戏规则的制定朝着有利于发展中国家的方向发展。因此在新一轮的国际权力结构调整中，中国要把握和营造良好的改革契机，利用自身的经济优势，抓住机遇，创造条件，对这些国际制度进行改革，提高国际组织的治理能力，强化国际制度的公平性，促进全球治理的民主化。中国这样做并非为了一己之私利，而是为了实现可持续的全球治理。中国不仅要改革现存国际治理体系，使之更可持续和合理，而且要以自己的力量来继续发展和补充这个体系。如2015年中国发起成立的亚洲基础设施投资银行，并不是要取代世界银行或者其他国际的和区域组织，而是对现存体系的补充。

第二，中国在履行"大国责任"的过程中，必须清醒认知自身新兴发展中大国的身份定位，不回避自己在国际事务中的责任担当，但向国际社会供给国际公共产品必须量力而行。目前新兴国家承担国际责任、提供国际公共产品的意愿和能力尚显不足，新兴国家将更多的精力和资源投放于追求和平、生存和发展。而依靠现存国际规制协调国际集体行动也会面临代表性不足等问题，这些都增加了中国参与协调产品供给模式的不确定性。因此中国倡导供给国际公共产品，仅仅依靠国家意愿是不够的，还需要不断增强国际公共产品的供给能力。中国实力的迅速增强是开展负责任大国建设的物质基础与根本前提，只有不断加强供给能力建设，中国才能成为有能力和负责任的倡导型供给者。另外，发展中国家是中国外交践行"负责任大国"的重要场所，中国正在努力构建与发展中国家的"机遇共同体""责任共同体""利益共同体"和"命运共同体"，发挥国际秩序改革的推动者、经济发展理念的重要贡献者与世界和平和安全的坚定维护者作用。当然这种责任也不是没有原则和限制的，也不是某些国家外力所能决定的，而必须是从自身实力、能力和价值出发，在符合中国国家根本利益的前提下做出的理性选择。中国不能成为"孤独的大国"，合作与共同利益是中国"负责任大国"的实现之道。

第三，在供给国际公共产品上，中国要处理好国际行为体的利益动态平衡问题，提升国际利益与国家利益的协调与整合能力，既要推动自我利益的实现，也要维护国际社会的整体利益。国际社会中存在着不同的国际行为体，当利益冲突时，需要大国对各国利益进行协调与整合，化解冲突的利益，发展共同利益。利益协调与整合是倡导型供给者获得国际认同的重要能力，可以促进公共产品供给。在国际议题的设置中应该全面权衡利益的复杂性、敏感性和脆弱性，努力提升利益协调与整合的能力，促进重大国际公共产品的有效供给。例如，在全球气候治理议题上，中国与发达国家的权力依旧存在较大差距。在气候谈判中，发达国家在减排、资金、技术问题上具有绝对的手段性权力，而最不发达国家和小岛屿国家则具有较强的话语权，中国在这些问题上既要面对发达国家采取手段性权力而带来的正面压力，又面临因发展中国家内部的矛盾和分化导致的来自部分发展中国家的道德话语权压力。因此中国应该和其他新兴国家一起向发达国家争取发展中国家的权益，提升发展中国家气候治理的自主性和手段性权力，增强发展中国家的凝聚力和话语权，抵御发达国家的手段性权力压力，阻止其破坏多边气候合作的行为；坚持以多边气候谈判为治理核心平台的立场，抵制那些妄图抛弃多边谈判、另起炉灶的图谋，平衡多边谈判和其他气候治理领域的关系，为治理权力的运用提供良好的平台。

中国一直是国际合作的倡导者和国际多边主义的积极践行者，坚定不移奉行互利共赢的开放战略，努力为促进世界经济增长和完善全球治理贡献中国智慧、中国力量。在世界格局发生巨大变化的历史时刻，中国积极参与全球治理，推动国际经济治理体系改革完善，积极引导全球经济议程，促进各国宏观经济金融政策的国际协调，实现全球经济平衡发展、金融安全有序、经济稳步增长。在联合国、国际货币基金组织、世界银行等全球性国际组织中，中国应该继续与发达国家加强南北对话，一起推动世界的可持续性发展。在地区合作中，中国应该积极倡导和推动地区经济一体化进程，加快互联互通建设，搭建互利合作平台，并适当向中小国家让利，在关税减让、投资便利化、技术合作等方面鼓励周边国家搭乘中国的发展快车。例如，"一带一路"虽然是中国倡议下形成的国家间的合作发展战略，但这是一个共商、共建、共享的普惠共赢工程，不是中国的独奏，而是沿线国家的合唱。我们推进"一带一路"建设不会重复地缘博弈的老套路，而将开创合作共赢的新模式；不会形成破坏稳定的小集团，而将建设和谐共存的大家庭。

第四，中美两国在国际公共产品的供给上并非零和博弈，而是存在合作与协调空间。要实现中美在国际公共产品供给上的合作，推动美国发挥建设性作用。随着中国经济的发展，中国为国际提供公共产品的能力、意愿都在上升，美国应认识到崛起的中国无意挑战美国主导的国际秩序，中国提供国际公共产品并非为了与美国争夺主导权，而是要让其他国家分享中国发展的红利。对于中国而言，美国的相对衰落并未动摇其国际公共产品供给者的主导地位，中国应积极寻求与美国在公共产品供给上的合作。中国倡导供给国际公共产品需要与其国际地位、国家实力相匹配的合理权力份额，合理的权力分配有助于中国在国际公共产品供给中发挥主观能动性和积极性，也有助于提高国际公共产品供给的效率与质量。中美双方应积极构建中美新型大国关系，主动放弃传统的领导权竞争思维，确立领导权分享思维，实现供给的合理分工，尽量避免恶性竞争、资源浪费。中美双方应强化协调力度，就潜在的公共产品供应体系的调整进行讨论，包括接纳更多的潜在供应方加入这一供应体系，探索发展"共同贡献、共享成果"的新型公共产品供应机制，积极促成"不对抗、不冲突""相互尊重"及"合作共赢"的新型大国关系的构建，不断扩大共同利益，妥善处理分歧，在全球治理问题上加强协商，为全球的公共产品供给创造和谐的环境。这不仅有助于确保国际公共产品供应体系的稳定性和合理性，更可推动中美新型大国关系的构建。

第五，中国须更多地注重诠释自身外交理念，确立自己的话语体系，注重外交政策实施的合理性、合法性，占据道德高地，从而提升国际形象和中国软实力。提升国际公共产品的供给能力，还需要构建具有中国特色的外交理论体系，即中国外交的"理论化"努力。国际秩序理念和国际规范的创新将是一个不断反复和逐渐被认同的长期历史过程，但对于世界秩序的走向和发展进程却是至关重要的。现今的国际形势变幻复杂，传统的国际秩序理念、国际关系规范受到严峻挑战或自相矛盾，因此中国应致力于国际秩序理念和国际规范的创新，以自身的实践来探索和传达不同于西方自由主义秩序的世界新秩序理念。"理论化"努力就是要逐步实现国际规范的"中国化"过程，依据中国今天的现实和未来的利益，确定中国外交新的认知要素和观念体系，在学习、理解和接受国际规范的基础上，结合中国传统的历史文化资源，提炼出更加具有世界意识的行为规范、标准和原则，创造中国特色的国际话语体系。当下，软权力不足是中国话语影响力的软肋，但是中国经济的快速发展和持续繁荣，为世界提供了一种充满活力的独特管理模式和新的发展思路。中国在传统国际公共领域及其他新的国际公共产品领域积极承担与自身实力相适应的责任，是提升自身软实力的重要契机。

通过发展实现社会稳定和经济繁荣是中国软实力的内部来源，中国基于自身"创新、协调、绿色、开放、共享"的五大发展理念，倡导在全球治理中的"普惠包容""共享共赢"，反对以邻为壑，倡导各国寻求利益共享，实现共赢目标，构建以合作共赢为基础的全球伙伴关系。中国应致力于探索自身发展模式，总结成功经验，以供参考和学习，在实现自身不断发展和民众幸福的基础上，承担为世界提供发展理念及有效发展模式的国际公共产品的责任。发展出一套系统的发展观念及模式，将是中国对世界经济发展做出的巨大贡献，也将成为中国软实力的重要标志。中国的软实力提升还可以通过向其他国家提供经济发展所需的开放市场，促进全球经济的可持续发展与包容性增长，维护国际体系的平稳转型，推动国际新秩序、新理念的创新和实践等方式来实现。积极开展多层次的国际交流与合作，形成国际公共产品供给中的利益共同体，从而形成对国际公共产品需求方面的相似诉求，最终增强在国际公共产品决策中的影响力。

中国还要大力支持和推动公共外交，加强关于国际公共产品观点的国际舆论投资，把中国关于国际公共产品的观点和立场向外传播，向世界传递中国的友好形象，进而影响、改变和分化其他国家的立场和观点，取得共识，使外交工作更好地服务于国际公共产品的供给，共同推动国际公共产品的改革和创新。在传播过程中要考虑新规范的合理性和可接受性，注重诠释和倡导自身别具特色的国际价值观和国际关系理念，体现出中国对世界新秩序理念的深刻思考与中国式的世界理想，让其他国际行为体更加容易认同中国崛起，更加乐于接受中国供给的国际公共产品，从而降低对中国的猜疑和不信任。

参考文献

英文文献

Aiyar, S. , R. Duval, and D. Puy: "Growth Slowdowns and the Middle-income Trap", *IMF Working Paper*, Number13/71, 2013.

Asian Development Bank: "*Asian 2050: Realizing the Asian Century*", Manila, 2011.

Asian Development Bank: *Infrastructure for a Seamless Asia*, Tokyo: Asian Development Bank Institute, 2009.

Charles P. Kindleberger: "International Public Goods without International Government", *The American Economic Review*, 1986, 76 (1), pp. 11 – 13.

Easterly, W. , M. Kremer, and L. Pritchett: "Good Policy or Good Luck: Country Growth Performance and Temporary Shocks", *Journal of Monetary Economics*, 1993, 32 (3), pp. 459 – 483.

Eichengreen, B. , D. Park and K. Shin: "When Fast Growing Economies Slow Down: International Evidence and Implications for the People's Republic of China", *Asian Development Bank: Economics Working Paper Series*, 2011 (262) .

Eichengreen, B. , D. Park, and K. Shin: "Growth Slowdowns Redux:

New Evidence on the Middle-income Trap", *NBER Working Paper*, 2013.

Felipe, J., A. M. Abdon and U. Kumar: "Tracking the Middle-Income Trap: What is it, Who is in it, and Why?", *Levy Economics Institute Working Paper*, 2012 (715).

Gabriel, F and D. Rosenblatt: "Middle-income Traps: A Conceptual and Empirical Survey", *World Bank Policy Research Working Paper*, Number 6594, 2013.

Gill, I. S., H. J. Kharas, D. Bhattasali: *An East Asian Renaissance: Ideas for Economic Growth*, World Bank Publications, 2007.

Im, Fernando Gabriel and David Rosenblatt: "Middle-Income Traps: A Conceptual and Empirical Survey", *World Bank Policy Research Working Paper*, 6594, 2013.

Jankowska Anna, Nagengast J Arna, and Ramon Jose: "The Middle-Income Trap: Comparing Asian and Latin American Experiences", *OECD Development Centre Working Paper*, 2012.

Kremer, Michael, Alexei Onatski, and James Stock: "Searching for Prosperity", *NBER Working Paper Series*, 8250, 2001.

Mancur Olson and Richard Zechhauser: "An Economic Theory of Alliances", *The Review of Economics and Statistics*, 1966, 48 (3): pp. 266 – 279.

Mancur Olson: "Increasing the Incentives for International Cooperation", *International Organization*, 1971, 25 (4), pp. 866 – 874.

Ohno Kenichi: "Avoiding the Middle-Income Trap: Renovating Industrial Policy Formulation in Viet Nam", *ASEAN Economic Bulletin*, 2009, 26 (1), pp. 25 – 43.

Quan, D. : "Galton' s Fallacy and Convergence in Models of Distribution Dynamics", *Scandinavia Journal of Economics*, 1993, 95 (12), pp. 427 –443.

Qureshi, Mahvash Saeed and Guanghua Wan, 2008, Trade Expansion of China and India: Threat or Opportunity? *The World Economy*, 31 (10), pp. 1327 –1350.

Robertson, P. and L. Ye: "On the Existence of a Middle Income Trap", *University of Western Australia Economics Discussion Paper*, Number 13, 2013.

Shekhar Aiyar, Romain Duval, Damien Puy: "Asia and Pacific Department, Growth Slowdowns and the Middle-Income Trap", *IMF Working Paper*, 1371, 2013.

Woo, W. T. "China meets the Middle-Income Trap: The large potholes in the road to catching-up", *Journal of Chinese Economy and Business Studies*, 2012, 10 (4), pp. 313 –336.

Woo, W. T. "China meets the Middle-Income Trap: The large potholes in the road to catching-up", *Journal of Chinese Economy and Business Studies*, 2012, 10 (4), pp. 313 –336.

中文文献

[古罗马] 普布里乌斯·克奈力乌斯·塔西佗:《历史》,王以铸等译,商务印书馆1987年版。

[美] 查尔斯·P. 金德尔伯格 (Charles P. Kindleberger):《1929—1939年世界经济萧条》,宋承先、洪文达译,上海译文出版社1986年版。

蔡翠红:《中美关系中的"修昔底德陷阱"话语》,《国际问题研究》2016年第3期。

蔡昉、都阳、陈凡：《论中国西部开发战略的投资导向：国家扶贫资金使用效果的启示》，《世界经济》2000 年第 11 期。

蔡昉、王德文、曲玥：《中国产业升级的大国雁阵模型分析》，《经济研究》2009 年第 9 期。

蔡昉：《"中等收入陷阱"的理论、经验与针对性》，《经济学动态》，2011 年第 12 期。

蔡昉：《理解中国经济发展的过去、现在和将来：基于一个贯通的增长理论框架》，《经济研究》2013 年第 11 期。

蔡昉：《中国内部能产生雁阵经济吗》，《人民论坛》2013 年第 10 期。

蔡昉、都阳：《区域差距、趋同与西部开发》，《中国工业经济》2001 年第 2 期。

蔡昉、都阳：《中国地区经济增长的趋同与差异——对西部开发战略的启示》，《经济研究》2000 年第 10 期。

蔡昉、王美艳：《中国面对的收入差距现实与中等收入陷阱风险》，《中国人民大学学报》2014 年第 3 期。

蔡翔、熊静：《我国各产业就业区域差异分析》，《商业研究》2013 年第 5 期。

曹秋菊：《对外直接投资与产能过剩化解》，《求索》2016 年第 6 期。

曹晓蕾：《中国对外贸易增长放缓问题研究》，《世界经济与政治论坛》2016 年第 1 期。

陈得文、苗建军：《人力资本集聚、空间溢出与区域经济增长——基于空间过滤模型分析》，《产业经济研究》2012 年第 4 期。

陈华：《转型期社会管理困境与政府公信力》，《南京政治学院学报》2013 年第 4 期。

陈积敏：《构建中美新型大国关系，破解"修昔底德陷阱"》，《和平与发展》2015 年第 3 期。

陈明宝、陈平:《国际公共产品供给视角下"一带一路"的合作机制构建》,《广东社会科学》2015 年第 5 期。

陈思萌:《出口模式与贸易摩擦:基于引力模型的中德比较分析》,《世界经济与政治论坛》2015 年第 2 期。

陈岩、翟瑞瑞:《对外投资、转移产能过剩与结构升级》,《广东社会科学》2015 年第 1 期。

陈园园、王荣成、安祥生、王建康、宋庆伟:《中国投资的空间分布及其对区域经济的影响》,《经济问题》2014 年第 11 期。

程俊杰、刘志彪:《产能过剩、要素扭曲与经济波动——来自制造业的经验证据》,《经济学家》2015 年第 11 期。

代法涛:《跨越"中等收入陷阱":理论、经验和对策——基于 44 个国家的跨国实证分析》,《财经研究》2014 年第 2 期。

邓若冰、刘颜:《工业集聚、空间溢出与区域经济增长——基于空间面板杜宾模型的研究》,《经济问题探索》2016 年第 1 期。

杜传忠、李梦洋:《新型国际分工条件下中国制造业竞争力影响因素分析》,《中国地质大学学报》(社会科学版) 2011 年第 5 期。

段海超、李晓静、张周鹏:《新常态下中国跨越中等收入陷阱的路径选择》,《经济与管理研究》2017 年第 6 期。

菲利普·斯蒂芬斯:《构建新的全球权力均势》,2016 年 10 月 17 日,《金融时报》,http://www.ftchinese.com/story/001069728?full = y。

冯梅:《上海制造业比较优势演化与转型升级的路径研究》,《上海经济研究》2013 年第 5 期。

傅好文著:《天下万物:历史如何帮助中国力争成为全球强国》(Everything Under The Heavens: How the Past Helps Shape China's Push for Global Power), Scribe。

干春晖、邹俊、王健:《地方官员任期、企业资源获取与产能过剩》,《中国工业经济》2015 年第 3 期。

格拉汉姆·艾利森著:《注定一战:美国和中国能避免落入修昔底德陷阱吗?》（Destined For War: Can America and China Escape Thucydides's Trap?）,Houghton Mifflin Harcourt。

耿楠:《多边开发金融体系新成员:创新与合作——新开发银行与亚投行机制研究》,《国际经济合作》2016 年第 1 期。

郭惠琳:"马来西亚陷入'中等收入陷阱'的原因和政策应对",《亚太经济》2012 年第 5 期。

郭金兴、胡映:《典型地区跨越中等收入陷阱的比较研究》,《亚太经济》2016 年第 5 期。

郭熙保、朱兰:《"中等收入陷阱"存在吗?——基于统一增长理论与转移概率矩阵的考察》,《经济学动态》2016 年第 10 期。

国务院发展研究中心《进一步化解产能过剩的政策研究》课题组:《当前我国产能过剩的特征、风险及对策研究——基于实地调研及微观数据的分析》,《管理世界》2015 年第 4 期。

韩宏伟:《超越"塔西佗陷阱":政府公信力的困境与救赎》,《湖北社会科学》2015 年第 7 期。

韩民春、李根生:《劳动力成本上升与产业发展:去工业化还是结构升级》《中国科技论坛》2015 年第 5 期。

韩文龙、李梦凡、谢璐:《"中等收入陷阱":基于国际经验数据的描述与测度》,《中国人口·资源与环境》2015 年第 11 期。

韩媛媛、赵金亮、聂元贞:《比较优势与比较优势陷阱论》,《首都经济贸易大学学报》2008 年第 2 期。

何春、刘来会:《区域协调发展视角下西部大开发政策效应的审视》,《经济问题探索》2016 年第 7 期。

何平、陈丹丹、贾喜越:《产业结构优化研究》,《统计研究》2014

年第 7 期。

何雄浪、郑长德、杨霞：《空间相关性与我国区域经济增长动态收敛的理论与实证分析——基于 1953—2010 年面板数据的经验证据》，《财经研究》2013 年第 7 期。

贺大兴、姚洋：《不平等、经济增长和中等收入陷阱》，《当代经济科学》2014 年第 5 期。

洪世坤：《塔西佗陷阱的消解与避免——基层公安机关公共关系危机应对的调查研究》，《法治与社会》2015 年第 5 期。

胡立君、薛福根、王宇：《后工业化阶段的产业空心化机理及治理——以日本和美国为例》，《中国工业经济》2013 年第 8 期。

胡荣涛：《产能过剩形成原因与化解的供给侧因素分析》，《现代经济探讨》2016 年第 2 期。

胡艳、朱文霞：《交通基础设施的空间溢出效应——基于东中西部的区域比较》，《经济问题探索》2015 年第 1 期。

黄晖：《中国经济增长区域差异的制度分析》，《经济地理》2013 年第 1 期。

黄亮雄、安苑、刘淑琳：《中国的产业结构调整：基于三个维度的测算》，《中国工业经济》2013 年第 10 期。

黄永春、郑江淮、杨以文、祝吕静：《中国"去工业化"与美国"再工业化"冲突之谜解析——来自服务业与制造业交互外部性的分析》，《中国工业经济》2013 年第 3 期。

贾兴梅、刘俊杰：《中国就业结构变化的区域差异——基于偏离—份额分析法的实证》，《西北人口》2014 年第 1 期。

江时学：《真的有"中等收入陷阱"吗？》，《世界知识》2011 年第 7 期。

姜文辉：《产业升级、技术创新与跨越"中等收入陷阱"——东亚和东南亚经济体的经验与教训》，《亚太经济》2016 年第 6 期。

孔泾源：《"中等收入陷阱"的国际背景、成因举证与中国对策》，《改革》2011 年第 10 期。

李丹丹、顾颖、邵展翅：《我国工业增长源泉的区域差异分析》，《统计与决策》2012 年第 17 期。

李辉文：《现代比较优势理论的动态性质——兼评"比较优势陷阱"》，《经济评论》2004 年第 1 期。

李立国、易鹏、薛新龙：《跨越中等收入陷阱要求增加教育投入——经济发展不同阶段国家教育投入的特征与启示》，《中国高教研究》2016 年第 9 期。

李献波、林雄斌、孙东琪：《中国区域产业结构变动对经济增长的影响》，《经济地理》2016 年第 5 期。

廖筠、赵真真：《中国经济增长质量的区域比较研究》，《北京工商大学学报》（社会科学版）2015 年第 4 期。

林毅夫、蔡昉、李周：《比较优势与发展战略——对"东亚奇迹"的再解释》，《中国社会科学》1999 年第 5 期。

林毅夫、孙希芳：《经济发展的比较优势战略理论——兼评〈对中国外贸战略与贸易政策的评论〉》，《国际经济评论》2003 年第 6 期。

林志帆：《"中等收入陷阱"存在吗？——基于增长收敛模型的识别方法》，《世界经济研究》2014 年第 11 期。

林致远：《跨越"中等收入陷阱"：基于人力资本的视角》，《河北学刊》2016 年第 3 期。

刘贯春、张晓云、邓光耀：《要素重置、经济增长与区域非平衡发展》，《数量经济技术经济研究》2017 年第 7 期。

刘建民、王蓓、吴金光：《基于区域效应的财政政策效果研究——以中国的省际面板数据为例：1981—2010》，《经济学动态》2012 年第 9 期。

刘力、杨萌：《我国高技术产业国际分工地位演变——基于完全比较劳动生产率的研判》，《国际贸易问题》2015 年第 4 期。

刘绍芹：《危机传播管理中政府公信力"话语权"的建构》，《东岳论丛》2013 年第 5 期。

刘涛雄、周碧华：《我们能避免"比较优势陷阱"吗》，《宏观经济研究》2012 年第 6 期。

刘文祥、杨小勇：《破解"修昔底德陷阱"魔咒构建中美新型大国关系》，《湖北大学学报》（哲学社会科学版）2015 年第 3 期。

刘宪法、郑宇吉：《中国区域发展的政策选择》，《开放导报》2013 年第 2 期。

刘跃、卜曲、彭春香：《中国区域技术创新能力与经济增长质量的关系》，《地域研究与开发》2016 年第 3 期。

刘志红、王利辉：《交通基础设施的区域经济效应与影响机制研究——来自郑西高铁沿线的证据》，《经济科学》2017 年第 2 期。

卢万青、史怡好："跨越'中等收入陷阱'的国别比较"，《商业研究》，2013 年总第 431 期。

陆文聪、许为：《中国落入"比较优势陷阱"了吗?》，《数量经济技术经济研究》2015 年第 5 期。

逯进、苏妍：《人力资本、经济增长与区域经济发展差异——基于半参数可加模型的实证研究》，《人口学刊》2017 年第 1 期。

迈克尔·格林著：《不只是天意：1783 年以来美国在亚太地区大战略及影响力》（By More Than Providence：Grand Strategy and American Power in the Asia Pacific Since 1783），Columbia University Press。

孟猛：《中国在国际分工中的地位：基于出口最终品全部技术含量与国内技术含量的跨国比较》，《世界经济研究》2012 年第 3 期。

孟祺：《美国再工业化对中国的启示》，《现代经济探讨》2012 年第 9 期。

年猛、孙久文：《中国区域经济空间结构变化研究》，《经济理论与经济管理》2012 年第 2 期。

潘文卿：《中国的区域关联与经济增长的空间溢出效应》，《经济研究》2012 年第 1 期。

逄晓婷、谢丽威：《议我国高技术产业技术创新的现状与对策》，《辽宁行政学院学报》2014 年第 11 期。

彭成义：《被颠倒的"修昔底德陷阱"及其战略启示》，《上海交通大学学报》（哲学社会科学版）2015 年第 1 期。

乔俊峰：《跨越"中等收入陷阱"的公共政策因应：韩国做法及启示》，《改革》2011 年第 8 期。

乔晓楠、杨成林：《去工业化的发生机制与经济绩效：一个分类比较研究》，《中国工业经济》2013 年第 6 期。

曲玥、蔡昉、张晓波：《"飞雁模式"发生了吗？——对 1998—2008 年中国制造业的分析》，《经济学（季刊）》2013 年第 3 期。

权衡、罗海蓉：《"中等收入陷阱"命题与争论：一个文献研究的视角》，《学术月刊》2013 年第 11 期。

石光宇、孙群郎：《美国去工业化与后工业经济的形成》，《辽宁大学学报》（哲学社会科学版）2013 年第 3 期。

时磊、刘志彪：《"福利赶超"、政府失灵与经济增长停滞——"中等收入陷阱"拉美教训的再解释》，《江苏社会科学》2013 年第 1 期。

史学贵、施洁：《中国区域经济收敛性的再估计——基于技术溢出的空间动态面板数据模型》，《科技管理研究》2015 年第 6 期。

苏庆义：《中国国际分工地位的再评估——基于出口技术复杂度与国内增加值双重视角的分析》，《财经研究》2016 年第 6 期。

孙斌栋、郑燕：《我国区域发展战略的回顾、评价与启示》，《人文地理》2014 年第 5 期。

孙楚仁、张楠、刘雅莹：《"一带一路"倡议与中国对沿线国家的贸易增长》，《国际贸易问题》2017 年第 2 期。

孙建波、张志鹏：《第三次工业化：铸造跨越"中等收入陷阱"的国家价值链》，《南京大学学报（哲学·人文科学·社会科学）》2011 年第 5 期。

孙玉环、季晓旭：《教育投入对中国经济增长作用的区域差异分析——基于多指标面板数据聚类结果》，《地理研究》2014 年第 6 期。

覃成林、张华、张技辉：《中国区域发展不平衡的新趋势及成因——基于人口加权变异系数的测度及其空间和产业二重分解》，《中国工业经济》2011 年第 10 期。

谭振义：《我国区域发展总体战略的历史演变》，《湖北大学学报》（哲学社会科学版）2014 年第 6 期。

唐铁球：《全球价值链下中国制造业国际分工地位研究》，《财经问题研究》2015 年第 6 期。

陶桂芬、方晶：《区域产业结构变迁对经济增长的影响——基于1978—2013 年 15 个省份的实证研究》，《经济理论与经济管理》2016 年第 11 期。

王佃凯：《比较优势陷阱与中国贸易战略选择》，《经济评论》2002 年第 2 期。

王恩胡、杜婷：《加入 WTO 以来中国出口商品竞争优势的演变》，《西安财经学院学报》2015 年第 1 期。

王国红、马瑞：《地方政府公信力的流失与重塑——多元协同治理的视角》，《湖南师范大学社会科学学报》2013 年第 2 期。

王家庭：《教育对我国区域经济增长的贡献——基于31 省区面板数据的实证研究》，《复旦教育论坛》2013 年第 3 期。

王君君:《当政府公信力遭遇塔西佗陷阱:当下中国网络社会的公信力反思》,《广州大学学报》(社会科学版) 2014 年第 3 期。

王岚:《融入全球价值链对中国制造业国际分工地位的影响》,《统计研究》2014 年第 5 期。

王丽莉、文一:《中国能跨越中等收入陷阱吗?——基于工业化路径的跨国比较》,《经济评论》2017 年第 3 期。

王秋石、王一新:《去工业化、经济发展与中国产业路径选择》,《当代财经》2014 年第 3 期。

王双:《国际公共产品与中国软实力》,《世界经济与政治论坛》2011 年第 4 期。

王婷、严卫:《"梅佐乔诺陷阱"与江西经济发展分析》,《江西社会科学》2010 年第 10 期。

王薇:《中国经济增长中创新驱动的区域差异研究》,《西北大学学报》(哲学社会科学版) 2015 年第 1 期。

王曦、杨扬、余壮雄、陈中飞:《中央投资对中国区域资本流动的影响》,《中国工业经济》2014 年第 4 期。

王孝松、翟光宇、谢申祥:《中国贸易超调:表现、成因与对策》,《管理世界》2014 年第 1 期。

王旭:《美国传统工业大州"去工业化"(1950—1990)——以宾夕法尼亚州为中心的考察》,《世界历史》2016 年第 5 期。

王展祥:《发达国家去工业化比较及其对当前中国的启示——以英国和美国为例》,《当代财经》2015 年第 11 期。

魏巍、李强:《人力资本积累、经济增长与区域差异——基于省级面板数据的经验分析》,《软科学》2014 年第 1 期。

温湖炜:《中国企业对外直接投资能缓解产能过剩吗——基于中国工业企业数据库的实证研究》,《国际贸易问题》2017 年第 4 期。

吴海民:《资产价格波动、通货膨胀与产业"空心化"——基于我国沿海地区民营工业面板数据的实证研究》,《中国工业经济》2012 年第 1 期。

吴建民、丁疆辉、靳艳峰:《中国经济增长的区域分解与要素的区域效应分析》,《地域研究与开发》2015 年第 2 期。

熊珍琴、辛娜:《中国制造业突破全球价值链低端锁定的战略选择》,《福建论坛·人文社会科学版》2015 年第 2 期。

徐康宁、陈丰龙:《经济增长的收入"门槛"效应及其阶段特征——兼评"中等收入陷阱"之说》,《东南大学学报》(哲学社会科学版),2013 年第 1 期。

徐弃郁:《"修昔底德陷阱"与中美关系》,《当代世界》2016 年第 5 期。

薛瑞汉:《西方国家政府公信力提升的经验及其启示》,《河南社会科学》2016 年第 1 期。

严成樑:《产业结构变迁、经济增长与区域发展差距》,《经济社会体制比较》2016 年第 4 期。

杨冬梅、万道侠:《影响我国区域经济增长的制度要素解读》,《理论学刊》2017 年第 1 期。

杨高举、黄先海:《内部动力与后发国分工地位升级——来自中国高技术产业的证据》,《中国社会科学》2013 年第 2 期。

杨高举、黄先海:《中国会陷入比较优势陷阱吗?》,《管理世界》2014 年第 5 期。

杨静:《网络群体性事件频发背景下的政府公信力建设》,《中共福建省委党校学报》2013 年第 5 期。

杨龙、胡慧旋:《中国区域发展战略的调整及对府际关系的影响》,《南开学报》(哲学社会科学版)2012 年第 2 期。

杨荫凯:《我国区域发展战略演进与下一步选择》,《改革》2015 年第 5 期。

杨振兵：《对外直接投资、市场分割与产能过剩治理》，《国际贸易问题》2015 年第 11 期。

杨志恒、刘猛、邹嘉琦、张淑园：《我国技术创新成果转化现状与难题破解》，《技术与创新管理》2016 年第 1 期。

叶昌友、王遐见：《交通基础设施、交通运输业与区域经济增长——基于省域数据的空间面板模型研究》，《产业经济研究》2013 年第 2 期。

仪明金、郭得力、王铁山：《跨越"中等收入陷阱"的国际经验及启示》，《经济纵横》2011 年第 3 期。

殷宁宇：《经济增长速度与产业结构关系研究——对中国不同区域经济增长速度趋势性变化的分析》，《中山大学学报》（社会科学版）2014 年第 2 期。

尹志锋、李辉文：《产业就业弹性及区域对比——基于 1990—2009 的省（市）级面板数据》，《湘潭大学学报》（哲学社会科学版）2012 年第 1 期。

于寄语：《人力资本、教育层次与区域经济增长——基于中国 1997—2012 年省级面板数据的实证研究》，《上海经济研究》2015 年第 12 期。

余东华、吕逸楠：《政府不当干预与战略性新兴产业产能过剩——以中国光伏产业为例》，《中国工业经济》2015 年第 10 期。

袁润松、丰超、王苗、黄健柏：《技术创新、技术差距与中国区域绿色发展》，《科学学研究》2016 年第 10 期。

约瑟夫·奈（Joseph Nye）：《警惕中美关系中的两大陷阱》，《中国经济报告》2017 年第 3 期。

岳云霞、史沛然：《跨越"中等收入陷阱"：巴西与韩国比较研究》，《国家行政学院学报》2017 年第 2 期。

曾铮：《亚洲国家和地区经济发展方式转变研究》，《经济学家》

2011 年第 6 期。

张彬、桑百川：《中国制造业参与国际分工对升级的影响与升级路径选择——基于出口垂直专业化视角的研究》，《产业经济研究》2015 年第 5 期。

张春：《国际公共产品的供应竞争及其出路——亚太地区二元格局与中美新型大国关系建构》，《当代亚太》2014 年第 6 期。

张尔俊、马立平、闫博：《财政支出对我国区域经济增长的影响研究》，《统计与决策》2013 年第 23 期。

张欢：《收入增长的俱乐部效应——论跨越中等收入陷阱的有效途径》，《经济与管理研究》2016 年第 5 期。

张莉、黄汉民、郭苏文：《制度质量与中国区域经济增长差异的格兰杰因果分析——基于中国区域面板数据》，《华东经济管理》2014 年第 2 期。

张辽：《教育资源配置、人力资本积累与经济增长——基于区域比较的研究》，《中央财经大学学报》2012 年第 8 期。

张林秀、易红梅、罗仁福、刘承芳、史耀疆、斯科特·罗斯高：《中等收入陷阱的人力资本根源：中国案例》，《中国人民大学学报》2014 年第 3 期。

张文彬、李国平：《中国区域经济增长及可持续性研究——基于脱钩指数分析》，《经济地理》2015 年第 11 期。

张秀生、王鹏：《经济发展新常态与产业结构优化》，《经济问题》2015 年第 4 期。

张艳：《政府公信力缺失的深层原因分析》，《山西财经大学学报》2016 年第 S1 期。

张月玲、林锋：《中国区域要素替代弹性变迁及其增长效应》，《财经研究》2017 年第 6 期。

赵科翔、杨秀云、叶红：《我国"产业空洞化"的特征、机理和化解路径》,《经济经纬》2016 年第 6 期。

赵祥、谭锐:《土地财政与我国城市"去工业化"》,《江汉论坛》
　　2016 年第 1 期。

郑秉文:《"中等收入陷阱"与中国发展道路——基于国际经验教
　　训的视角》,《中国人口科学》2011 年第 1 期。

钟水映、李晶、刘孟芳:《产业结构与城市化:美国的"去工业
　　化"和"再城市化"现象及其启示》,《人口与经济》2003 年第
　　2 期。

钟熙维、陈小惠:《中国的国际分工地位提升了吗——基于出口品
　　技术含量视角》,《国际商务—对外经济贸易大学学报》2013 年
　　第 1 期。

周必彧、翁杰:《中国做好跨越中等收入陷阱的准备了吗? ——基
　　于人力资本的视角》,《浙江学刊》2016 年第 2 期。

周端明、朱芸羲、王春婷:《西部大开发、区域趋同与经济政策选
　　择》,《当代经济研究》2014 年第 5 期。

周梦澜:《中美避免"修昔底德陷阱"的现实基础及途径探析》,
　　《阜阳师范学院学报》(社会科学版)2014 年第 1 期。

周绍杰、刘生龙、胡鞍钢:《电力发展对中国经济增长的影响及其
　　区域差异》,《中国人口·资源与环境》2016 年第 8 期。

周文、赵果庆、徐波:《中国跨越"中等收入陷阱"的路径突破与
　　政策应对——基于地区收入差距视角》,《经济理论与经济管理》
　　2017 年第 1 期。

祝宏俊:《"修昔底德陷阱"的陷阱》,《江海学刊》2016 年第
　　4 期。

网络文献

Graham Allison, "The Thucydides Trap: Are the U. S. and China Headed for War? The Atlantic, September 24, 2015. http://www.theatlantic.com/international/archive/2015/09/united-states-china-war-thucydides-trap/406756/.

Herman Wouk: "Sadness and Hope: some Thoughts on Modern Warfare", Naval War College Review, Sep.-Oct. 1980, pp.4 – 12. https://www.usnwc.edu/Publications/Naval-War-College-Review/ArchivedIssues/1980s/1980 – September-October.aspx.

《财政部长: 中国有50%以上可能滑入中等收入陷阱》, 2015 – 04 – 26, 观察者网, http://news.sohu.com/20150426/n411920834.shtml。

《廉洁——政府公信力的基石》, 2013 – 04 – 03, 人民网, http://fanfu.people.com.cn/n/2013/0403/c64371 – 21011142.html。

《如何理解习近平一再强调的中美新型大国关系?》, 2015 – 05 – 19, 人民网 – 中国共产党新闻网, http://cpc.people.com.cn/xuexi/n/2015/0519/c385474 – 27021248.html。

《社评: 拒绝"修昔底德陷阱", 习奥共划底线》, 2015 – 09 – 26, 环球时报, http://opinion.huanqiu.com/editorial/2015 – 09/7648937.html。

《许小年最新演讲: 中国已掉入中等收入陷阱了》, 2017 – 05 – 06, 中财网, http://www.cfi.net.cn/p20170506000114.html。

《中国经济已经处于"中等收入陷阱"之中》, 2016 – 06 – 14, 和讯网, http://opinion.hexun.com/2016 – 06 – 14/184375281.html。

《中央出台意见推进东北地区等老工业基地全面振兴》, 2016 – 4 –

26，新华社，http：//news. xinhuanet. com/politics/2016 - 04/26/
c_ 1118744309. htm。

《注定一战？中国、美国与"修昔底德陷阱"》，2017 - 4 - 6，《金
融时报》，http：//www. ftchinese. com/story/001072089？full = y。

《做好舆情回应提升政府公信力》，2016 - 11 - 01，中国政府网，ht-
tp：//www. gov. cn/zhengce/2016 - 11/01/content_ 5127015. htm。

《促进中部地区崛起规划（2016 至 2025 年)》政策解读，2016 -
12 - 09，国务院新闻办公室网站，http：//www. scio. gov. cn/
34473/34515/Document/1535229/1535229. htm。

《美国退出巴黎协定，特朗普称气候变化是一场"骗局"》，2017 -
06 - 02，中国青年网，http：//news. youth. cn/jsxw/201706/
t20170602_ 9944649_ 1. htm。

《特朗普将中国推上应对气候变化的全球领导者角色》，2017 - 06 -
02，华尔街日报，http：//www. weibo. com/ttarticle/p/show？id =
2309404114261633817144#_ 0。

《特朗普认为气候变暖系中国人捏造：意在削弱美竞争力》，
2017 - 06 - 03，央视网，http：//news. cctv. com/2017/06/03/
ARTIsy9KhAgi8sPoHGvpUSR3170603. shtml。

《亚洲基础设施投资银行如何创新模式》，2014 - 12 - 3，南都网，
http：//www. nandu. com/nis/201412/03/301131. html，登录时间
2015 年 4 月 3 日。

《中美有可能陷入"金德尔伯格陷阱"，但这个锅中国不背》，
2017 - 01 - 16，澎湃新闻网，http：//news. 163. com/17/0116/
13/CATG2JVP000187VE_ mobile. html。

蔡昉：《"十二五"时期中国经济面临四方面挑战》，2011 - 01 -
05，中国网，http：//www. china. com. cn/economic/txt/2011 -
01/05/content_ 21675191_ 2. htm。

陈岳：《以新型大国关系取代对抗性大国关系》，2016 - 05 - 08，新华网，http：//news. xinhuanet. com/world/2016 - 05/08/c_ 128967135. htm。

格拉汉姆·艾利森：《美国应接纳中国的崛起》，2012 - 8 - 28，《金融时报》，http：//www. ftchinese. com/story/001046228？full = y。

国办：《加强政府信息公开回应社会关切提升政府公信力》，2013 - 10 - 15，人民网，http：//politics. people. com. cn/n/2013/1015/c1001 - 23204203. html。

国家发展改革委负责人就《西部大开发"十三五"规划》答记者问，2017 - 01 - 16，http：//www. gov. cn/xinwen/2017 - 01/16/content_ 5160245. htm。

韩立群：《"一带一路"开创国际公共产品供给新模式》，2017 - 04 - 11，中国网，http：//opinion. china. com. cn/opinion_ 68_ 162468. html。

吉迪恩·拉赫曼：《注定一战？中国、美国与"修昔底德陷阱"》，2017 - 4 - 6，《金融时报》，http：//www. ftchinese. com/story/001072089？full = y。

李巍：《中国如何破除"金德尔伯格陷阱"？》，2017 - 02 - 28，《中美聚焦》，http：//www. sohu. com/a/127511799_ 170375。

商务部贸易救济调查局：《2016 年贸易摩擦案件统计》，2017 - 03 - 17，商务部网站，http：//gpj. mofcom. gov. cn/article/zt_ mymcyd/subjectdd/201703/20170302536150. shtml。

宋国友：《亚投行的最大魅力是互利共赢》，2015 - 3 - 20，参考消息，http：//ihl. cankaoxiaoxi. com/2015/0320/712252. shtml，登录时间 2015 年 4 月 3 日。

田旭明、陈延斌：《在引导网络舆论中提升政府公信力》，2015 - 12 - 16，人民网，http：//theory. people. com. cn/n1/2015/1216/

c40531 – 27933794. html。

田雪原:《在新常态下跨越"中等收入陷阱"》,2016 – 01 – 14,人民网,http：//theory. people. com. cn/n1/2016/0114/c40531 – 28050685. html。

王毅:《"一带一路"是最受欢迎的国际公共产品》,2017 – 01 – 09,外交部网站,http：//news. china. com/domestic/945/20170109/30156079. html。

王勇:《为"中等收入陷阱问题"正名》,FT 中文网,2015 – 12 – 3,http：//www. ftchinese. com/story/001065079 # adchannelID = 2000。

魏尚进:《不存在中等收入陷阱》,2015 – 11 – 24,北京大学国家发展研究院,http：//www. nsd. edu. cn/publications/briefing/2015/1124/24544. html。

习近平:《中国崛起应避免陷"修昔底德陷阱"》,2014 – 01 – 24,环球网,http：//military. china. com/important/11132797/20140124/18313947. html? bsh_ bid =343084324532721748。

习近平:《中国愿为国际社会提供更多公共产品》,2016 – 09 – 03,人民网,http：//politics. people. com. cn/n1/2016/0903/c1001 – 28689064. html。

郑秉文:《中国预计从 2024 年开始进入高收入阶段》,2016 – 06 – 12,人民日报海外网,http：//news. sina. com. cn/c/nd/2016 – 06 – 12/doc – ifxszmaa1849792. shtml。

郑永年:《"金德尔伯格陷阱"考验中国崛起》,2017 – 05 – 10,参考消息网,http：//news. ifeng. com/a/20170510/51070150_ 0. shtml。

郑永年:《中国难逃中等收入陷阱》,2015 – 04 – 02,凤凰财知道,http：//finance. ifeng. com/a/20150402/13603135_ 0. shtml。

郑永年:《中国正在有效规避"修昔底德陷阱"》,2016 – 09 – 27,

参考消息网，http：//news. 163. com/16/0927/22/C20MOG6I
00014JB5_ mobile. html。

郑永年：《中美如何避免"修昔底德陷阱"?》2012 - 09 - 04，环球
网，http：//opinion. huanqiu. com/1152/2012 - 09/3096922. html。

中华人民共和国商务部：《商务部外贸司负责人谈 2017 年 1 - 4 月
我国对外贸易情况》，2017 - 05 - 10，http：//wms. mofcom. gov.
cn/article/wmyxqk/201705/20170502578256. shtml。

朱锋：《中美关系需警惕"修昔底德陷阱"》，2015 - 5 - 11，FT 中
文网，http：//www. ftchinese. com/story/001061947？full = y。